旅游景区景点经营
案例解析
（第2版）

禹 贡 等 ◎ 著

旅游教育出版社
·北京·

策划编辑：赖春梅
责任编辑：赖春梅

图书在版编目（CIP）数据

旅游景区景点经营案例解析/禹贡等著. —北京：旅游教育出版社，2007.1（2010.1）

（旅游案例精选解析丛书）

ISBN 978-7-5637-1420-9

Ⅰ.旅… Ⅱ.①禹… Ⅲ.旅游点—经济管理—案例—分析 Ⅳ.F590.6

中国版本图书馆CIP数据核字（2006）第120407号

旅游案例精选解析丛书
旅游景区景点经营案例解析
（第2版）

禹 贡 等著

出版单位	旅游教育出版社
地　　址	北京市朝阳区定福庄南里1号
邮　　编	100024
发行电话	（010）65778403　65728372　65767462（传真）
本社网址	www.tepcb.com
E-mail	tepfx@163.com
印刷单位	北京京师印务有限公司
装订单位	北京京师印务有限公司
经销单位	新华书店
开　　本	880×1230　1/32
印　　张	10
字　　数	218千字
版　　次	2010年1月第2版
印　　次	2010年1月第1次印刷
定　　价	28.00元

（图书如有装订差错请与发行部联系）

出版说明

旅游产业是世界上的朝阳产业,已成长为世界经济的一支重要贡献力量。在我国,现代旅游产业经过半个多世纪的发展,已在GDP增长与吸纳劳动力就业方面发挥了巨大的作用。"十一五"期间,国家已确立将"旅游产业培育为我国支柱性的产业之一"的目标。

在旅游产业成长的过程中,我们取得了一些重大的理论研究成果,在实证研究方面也有长足的进步。同时,借鉴学习国外旅游产业的经验与理论成果,也为我们提供了不同的思考视角。为了及时总结国内外旅游产业的经验,将国内外的理论研究与实证研究转化为指导旅游产业实践的成果,使得旅游产业得到更快更好的发展,我社组织编写了这套"旅游案例精选解析丛书"。一方面,为旅游产业的管理者、经营者提供参考;另一方面,也为广大的旅游专家学者提供多角度进行理论研究的素材。

在丛书的编写中,我们力求突出以下几个特色:

(1) 视野广阔,国内案例与国际案例相结合。在案例选取的区域上,我们既选取了旅游业发达国家的案例,也选取了与我国同为发展中国家的案例;而国内案例的选取,则覆盖了东部沿海与西部内陆,南国边陲与北部边疆,以及港澳台等省市区。

(2) 总结经验教训,正面案例与负面案例相结合。通过解析正面的案例，可以为读者提供直接的经验借鉴；而剖析负面的案例，则可为读者提供直观的警示。在正负面案例的研究中，力求为读者探求旅游产业各领域、各部门的可持续发展规律，为各层面的读者提供更多的参考借鉴，以使读者真正能够"开卷有益"。

（3）注重内容创新，深度与广度相结合。与涉及面广却内容单薄的手册式的案例不同，本丛书中的案例注重内涵的丰富与体系结构的完整，以求对翔实的背景材料进行多角度、多层面的分析研究；与重资料罗列而轻分析研究的资料库式的案例不同，本丛书中的案例注重分析研究的独创性，我们的作者或为案例的亲历者，或做了深入的调研，或结合自己的研究领域对案例做了重新的解读。内容的创新及深度与广度的最佳结合，有效地保证了图书的价值含量。

本套丛书研究的对象包括旅游行政管理与旅游经营部门，如旅游行政部门对行业的指导与服务，景区景点、饭店、旅行社等经营实体的经营与管理等。我们诚邀国内有研究建树的专家学者参与"旅游案例精选解析丛书"相关领域案例的研究编写。我们期待能够得到读者的反馈意见与批评建议，以使得丛书中的每一个品种都能够最贴近读者的需求，为读者提供有益的思考与指导！

旅游教育出版社

目录

第 1 章 旅游景区景点战略定位

1–1 广州飞龙大世界
——战略定位贪大求全 3

1–2 开封清明上河园
——宋文化主题公园 6

1–3 荷兰沃伦丹和马肯旅游小镇
——"文化真实"战略定位解析 11

1–4 运城盐湖瑞莱斯漂浮浴场
——"中国死海"的诞生 17

1–5 珠海海泉湾度假城
——差异化定位,实现竞争优势 24

1–6 湖南郴州仰天湖旅游区
——市场导向,科学规划 28

1–7 湘西凤凰
——转让经营权,大山里飞出"金凤凰" 32

1–8 青海湖风景名胜区
——高原生态旅游区、国际消夏度假地的战略定位分析 38

1-9 中国红石公园丹霞山
——露天地质博物馆，打造"大丹霞" 43

第2章　旅游景区景点产品设计与开发

2-1 广州航天奇观
——新奇的产品，落后的管理 51

2-2 珠海亚马逊部落
——低成本的主题公园产品开发 54

2-3 沈阳植物园
——从"植物园"到"世博园" 57

2-4 瑞金红色故都旅游景区
——历史经典场景再现 62

2-5 河南中牟雁鸣湖
——生态农业、休闲度假景区的打造与开发之路 67

2-6 中山市五桂山景区
——从无序走向有序 74

2-7 巴马长寿旅游区
——为何"开"而不"发"？ 78

2-8 黄山风景区
——围绕自驾游，拓展新思路 83

第3章　旅游景区景点品牌设计与维护

3-1　珠海·御温泉
　　——中国休闲旅游品牌塑造与维护..........................90
3-2　哈尔滨太阳岛
　　——"雪雕"品牌魅力四射..............................94
3-3　林州"红旗渠精神"旅游品牌设计.......................100
3-4　浙江千岛湖
　　——重新定位，提升品牌..............................108

第4章　旅游景区景点形象设计

4-1　常德花岩溪
　　——单项产品形象渲染过度............................115
4-2　鼎湖山
　　——负离子全新包装显活力............................120
4-3　南宁大明山
　　——"岭南八桂奇山　壮乡人间仙境"形象定位解析......124
4-4　广州上下九步行街
　　——"岭南风情第一街"形象设计分析..................129

第5章　旅游景区景点解说系统

5-1　广州西汉南越王博物馆
　　——多样的解说服务系统，引导游客品味岭南历史........136

5-2 山西平遥古城
　　——完善的人员解说服务系统,引导游客感知古城文化......143
5-3 广州黄花岗公园解说系统解析......149

第6章　旅游景区景点营销渠道与整合营销

6-1 乔家大院
　　——影视营销......155
6-2 顺德陈村花卉世界
　　——宽渠道营销走出中国,走向世界......160
6-3 顺德长鹿休闲农庄
　　——"会员制"营销稳定客源......164
6-4 通辽市大青沟自然保护区
　　——宽渠道、多层次推进的营销策略......167
6-5 舟山市朱家尖岛风景区
　　——主渠道营销掀起海洋旅游热潮......172
6-6 杭州"宋城"主题公园
　　——整合营销的启示......177

第7章　旅游景区景点安全管理

7-1 迪斯尼世界游客猝死
　　——游乐项目监管体系成争议......185
7-2 兴义市马岭河缆车事故
　　——缆车设计和施工隐患,事故之源......190

7-3 武当山遇真宫火灾

　　——管理混乱，灾难之源……………………………194

7-4 崂山风景区的立体安全防护网络……………………198

7-5 乐山景区改造电子监控系统确保旅游安全……………202

第8章　旅游景区景点持续发展

8-1 深圳华侨城主题公园群

　　——创新不断，傲视群雄………………………………209

8-2 禅宗六祖故里旅游区

　　——团结一心求发展，铸成大器方能腾飞……………218

8-3 平遥古城

　　——另辟新城，保护旧城………………………………223

8-4 广州芙蓉嶂风景区

　　——景区城市化结恶果…………………………………231

8-5 西班牙巴利阿里群岛

　　——世界滨海度假胜地的持续发展……………………235

第9章　旅游景区景点竞争、联合与整合

9-1 河南三市景区联合共演"水墨故事"………………246

9-2 "广之旅"与封开县旅游合作

　　——旅游产业整合的有力突破…………………………255

9-3 沈阳陨石山满族民俗村

　　——孤军奋战，难圆整合梦……………………………260

第 *10* 章　旅游景区景点改造与转型

10-1　广州东方乐园转型的思考 266

10-2　广州从化北回归线标志塔景点的改造
　　　——从标志物走向大型综合性科学公园 271

10-3　郑州黄河大观
　　　——主题公园转向旅游地产 277

10-4　中英街的起落 284

第 *11* 章　乡村旅游

11-1　黔东南从江县岜沙村
　　　——主题鲜明的原生态乡村旅游开发 290

11-2　江西婺源
　　　——中国最美乡村的旅游成长之路 295

11-3　广州市增城白水寨
　　　——都市之郊的乡村旅游区 301

修订后记 **308**

第1章

旅游景区景点战略定位

　　旅游业发展到今天，一方面表现出旅游景区景点的批量开发，相互间争夺客源市场的白热化；另一方面表现为旅游资讯业的发达，旅游者每天都在接受着来自不同渠道的旅游信息的轰炸。旅游景区景点要想在竞争激烈的旅游市场中取得优势，就要根据自身的资源条件对产品进行精心设计，从而使其能在目标顾客心目中占有一个独特的位置，这就是旅游景区景点的战略定位。战略定位的重要目的是要在你的目标顾客心目中形成独特的价值区隔，使顾客将你与其他竞争对手区别开来，使你的产品占据一定的市场地位。

　　战略定位的核心在于抓住消费者的心，准确把握消费者的深层次需求是定位制胜的法宝。归纳起来，成功的旅游景区景点定位必须做到以下两点：(1) 定位的个性化。旅游产品的设计和信息的传播只有依托自身资源的特色，突出个性，才能够在旅游者面前与竞争对手形成差别，从而在众多的旅游信息中，令消费者将目标旅游地区分出来，引起旅游者的注意，并激发其联想。如荷兰的沃伦丹和马肯小镇依托自身的传统文化特色，走"文化真实"的定位策略。

（2）定位创造需求，引领时尚。即旅游景区景点时刻把握旅游者的需求动态，设计符合当代旅游者消费时尚潮流的旅游产品，采取最有力的传播策略，得到旅游者的认同和追捧。如运城盐湖瑞莱斯漂浮浴场采用了"中国死海"这种"比附"关联的定位方法，并以新奇性和唯一性迎合了旅游者追求休闲、时尚、健康的消费理念，赢得了明显的市场优势。

　　旅游景区景点战略定位一般包括主题定位、形象定位、市场定位、产品品牌定位等，不同性质的定位，内容也不完全相同。本章选取了主题乐园型、人文遗产类、自然资源型等多种类型景区景点的不同的战略定位案例，其中有成功的案例，也有失败的案例，旨在提供好的经验作为同类型景区景点的参考。并希望通过这些案例的分析，能给予景区景点经营者一些启示，增强景区景点经营者对战略定位的重视，增强对战略定位的准确把握能力，以从容地迎接挑战，求得发展良机，提升景区景点的核心竞争力。

# 1–1 广州飞龙大世界
——战略定位贪大求全

📋 案例介绍

1. 基本情况

（1）飞龙大世界位于广州大石镇，距广州新中心10公里，占地65.3平方公里。

（2）投资9亿元，其构成：地价挂账；项目建设资金靠贷款；香港钱飞龙投资。

（3）产品情况：首期工程有12个景点，即万蛇城、水上表演厅（每天可容纳8 000人观看表演）、花果山水帘洞（其中有69套总统或高级套房）、白蛇庙、雷峰塔、保健中心（有92套高标准套房）、寿星园（首期已建成92栋寿星屋，可供全国7 000名百岁老人分批来疗养3个月）、儿童乐园、飞龙大剧院、飞龙大酒店（可容纳3 800人同时就餐，每天可接待22 800人就餐）、蛇园等。二期工程有新蛇宫、蛇产品专卖店、恐龙山庄、保龄球馆、坦克大战场、赛车场、大象乐园等景点；停业前在建项目有亿万富翁园、海豚表演场、赛马场、民俗村、鸳鸯村、野生动物园养殖场、医药研究所及蛇类营养保健品、生物药品、美容化妆品、制革工艺品等4条生产线。

2. 宣传促销及成效

1995年上海大世界吉尼斯总部授予广州飞龙大世界"世界最大

蛇园"称号,同年全国明星企业暨名牌产品展示会授予其"中国明星企业"称号,1996 年被评为广州市"优秀企业",并入选"广州旅游十大美景",1997 年摘取广东"最佳花车奖"和"最佳组织奖";中央和省、市多位领导视察与题词。媒体报道总经理与 38 888 条毒蛇共居、提供免费疗养寿星园等公司新闻。寿星园为每 6 位老人配 1 名服务员、1 名保健医生、1 名营养师,每位老人可带 1 名家属照料起居并可享受 880 元工资等。

3. 市场销售情况

1995 年 1 月开业,当年接待游客约 100 万人次,1996 年 89 万人次,1997 年 36.5 万人次,1998 年 14.689 万人次,1999 年 1～6 月 2 280 人次。累计接待 240.417 万人次,其中国际游客 20.738 万人次,占总数的 8.625%。门票 90 元/人。2000 年关闭,剩下的固定资产约 1 亿多元。

案例分析

飞龙大世界主题公园失败的原因尽管众多,但营销环境考虑不周到、战略方向不明确可能是其主要原因。

(1) 20 世纪 90 年代中后期,正是我国旅游市场由卖方市场走向买方市场的过渡阶段,主题公园供与市场远大于旅游需求市场。这时期的主题公园如雨后春笋,在方圆不到 8 000 平方公里的广州市,大型主题公园就有 7 个,如世界大观、航天奇观、羊城雕塑公园、香江野生动物园、长隆夜间动物园、广州海洋馆、东方乐园等。主题公园竞争异常激烈,这 7 个主题公园到今天除长隆外,其他都是经营状况不佳。

(2) 客源地主要是珠三角地区的居民,这时期珠三角地区的居民中富有者并不多,喜欢蛇的人更不多,仅高额的门票就会使很多潜在旅游者望而却步。

(3) 重景区内部组合，轻与广州旅游目的地的大组合。飞龙景区内部组合，无论是产品组合（核心部分，与活动项目、旅游吸引物、娱乐设施、基础设施等相结合的旅游服务；外形部分，服务质量、特色、设计风格、地理位置组合方式等；辅助部分，给游客提供的便利等），还是景区构成要素组合（旅游吸引物、线路、娱乐设施、生活设施和管理设施等）都非常到位，但规模过大造成规模不经济，致使飞龙大酒店、保健中心、水上表演厅、花果山水帘洞、寿星园等大部分资源闲置。若采取瘦身计划，考虑将部分项目缩减，（如飞龙大酒店、保健中心等与广州旅游目的地组合或缩小规模。到飞龙的游客主要是车程2小时的一日游游客，部分境外和远程游客住宿可由旅游目的地解决。）部分生产线稍后上马，与主题无关的项目不搞，规模宏大的寿星园是一个社会公益项目，暂时放弃，飞龙也许不会是今天的情形。

　　(4) 与公众关系不融洽。地价完全挂账，致使大石镇居民极为不满，后期贷款不到位，投资者单一，后期建设资金缺乏等也是注定失败命运的主要因素。

案例启示

　　飞龙大世界游乐城主题公园战略定位模糊，多元化战略也不明晰，没有一个主要方向，既做旅游业又做第一、第二、第三大产业，从开始到关闭都不清楚到底做什么。旅游业板块中既做游乐业又做酒店业，大产业中既做养殖业（养蛇等）又做加工业（加工蛇产品、制作蛇酒、美容产品等），也做社会服务业。多而全，战略方向不明，是飞龙大世界游乐城失败的主要原因。

资料来源

1. 禹贡，胡丽芳. 旅游景区景点营销. 第1版. 北京：旅游教育出版社，2005.P28-29
2. 徐君亮，梁明珠. 广州飞龙世界游乐城关闭的原因与启示. 热带地理，2001(2)

案例思考

从旅游景区景点战略定位、营销环境要素及其组合分析，飞龙大世界失败的主要原因有哪些？有哪些方面值得我们借鉴？

（禹贡）

1-2 开封清明上河园
——宋文化主题公园

案例介绍

1. 基本情况

（1）清明上河园位于河南省开封市，占地面积40余公顷，其中水面10公顷。是以我国北宋著名画家张择端的经典名画——《清明上河图》为蓝本，在《清明上河图》创作故地——七朝古都开封以1:1的比例复原再现的大型宋文化主题公园。

(2) 项目由开封市政府筹建，于 1992 年 10 月开工，1993 年海南置地集团公司参与了该项目的建设。1994 年年底，受国家金融投资体制改革的影响而暂停。1998 年 3 月，开封市政府与海南置地集团公司共同出资组建开封清明上河园有限公司，继续进行项目建设。并于当年 10 月 28 日建成开业。其中，置地集团公司占有股份 55%，开封市旅游局占有股份 45%。2003 年 9 月份二期工程动工，2005 年 9 月建成并开业迎宾。

(3) 产品情况：清明上河园按照宋代著名画卷《清明上河图》复原再现了东京码头、醉杏楼、官驿、汴河、虹桥、趣园、东京斗鸡苑、平桥观鱼、双亭桥、鸳鸯桥、孙正羊店等 36 个景点。根据宋代历史故事创编了"包公巡案"、"梁山好汉劫囚车"、"武松路救兄嫂"、"王员外招婿"和"李师师艺会青公子"等剧目定时演出。设立有"宋代科技馆"、"宋代名人馆"、"宋代犹太文化馆"和"张择端纪念馆"。对流传至今的宋代民间手工艺和民俗文化进行广泛征集，对失传的古老艺术进行挖掘、抢救，在园中有汴绣、木版年画、官瓷、茶道、纺织、面人、糖人等手工艺术的现场表演制作，以及曲艺、杂耍、神课、博彩、驯鸟、斗鸡、斗狗等民俗风情表演。园中还建有大型宋代游乐场所，有荡秋千、荡宋船、知难而进、进退两难、平衡竞标等宋代民间娱乐设施。二期建成后，新增加了汴河大战、女子马球、斗鸡、蹴鞠、水上傀儡等突出宋文化特色的项目。汇集了开封灌汤包、鲤鱼焙面、宫廷杏仁茶等各种开封传统风味小吃于园中。拥有大小古船 50 余艘，各种宋式房屋 400 余间，形成了中原地区最大的气势磅礴的宋代古建筑群，整个景区内芳草如茵，古乐萦绕，钟鼓阵阵，形成一派"丝柳欲拂面，鳞波映银帆，酒旗随风展，车轿绵如链"的古风神韵。

2．宣传促销及成效

1999 年获得了河南省"十一"黄金周十大热点景区和河南省

2000年旅游景区（点）管理先进单位称号，2001年被国家旅游局评为首批国家AAAA级景区，2003年被评为全国旅游知名品牌。1999年6月22日和2000年4月14日，国家主席江泽民和李鹏委员长分别视察了清明上河园，对景区建设给予了充分的肯定，并挥毫泼墨，题词留念。2002年承担了"中国民间艺术游"河南首游式的主要工作，2004年承办了国家邮政局《清明上河图》特种邮票的发行式。清明上河园以独特的宋文化魅力成功登陆中央电视台。如2004年春节，清明上河园走进了央视四套《中国新闻在开封》的直播节目，引起了巨大的轰动；2005年春节，央视十套在春节特别节目《我们的节日——清明节》中，展示了清明上河园良好的园区形象。近期内，央视十套《探索·发现》将播出以清明上河园为主要拍摄基地的总片长为280分钟的七集大型文献纪录片《清明上河图》。近年来清明上河园与《河南日报》《大河报》《中国旅游报》等媒体合作，开展系列宣传活动，取得了很好的宣传效果。

3．市场销售情况

清明上河园开园以来共接待游客500万人次，累计收入超亿元，上缴国家税收1 000多万元。2004年名列开封市企业纳税50强，位居开封各景区（点）之首。在历年的"黄金周"期间，清明上河园的客流量和门票收入均名列河南省旅游景区前茅。

案例分析

清明上河园的成功原因是多方面的，归结起来主要有以下几点：

1．充分利用开封历史文化资源，突出自己独有的资源特色

清明上河园主题公园是复原和仿宋代张择端的《清明上河图》而开发的历史题材的主题公园。尽管全国做宋文化的主题公园并非此一家，但是，开封宋文化的中心地位是其他城市所不能比拟的。《清明上河图》描绘的正是开封宋代市井文化的场景。开封市开发和

塑造宋都历史文化品牌，正是充分利用了开封历史文化的资源优势，将《清明上河图》从纸上复活到现实中来，让人们产生无尽的回味。清明上河园对于宋文化的把握和深入挖掘主要在于两个方面：一方面是以主题公园的形式在开封复原传世画作，展现开封历史古城的丰厚宋文化底蕴。清明上河园位于古都开封，开封具有浓厚的宋文化背景，宋文化的内涵丰富，区位优势非常明显，清明上河园再现了《清明上河图》的繁华景象，景区的文化展示更具可信度、真实性和吸引力。另一方面是不断深入挖掘宋代的民间艺术，以宋文化为灵魂，从景区建筑设计、店铺设置、节目创编、沿街叫卖到商品交易、服装、道具都反映了北宋社会的真实生活。

2. 主题定位清晰、准确

尽管清明上河园是一个按照宋代著名画卷《清明上河图》复原再现的景区，但是，经营者深知它不可能仅依靠其历史价值、科学价值和艺术价值来吸引游客，旅游景区景点突出的重点应该是其资源的旅游价值。为此，景区选择了主题景区的发展模式，不仅设计了具有丰富文化内涵的主题，还以戏剧化的手段去表现主题。通过景点景观的设计表现了北宋东京的社会、经济、科技、民俗、风物等诸多风貌，给人以"一朝步入画卷，一日梦回千年"的感觉。

3. 参与性、娱乐性节目设计烘托主题

作为趣味娱乐旅游景区，清明上河园有别于其他古迹旅游，非常重视游客的参与性，在参与过程中使游客真正体会到游园所带来的情趣与快乐。在这里，游客不仅仅是旅游者，还可能是演员，如在"王员外招婿"中您能有幸成为王员外的乘龙快婿，与王员外貌若天仙的女儿"拜堂成亲"；在"大宋科举"中您能有幸做个宋代状元，以实现金榜题名，光宗耀祖的夙愿。

4. 围绕景区主题不断创新

为突出和塑造景区主题，清明上河园在管理机制创新、产品创

新、营销理念创新、激励机制创新等方面作出有效的尝试,推动着景区的不断发展。例如为了突出宋文化特色和文化主题公园的发展思路,清明上河园每年都要根据市场调研和分析召开一次剧目创编会,对现有的剧目进行改编和创新,定期淘汰并新编 1~2 个剧目,从而实现节目的滚动更新。二期工程中,更是增添了诸如汴河大战、女子马球、水上傀儡等大型的宋代游乐项目,这些项目投资额大,节目编排精心细致,场景逼真,不易仿造且震撼力强,成为清明上河园旅游产品中的重头节目。同时,为配合新产品项目的不断创新,清明上河园通过策划并举办大型活动,如汴京啤酒文化节、开封市菊花花卉文艺晚会、大型节日焰火晚会、开封市民俗文化节暨民间文艺表演大赛、开封菊花小姐大赛等活动,进行营销方式的不断创新,推出新产品,提升景区在社会各界的影响。

案例启示

(1) 旅游景区的打造无论是自然景观还是社会历史文化景观,都必须依托本身所具有的资源基础,突出自己的特色,抓住旅游资源的唯一性,是旅游景区成功的首要前提。

(2) 产品主题设计及市场开发要准确、适当,有可持续性。清明上河园在发展中,一期主题特色以宋朝东京市井文化为主,二期主题特色则突出宋代宫廷文化。有一个不断拓展的文化脉络中心,而且呈由低到高逐步上升的倾向,给人以主题鲜明,不断发展,常见常新的印象,以利于景区的可持续发展。

(3) 积极进行景区经营管理体制的改革,实行旅游景区的两权分离,是旅游景区健康发展的关键。

📋 资料来源

1. 河南大学课题组. 清明上河园的成功之路——民营控股旅游企业运营模式研究. 河南日报，2006-03-17

2. 华夏文化——清明上河园. http://gb.chinabroadcast.cn/3601，2004-06-02

📋 案例思考

1. 从清明上河园发展中所表现出来的主题公园发展的基本规律和特点有哪些？

2. 历史文化主题公园与其他自然景观资源景区景点的开发有何不同？

（龙京红　申燕萍）

1-3　荷兰沃伦丹和马肯旅游小镇
——"文化真实"战略定位解析

📋 案例介绍

沃伦丹（Volendam）和马肯（Marken）是荷兰著名的旅游观光小镇，造访荷兰首都阿姆斯特丹的游客绝大多数会去附近的沃伦丹和马肯，而它们往往又不负人们心目中对荷兰乡村美景的期望，深受游客的喜爱,是游客体验荷兰传统风情的好地方。

沃伦丹位于荷兰首都阿姆斯特丹以北25公里,沃伦丹和马肯一日游是阿姆斯特丹许多旅行社的主打产品之一,阿姆斯特丹市区内有公交车前往,十分方便游人自行游览。沃伦丹原是一个北海小渔村,目前它还如实保留住荷兰的传统。典型的木制渔民房屋、风车、传统服饰、荷兰乡村音乐、木屐工厂、奶酪加工厂、刚捕获的青鱼和鳗鱼让人流连忘返,有一首民歌把沃伦丹称赞为荷兰最美的地方。沃伦丹也是荷兰最具特色的地方之一,19世纪的画家都爱在这里描绘典型的荷兰风光,画中身穿传统民族服装、头戴白色帽子、脚踏木底鞋、面颊绯红的少女成为人们头脑中的荷兰印象。马肯在沃伦丹附近,游客可以在沃伦丹乘坐往来穿梭的游船前往,需25～30分钟,也有公路从沃伦丹直通马肯,也可从阿姆斯特丹乘车到马肯。

风车、木屐、郁金香、钻石、奶酪号称荷兰五宝,在沃伦丹和马肯,游客可以看到其中的风车、木屐、郁金香、奶酪四宝,而且它们还是在十分自然的状态下呈现。

沃伦丹没有什么名胜古迹,小镇的街道只有几条,面迎一望无际的海洋,周围是广阔的田野,有不紧不慢在吃草的奶牛和仿佛还在使用但已呈几分残旧的风车。沃伦丹的房子全是荷兰农村传统的三角形红色小尖顶屋,排列整齐有致。这里没有游览区和居民区之分,它们两者合二为一,可以说,有特色的民居本身就是景点,这有点像我国云南的丽江古城,当然,沃伦丹小镇的面积要小得多。

小镇有私人开办的民居博物馆,屋内陈设传统、丰富,游人可以穿上荷兰传统服装在里面扮作幸福的新郎新娘、天真无邪的少女、辛勤劳作的大婶等"荷兰人"照相,收费不高,此项活动深受游客欢迎。

小镇最热闹的地方在海边,由于游客大量涌入,需要很多酒吧、餐馆和纪念品店,它们大部分设在沿海边原有的房子里,里面几乎都是荷兰传统装饰,规模不大。纪念品店主要卖木屐、荷兰风格的瓷器、T恤、民族娃娃，店员大多穿上胸部绣花的黑上衣及有条状花纹的长裙，有些戴上别致的白帽子，店里的商品很多是明码实价，即使可讲价，降价幅度也不大。食肆小店主要卖鱼制品，说是由附近渔民捕获的生猛海鲜制成。举目望去，海湾里确有几艘渔船停泊。荷兰人爱好航海，擅长海上运动，在沃伦丹小小的港湾，有帆船和游船出租，它们简单、规格不大，不像西班牙巴塞罗那海边那些造型讲究、复杂的大帆船，跟小镇倒是很相配。

沃伦丹的田野充满诗情画意，游人骑着自行车飞驰在乡间小道上，沿途是一幅幅由牛、大海、风车组成的美景，犹如上帝绘就的风景画，游人仿佛寻觅到概念中的荷兰，故有人说："没到过沃伦丹，就没到过荷兰。"沃伦丹的风车保存不多，但它们是以美丽的乡村大自然为背景而存在，显得朴素而真实。

马肯也曾是个小渔村，没有什么名胜，现在的居民已没有多少从事渔业。它现今的旅游布局风格跟沃伦丹很相似，利用原有民居开的小酒吧、小餐馆很多，游客可以在里面惬意悠然地品尝美食和欣赏屋外如画的风光。马肯比沃伦丹显得更传统宁静。荷兰并没有全国性的传统服饰，但各地区都有自己特别的传统服饰，现除了兰岛、菲洛威的东北角、沃伦丹和马肯外，大部分荷兰人现已很少穿着传统服饰。在马肯，巧遇身着荷兰传统服饰的当地人是游客常有的惊喜，但现在的马肯和沃伦丹，年轻人喜欢简单时尚的现代服饰，只有中老年人才钟情传统服饰。马肯一条条小河安静地在房屋与花园之间绕来绕去，整座小镇好像完全是照着童话书里的样子建造起来，每一栋房屋都有自己的小花园，花园内鲜花盛放，郁金香当然位列其中，整个小镇散发着简朴而宁静的气息。

案例分析

沃伦丹和马肯成为当地人和游客喜爱的地方，依靠的不是政府大规模的投资开发，新潮时尚的旅游娱乐设施，而是凭借秀丽迷人的乡村自然风光、民族传统风情及人们头脑中已有的荷兰印象。

农牧业曾在荷兰占重要地位，奶制品加工在世界负有盛名，荷兰子母牌奶粉为人所熟知，包装上印有奶牛、风车、身穿传统服装和绽开阳光般笑容的荷兰姑娘，普通游客头脑中的荷兰印象除了来自教科书，恐怕有部分来自如此包装的奶粉。到荷兰旅游，何处寻找概念中的荷兰，在阿姆斯特丹找不到，可在不远的郊区就可以看到，怪不得沃伦丹和马肯常年游人如鲫。

沃伦丹和马肯没有什么闻名于世的旅游资源，它的旅游业兴旺发达，如果从旅游人类学这一角度来看，靠的是"文化真实"。

"文化真实"是旅游人类学研究的一个学术概念，是指旅游地能体现传统文化和一般民众真实生活，它是针对某些旅游景区为迎合旅游者猎奇心态而创造的带有浓厚舞台味、极富表演性的"伪文化"而提出的。"文化真实"是文化旅游十分强调的因素。文化旅游是指暂时离开原有环境去寻求了解体会另一种文化的行为。文化旅游将是世界旅游发展的主要趋势。随着人们的物质生活和精神生活质量的提高，旅游者的旅游需求逐渐多层次化，旅游品位也随之提高，外出旅游不会只停留在观光层面，必然会提高到文化旅游层面。据调查，欧美主要国家的旅游者全都把"与当地人交往，了解当地文化，了解当地人的生活方式"当做文化旅游的三大动机。"文化真实"可以来自对民风、民俗、民生的体验。沃伦丹和马肯的"文化真实"就是它的传统依旧，该地貌似简单的旅游设计，其实蕴涵了深刻的意义。

根据旅游人类学者的研究，不少旅游者为了体会真实的文化而去旅游。现代社会像一部高速运转的机器，它要求生活在其中的人们承担着繁重的负载。西方旅游人类学者认为，现代社会以比往昔任何时候都大的步伐在前进，每个人需要付出很大的努力去追赶时代进步，以个人有限的力量去适应社会飞速发展，让人感到心理疲劳和压力。而且现代生活带来了许多虚假，现代人与现代社会产生了"疏离感"。人们向往昔日宁静、不为物欲所累的慢节奏生活，于是想通过旅游摆脱世俗的生活，到异地享受一种全新的生活，去追求近乎"返璞归真"的体验，去经历一种变化，试图寻找"传统和真实"的东西。沃伦丹和马肯的传统和真实在如此大背景下，就成了旅游资源。

在沃伦丹和马肯，不少旅游设计是围绕给游客"传统和真实"的感觉而定。如在沃伦丹外围，有奶酪制造工场。在沃伦丹和马肯一日游的广告中，旅行社把能带游客去奶酪制造工场参观作为吸引点。工场仍保留并使用传统的奶酪制造方法，通过讲解，游客知道美味的奶酪是如何经过多道工序制成，过去的人们又是怎样生活的。此参观项目很受游客欢迎。工场还备有木制的圆形大奶酪模型，供游客抱着、举着照相。这里卖的冰激凌由于加了奶酪，特别香甜可口，游客大多愿意品尝，从味觉上体会荷兰。

参观木屐加工厂又是沃伦丹和马肯一日游的重头戏。在布置古老、没有多少现代化气息的木屐工厂里，摆满各色各样的木屐，色彩鲜艳，令人爱不释手。工匠专心地用古老的传统工具刨、挖、刮，让游客真切地了解整个加工过程，仿佛体会到往昔手工作坊时期的慢节奏，游客兴趣盎然，然后爽快地掏钱买鞋。木鞋是荷兰主要的旅游创汇商品。

案例启示

沃伦丹和马肯的成功对我国开发乡村旅游会有所借鉴。进入 21 世纪，乡村旅游在我国已经悄然兴起，正从旅游市场的边缘走向国内旅游市场这个大舞台的中心，极具发展潜力。我国乡村旅游发展只有 10 年左右的历史，乡村旅游产品的建设应该遵循什么样的轨迹，应如何开发乡村旅游成为旅游界目前探讨的热门话题，现在国内乡村旅游的研究滞后于乡村旅游实际发展。

国外乡村旅游始于19世纪中叶的法国，具有比较明显的贵族化特点。20世纪60年代，西班牙开始发展现代意义上的乡村旅游，随后，美国、日本、波兰、匈牙利等国先后推出乡村旅游产品，乡村旅游逐渐盛行起来。波兰和匈牙利的乡村旅游很有特色，波兰乡村旅游与生态旅游紧密结合，匈牙利是把乡村旅游与文化旅游相结合的一个典范。20世纪80年代后，在欧美一些发达国家，乡村旅游已具有相当的规模，并走上规模发展的轨道。国外乡村旅游业已发展了一百多年，呈成熟状态。研究表明：观光（感知）、度假（享受）、专题（认知）是乡村旅游的三大动机因素，沃伦丹和马肯的成功蕴涵了以上三个因素。

我国目前乡村旅游需求正处于由观光向度假、专题层次递进阶段。怎样安排城里人到乡村度假？不应追求豪华，建酒店，而应由本地人利用民居小规模经营住宿业，保持乡村居民与游客社会性的主客关系，而不是商业性的仆主关系。在沃伦丹和马肯，不论是旅馆、酒吧还是纪念品店，几乎都是利用原来的民居建成，规模不大，没有刻意的装点，民居旅馆成了乡村旅游资源的传承者和保护者。在专题认知领域，是只让游客认识国家保护动物、时令瓜菜，从而更好选择食谱；还是在开展干农家活、享农家乐、体会乡情民俗方面下大工夫？值得我们好好思考。

资料来源

1. Chris Ryan and Stephen Page. Tourism Management–towards the new millennium. Great Britain by MPG Books Ltd, Bodmin Cornwall, 2001

2. 曾燕闻．荷兰沃伦丹镇调查、访问，2004.11

案例思考

1. 长期保持乡村性是乡村旅游发展的根本，怎样才能让乡村居民自愿维护乡村性，避免城市化、商业化，不在发展中毁了自己？
2. 乡村旅游如何与环境旅游和文化旅游紧密结合，提高品位？

（曾燕闻）

1-4 运城盐湖瑞莱斯漂浮浴场
—— "中国死海" 的诞生

案例介绍

1. 基本情况

（1）运城盐湖地处晋南盆地，位于山西运城市南端，东西全长 30 公里，南北宽 5 公里，总面积为 132 平方公里。由于它是典型的闭流湖泊，含盐量比普通海水高出约 8 倍，水生生物无法生存，浮力甚大，即使不会游泳的人也能畅游碧波，故得"中国死海"之名。2002 年起，南风化工集团对盐湖进行了转换性开发，精心打造了国内唯一、震撼世界的中国死海——运城盐湖瑞莱斯漂浮浴场。在寒冷的冬季，漂浮城里并不受季节影响，游客依然可以自得其乐。

（2）南风化工集团，是一个依托盐湖工业资源发展起来的跨行业、跨省区的特大型企业集团，其主要产品元明粉、洗涤剂、钾肥及钡盐产品均以盐湖资源为原料。为使盐湖资源永续利用，实现可持续发展，南风集团对盐湖资源进行了全方位的分析，公司高层领导专程到以色列死海实地考察，测定运城盐湖的盐水密度与以色列死海完全相同，黑泥中所蕴涵的 26 种矿物质微量元素同以色列死海处在同一数量级（一些指标甚至超过）。分析考察后，公司决定将运城盐湖工业资源开发为旅游产品，并充分利用媒体进行宣传促销。2002 年 8 月 8 日，中国死海·运城盐湖瑞莱斯漂浮浴场开业不到一个月，全国近百家媒体就在显著位置上进行了报道。《工人日报》一版以"王梦飞的中国死海之梦"为题，首先对瑞莱斯开业进行了报道。随后，《人民日报》、《经济日报》、香港《文汇报》、《北京晚报》等多家报刊对瑞莱斯漂浮浴场进行了详细生动的新闻报道。人民网、搜狐网、国家地理网、新华网等 30 余家网站、央视一套《新闻 30 分》、北京电视台等十几家电视台也对瑞莱斯进行了大量翔实的报道。由于近百家媒体对"中国死海"进行了宣传报道，该项目自 2002 年 8 月试运营以来，吸引了 10 多个国家和地区的客人以及国内的大量游客，已逐步成为吸引国内外游客的一个旅游亮点，同时也成为旅游业关注和追逐的热点和重点。因此，引起了一阵打着"中国死海"招牌的跟风热潮，扰乱了旅游市场的正常秩序，给南风集团品牌的定位和市场的开发带来了混乱和阻力。2003 年 10 月，为了有效地保护运城盐湖这一名副其实的中国"死海"资源，南风集团遵照《中华人民共和国商标法》中，"与中华人民共和国的国家名称、国旗、国徽、军旗相同或者近似的文字和图形严禁在商标中使用"的规定，选择了用"神州死海"、"华夏死海"、"远东死海"、"三晋死海"等名称，向国家有关部门提交了关于中国"死海"商标注册的申请，通过国务院工商行政管理部门商标局的受理、初步审查、复审、公告等严格审查程序，南风化工集团股份有限公司于 2004 年初取得"死海"及"远东死海"、"三晋死海"、"华夏死海"、"神州死海"服务商标的核准注册证,正式获得该商标的专用权。

(3) 在"死海"品牌打造的初期阶段,经营者首先与各大旅行社联系合作,有选择地参加各地展览会;从"死海"产品具有休闲度假型产品的特性出发,其市场定位以高、中端消费群体为主,同时也注重大众消费。考虑到客源的消费能力,其宣传和市场推广的重点放在了旅游目的地的大、中城市。如在西安全国足球甲A的比赛场及繁华街道所做的宣传,取得了很好的效果,景区组织了西安"六点一线"旅游精品线路,并在西安交通广播现场直播。景区和太原八大旅行社签订协议,组织周末"死海"健康巴士游。2003年"非典"过后,景区还与运城市政府组织了"死海"千人健步行活动,开设了"中国死海——运城盐湖"旅游专业网站,取得了明显效果,吸引了西安、洛阳、郑州、太原等地大量游客。有人说"品牌是企业的战旗,插到哪里,哪里就是你的版图"。运城盐湖的经营者懂得,要使自己的产品真正成为知名的品牌,就必须将其推向世界,为此他们进行了一系列的筹划活动。2003年10月30日,来自白俄罗斯、爱沙尼亚、乌兹别克斯坦、塔吉克斯坦、亚美尼亚、立陶宛六国电视媒体联合记者团在国家外交部和山西省外事办等官员的陪同下,作为"中国死海·运城盐湖"的第一批境外记者做专题考察和报道,这使"中国死海"的产品营销跨越了国界,向着国际化迈进。2005年经山西省报国家质量监督检验检疫总局备案核准,南风化工集团股份有限公司运城"死海"盐湖黑泥、矿盐系列产品还成功获得了《原产地标记准用证》。由于运城盐湖景点的成功运作,从2004年起,它已经成为山西省未来五年旅游产品创新与升级六大核心旅游区之一。

2. 产品开发情况

(1) 2002年3月公司投资2000万元兴建了一期室外工程——瑞莱斯漂浮浴场,占地10公顷。主要包括一个8000平方米的室外漂浮池、一个2000平方米的儿童漂浮池和一个3000平方米的黑泥洗浴池和配套男女更衣室。同时进行了园区规划，形成了以"盐水漂浮、黑泥洗浴"为主项目的旅游景点，迈开了"死海"旅游项目开发实质性的一步。

（2）为满足游客一年四季都能漂浮和洗浴的愿望，公司于2003年3月开始建设二期工程，投资2 500万元，建造了一座面积为5 500平方米的黑泥养生城，室内集漂浮、洗浴、住宿、餐饮、娱乐为一体，同时修建室外广场、停车场和一条宽50米的景区道路，并绿化厂区道路。同年11月28日二期项目投入运营。

（3）2004年公司投资1 500万元，进行三期工程建设，重点是对前两期工程进行完善配套和扩充。扩建一个2 000平方米的室内漂浮池，兴建一个1 700平方米的室内温泉水疗馆，2005年建造一个200 000平方米的露天漂浮浴场。

3．市场销售状况

（1）2002年一期工程建成后试营业2个月，吸引了来自全国各地游客10万人次，外宾2 000人次。从对游客跟踪调查情况看，漂浮体验越来越为人们所认可。同年10月受北方冬季气候影响暂停营业。

（2）2003年底二期工程建成后，日均接待人数300余人，营业收入平稳增长，月营业额最高达100万元以上。

（3）2004年三期工程建设后的1～7月，直接经济收入达70万元，带动周边交通、餐饮、住宿等相关行业间接创造经济效益3 000余万元。2004年运城盐湖旅游项目被列入山西省旅游发展纲要，为山西省六大主要景点之一。

🥤 案例分析

中国死海——运城盐湖景点的成功打造有诸多方面的原因，主要可以归纳为：

1. **产品设计定位准确，充分利用了资源优势开发独特产品**

南风化工集团在开发旅游产品中，考虑到自身的独特资源，利用盐湖 6 000 年沉积的大量黑泥、盐水及独特的地质结构等自然生态资源，具有 5 000 年开发史（以盛产"潞盐"而闻名）的独特的人文历史资源涉足旅游业，资源得天独厚，题材新颖独特，有较强的排他性和不可模仿性。

2. **以新奇性和唯一性迎合了追求休闲、时尚、健康的消费理念，有明显的市场优势**

进入 21 世纪以后，我国的休闲经济和休闲产业逐步培养发展起来，游客的休闲健身和娱乐需求日趋增强，南风集团利用含盐量高、浮力大的盐湖特色资源开发盐水漂浮等水上游乐项目，形成了集健身、休闲、体验、观赏为一体的旅游景点，打造了"中国死海"这一独具特色的旅游产品。在项目开发中，南风集团专门邀请北京大学地质系对运城盐湖与以色列死海的黑泥所含二十余种微量元素进行化验分析，测定出了对人体有益的微量元素的含量。产品宣传突出了通过漂浮的机械效应、温热效应、化学效应和放松效应可以治疗多种慢性病的功效，盐湖黑泥中富含胶体、有机和微量元素等物质，具有良好的黏滞性和可塑性，导热低、散热慢、保温时间长，能够增强人体血液循环和新陈代谢功能，具有调节神经功能和消炎、消肿、镇静和止痛以及可以提高人体免疫力功能。黑泥美容美体和专业按摩项目都深受游客的欢迎。

3. **重视知识产权保护，注册"死海"商标，创建景区品牌**

运城盐湖自 2002 年 8 月试运营以来，在成为国内外游客光顾的旅游亮点的同时，也出现了一阵打着"中国死海"招牌的跟风热潮，扰乱了旅游市场的正常秩序，给南风集团品牌的定位和市场的开发带来了混乱和阻力。作为知识产权内容之一，商标是企业品牌的核心，也是无形资产的重要组成部分，它和"名牌"一同被经济学家喻为"永动的制钞机"。2003年10月，为了有效地保护运城盐湖这一名副其实的中国"死海"资源，南风集团用"神州死海"、"华夏死海"、"远东死海"、"三晋死海"等名称，向国家有关部门提交了关于中国"死海"商标注册的申请，并通过了国家工商行政管理总局商标局的审定，于2004年正式获得该商标的专用权。这使产品商标与企业品牌相统一，提升了企业无形资产的价值，使中国"死海"的称号实至名归。

4. 拉动媒体攻势，宣传"中国死海"，提高了景点的知名度

运城盐湖开发较晚，为提高知名度，加大宣传力度，企业运用其强大的公关优势，吸引百家媒体对"中国死海"进行了宣传报道，这种大众传播形式影响力是巨大的，它不仅引起了消费者对这种新产品的关注，同时引发和培养了他们的兴趣。

5. 客源市场定位准确

运城盐湖的市场定位以高、中端消费者为主，同时也注重大众消费。初期的客源重点锁定周边省份大、中城市，并进行推广宣传，这非常符合盐湖休闲度假产品的市场定位。

6. 走向国际化

运城"死海"项目是中国第一，它更需要成为世界知名的旅游产品，2003年通过白俄罗斯、爱沙尼亚、乌兹别克斯坦、塔吉克斯坦、亚美尼亚、立陶宛六国第一批境外电视媒体联合记者团对"中国死海·运城盐湖"做专题考察和报道，"中国死海"的产品营销跨越了国界，标志着运城盐湖向着国际化的旅游品牌迈出了关键的一步。南风化工集团股份有限公司运城"死海"盐湖黑泥、矿盐系列产品成功获取《原产地标记准用证》以后，盐湖又进一步开辟了旅游商品销售的国际化新途径。

案例启示

运城盐湖明确的战略定位，使其产品拥有较大的市场发展潜力，其今后的规划思路是保护运城盐湖的生态环境、节省投资、提高经济效应、增加配套服务、提高档次，把"中国死海"旅游做成特色突出、功能齐全、管理服务完善、品位高雅的AAAA级风景名胜区。

资料来源

1. 运城盐湖(中国死海)旅游开发有限公司. 运城盐湖, 打造"死海"旅游特色产品. 山西旅游, 2004(6)
2. 运城盐湖（中国死海）旅游开发有限公司. 中国死海——运城盐湖宣传手册, 2005
3. 南风化工集团股份有限公司. 南风（旅游特刊）, 2005-03-08
4. "死海"系列商标落户运城盐湖. 中国商业电讯, http://www.prnews.cn, 2004-06-04

案例思考

"中国死海"运城盐湖距西安240公里，距山西省会太原400公里，距北京960公里，距洛阳180公里，距郑州300公里。你认为其客源重点放在周边省份大、中城市的战略应当如何分布实施？

（刘海鸿）

1-5 珠海海泉湾度假城
——差异化定位，实现竞争优势

案例介绍

海泉湾度假城位于珠海西部，背山面海，西临黄茅海、东邻广珠铁路、南接高栏港、北为文楼山。其所处的平沙镇，总面积257平方公里，三面环海，东与珠海市区、澳门相连，西接珠海港，南望著名的大西国际水道，北倚经济发达的珠江三角洲腹地。陆路距澳门50公里、广州170公里、深圳180公里。海泉湾度假城距离珠海机场只有25分钟车程，珠海市香洲区客运站、拱北口岸等处都有港中旅快线巴士往返海泉湾，交通十分便利。

海泉湾度假城由香港中旅国际投资有限公司（香港上市代码：308）投资开发，首期投资22亿元，占地约1平方公里。2.7公里绵长的海岸情侣路，200平方公里多的湖面水系，300平方公里的绿化面积，令度假城保持和谐完美的生态环境。度假城由海洋温泉、两座五星级度假酒店、集美食娱乐演艺于一体的渔人码头、高科技的现代剧院、刺激动感的神秘岛主题乐园、星级服务的体检中心、为健康加油的健身俱乐部、打造精英团队的拓展训练营等八大板块组成。八大板块由一条旖旎的内湖相连，充分利用国内独一无二的海底温泉资源，结合周边自然山海环境，融休闲、娱乐、康体与商务为一体，为国内外游客提供一个多元化、立体的旅游休闲度假的胜地。

海泉湾度假城于 2006 年 1 月 22 日全面开业，市场反应良好。2006 年春节黄金周海泉湾接待游客达 20 万人次，收入达到 2 500 万元，创珠海旅游新高。据有关报道，截至 2006 年 4 月底，开业仅 3 个月的海泉湾接待人数已超过 90 万人次，经营收入超过 1 亿元。已成为珠海标志性旅游景区、中国顶级海洋温泉度假城。

案例分析

目前，广东开发的温泉旅游区有 130 多个，约占全国已开发温泉旅游区总数的 1/3，投资超过 5 000 万元人民币的超过了 60 家，而且大多都是日式温泉，温泉产品开发近距离重复现象非常严重。同时随着人们收入的不断提高，旅游业已开始从单一旅游观光向休闲度假旅游发展。与点——线式的观光旅游不同，休闲度假更多地表现为在某一特定区域内较长时间的停留，人们主要不是为了增长知识和阅历，更多的是为了处于一种与日常工作、生活不同的放松、自由的生活状态，对环境质量、服务水平、活动内容往往有更多、更高的要求。

在这种情况下，香港中旅斥巨资投资海洋温泉项目，以海洋温泉为核心，综合配套、多项目集中布局，营造高水平的休闲度假环境，不但符合当前旅游业发展趋势，而且突破了已有的温泉开发模式、经营理念，避免了与竞争对手在同质化的产品上竞争。海泉湾度假城是一个以市场为导向，主动进行高品质产品创新，实施差异化竞争战略的成功范例（企业常选用的战略见下页图）。

所谓差异化战略，是指将产品或企业提供的服务实现差异化，建立起本企业在行业中独有的一些东西，一般也意味着，在竞争中相对竞争者而言能为市场提供更好、更能满足消费者需求的产品或服务。为实现产品或服务的差别化，企业常常要为此支付额外的成本，但由此产生的差异化优势，使得企业具备更高的定价能力，因此，

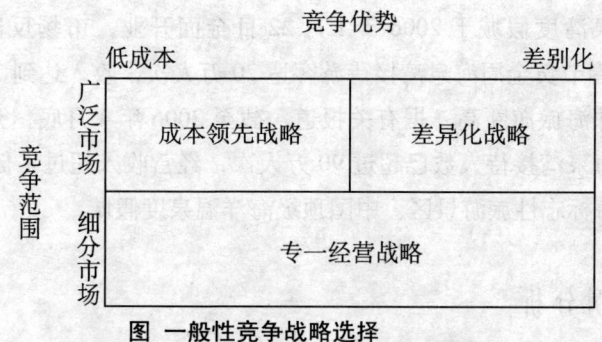

图 一般性竞争战略选择

资料来源：M.E. 波特（《竞争优势》，1985）

一旦差异化战略获得成功，它将成为企业在一个行业中获得较高利润水平的积极战略。

海泉湾以海洋温泉为独特卖点，经由多个国际著名公司规划设计，以大手笔营造环境，建设现代化设施，并具备优质管理与服务能力等，所有这些是实施差异化战略，形成产品差异化优势的逻辑延伸。海泉湾既不同于温泉度假区，又与周边的主题公园（如香港迪斯尼）相区分，定位清晰、特色明显。差异化产品所吸引的高消费客户，是其丰厚利润来源的基础，而大规模多项目集中布局所产生的规模经济效益，和今后依托景区建设向其他产业扩展所产生的范围经济效益，将进一步扩大企业收益，从而使海泉湾具有更为广阔的发展前景。

案例启示

在景区投资升温，竞争日趋激烈的情况下，企业明确地选择自己的竞争战略，有利于引导企业获得较高的利润；而企业缺乏竞争战略或在不同的竞争战略中徘徊不定，容易造成经营管理上的逻辑混乱，不利于集中公司的资源和能力形成竞争优势。获得超过行业平均水平的超额利润，是企业进行战略选择的最主要的动因之一，而与企业所能控制或拥有的资源与能力相匹配，是企业进行战略选择时需要慎重考虑的重点之一。

无论是差异化战略，还是注重降低成本的成本领先战略或把目标集中于特定市场的专一经营战略，都可使企业获得竞争优势，只是方式与途径不同而已。对企业而言，三种通用战略没有好与不好之分，只有合适与不合适之别。所谓合适是指企业所选择的竞争战略不但符合企业的发展要求，而且能够被企业成功实施（与企业资源、能力相匹配）。

大型景区，尤其是人造景区，由于投资巨大，开发与运营成本高，需要有足够大的市场支撑，其成功往往需要依赖于特定的条件和优势，难以简单复制，是一种个性化、差异化比较强的旅游产品，相对来说采取差异化战略更有利于发展。香港中旅于1928年在香港成立，拥有丰富的筹建及经营酒店、高尔夫球场、主题公园以及与旅游相关业务经验。海泉湾度假城是香港中旅继成功开发锦绣中华、民俗村、世界之窗之后的又一力作。香港中旅顺应旅游市场变化，不断创新，实施差异化战略发展，实现一体化经营（投资商、旅行社、景区一体化）值得借鉴与深思。

资料来源

1. 海泉湾网站. http://www.oceanspring.com.cn/oceanSpring/home.htm，2006-05-06
2. 香港中旅国际投资有限公司（香港上市股份代号：308）香港中旅国际投资有限公司2005年业绩公布，2006-03-28
3. 钟晨. 香港中旅总经理沈主英：这两年处于恐惧中. 第一财经日，2006-01-25
4. 林丹. 海泉湾模式激起中国温泉第二轮冲击波. 羊城晚报，2006-01-16
5. 郭秀玉. 让游客玩得安心舒心. 珠海特区报，2006-05-01

6. 黄泽南，梁桂源，（实习生）侯婧颖．金湾区春节黄金周接待游客 23 万．珠海广播电视台，珠海视听网（http://www.zhtv.com/Article/ShowArticle.asp?ArticleID=17977），2006-02-07

案例思考

什么是竞争战略？分析自己所熟悉的景区企业是否有清晰的竞争战略？如果有，其在战略实施中取得了哪些成果，又存在哪些不足之处？香港中旅实行一体化经营具有哪些竞争优势？

（欧阳昭洪　肖立斌）

1-6 湖南郴州仰天湖旅游区
—— 市场导向，科学规划

案例介绍

仰天湖旅游区位于湖南省郴州市北湖区南部，珠江支流章溪水、罗家水上游，属南岭北麓五岭之一的骑田岭山岳。距郴州市城区车程 54 公里，毗邻广东、港澳及东南亚地区。经郴州有京广铁路复线、107 国道、京珠高速公路南北通道，并有省道 1813 线、1806 线联结江西与广西，对外交通便利。

旅游区属大陆性中亚热带季风湿润气候，气候温和，雨量充沛，四季分明。年平均气温 102℃，月平均最高气温 142℃，月平均最低气温 6.3℃。一年内以 1 月最冷、易结冰，7 月最热，气温在 16～18℃之间。雨量充沛，年平均降水量 1 800 毫米，年平均相对湿度 85%。全区面积约 168 平方公里，以高山草原为主，并有茂密森林、特殊地形地貌和流泉飞瀑等自然景观。区内旅游资源丰富，品种多样，共有 7 个主类、13 个亚类、21 个基本类型，且相对集中，组合较好。

旅游区主要由仰天湖草原、仰天巨佛、南溪乡、永春峡谷梯田生态走廊以及安源石林组成。区内风光所展现的原始、古朴、野性和神秘，对湖南省内和珠江三角洲的游客都有较大吸引力。其核心景区——仰天湖草原，海拔 1 400 余米，内有一南岭极顶高山湖泊——仰天湖。夏季，草原开阔的视野和幽远的意境，构成了南国草原迷人的风光。冬季，银装素裹的白雪世界，带给周边地区特别是粤港澳和东南亚游客奇异景象。景区可打造成离珠三角最近、交通便捷的高山草原观光、避暑赏雪、休闲度假的绿色生态旅游胜地。

案例分析

仰天湖旅游区虽然资源特色明显，有较强的市场吸引力，但相对于郴州其他旅游区，其发展较为迟缓，旅游收入和游客人数仍未成规模，是一个尚需进一步开发建设的旅游区。究其原因，主要有以下几个方面：

1．缺少科学规划指导

旅游区很长一段时间处于自发展阶段，景区范围、性质以及战略、市场、形象、产品等定位不清楚，缺乏统一指导，发展目标不明确。

2．可进入性差

旅游区虽然离郴州市区只有 50 多公里，但大部分路段是简易公路，而且近 2/3 是山区，弯多路陡，可进入性较差。

3. 开发利用尚缺乏一定的规模和档次，基础服务配套设施不足，接待能力差

20 世纪 90 年代，仰天湖旅游区开始了原始开发历程，区内一些旅游景区、景点相继被发现和利用，但由于开发者资金来源有限，不具备大规模开发和宣传促销能力，只在核心景区建立了一些简易的旅游接待服务设施，至今起色不大，核心景区应有的龙头作用也没有发挥出来。

2004 年 6 月受郴州市北湖区政府委托，广州旅游规划研究中心对仰天湖旅游区进行了全面的资源调查，以市场为导向编制完成了《仰天湖旅游区发展规划》，其中还对其核心景区——仰天湖高山草原休闲度假区进行了专门规划，从而为仰天湖旅游区的合理开发利用提供了科学依据。同时，近年来，郴州市旅游业发展迅速：2004 年 1 月 8 日，郴州市获得中国优秀旅游城市荣誉称号。2005 年，全市旅游人数达 735 万人次，旅游总收入 41 亿元，分别增长 16.7% 和 24.2%。根据湖南省旅游业十年发展规划，仰天湖旅游区已被列为重点完善的 14 个专项产品之一。郴资桂高等级公路及京珠高速公路等交通干线的建成通车，郴仰山区四级公路砼化工作顺利完成，使仰天湖旅游区的内外交通条件大为改善。目前，仰天湖旅游区年接待游客量已达 6 万人次左右，且游客量不断上升，发展势头良好。仰天湖旅游区投资潜力已日趋明显，如能引入有实力的投资商，将进入一个全新的快速发展阶段。

案例启示

（1）旅游景区开发有其内在的发展规律和外在的发展条件，盲目发展可能得不偿失。委托专业机构进行科学规划，既有利于宏观上的整体把握，又可获得微观可操作性的指导，还能为政府招商引资提供有说服力的依据。

(2) 产品与市场的有效联结,是景区开发成功的一个关键要素,因此,需要在做好市场推广的基础之上妥善处理好景区的内外交通问题。而接待条件与能力,则是景区开发的一个重要支持要素,有必要认真对待。仰天湖旅游区丰富的旅游资源吸引了大量的自发旅游者,但由于缺乏规划、可进入性差和缺少基础服务配套设施,当地旅游主管部门不敢对其进行全面开放,有时甚至还要限制游客进入,这不能不说是无奈之举。可喜的是目前仰天湖旅游区开发条件已发生了重大的有利变化,当地政府有必要抓住当前有利的旅游发展机遇,在改善旅游开发条件,引导投资等方面作出更大努力,从而将潜在的资源优势转化为现实的经济效益。

资料来源

1. 广州旅游规划研究中心. 仰天湖旅游区发展规划(2004-2015),2005.3
2. 湖南省郴州市统计局. 郴州市2005年国民经济和社会发展统计公报,2006-02-28

案例思考

开发条件是景区发展的基础,政府行为往往会对此产生重大影响。结合本案例,讨论政府在改善景区开发条件上可采取哪些措施?能起到哪些作用?政府在当地景区开发中处于怎样的地位?

(欧阳昭洪　肖立斌)

1-7 湘西凤凰
——转让经营权,大山里飞出"金凤凰"

🥤 案例介绍

凤凰是湖南省湘西土家族苗族自治州的一个以苗族为主的多民族县,西邻贵州省松桃县和铜仁市,东与本省泸溪县相连,北与花垣县和吉首市接壤,东南与麻阳县为邻,属多山地区。凤凰县城沱江镇古称镇竿,历史悠久、山川秀丽,至今仍较完整地保留了明清时期的传统格局和历史风貌,素有"中国最美的小城"之誉和"画乡"之称。1986年11月被列为全国旅游外事开放甲类县城,1991年、1999年分别被湖南省人民政府确定为省级风景名胜区、省级历史文化名城,2001年被批准为国家历史文化名城。规划中的凤凰历史文化名城包含凤凰县域内已开发的绝大部分景点,共划分为五个历史文化保护区和五个风景保护区。历史文化保护区包含古城、沙湾、杜母园、南方长城、黄丝桥;风景保护区则包括沱江、南华山、东岭、北园、喜鹊坡。区域内名胜古迹星罗棋布,有省级风景名胜区4处,即建于唐代垂拱(唐睿宗年号,公元685~688年)年间的黄丝桥古城、被誉为溶洞奇观的奇梁洞、飞檐斗拱的古建筑朝阳宫、沈从文故居。2000年发现的"南方长城"被称为"凤凰县最大、价值最高的古建筑遗址"。城郊南华山森林公园为国家级的自然保护区。

凤凰县城距州府吉首市52公里,南距交通枢纽怀化市90公里,东距枝柳铁路新凤凰站 14 公里，西距渝怀铁路大站贵州铜仁市 58 公里，离铜仁大兴机场 27 公里，209 国道、1867 省道穿境而过。凤凰北与吉首德夯国家级民俗风景区、猛洞河风景区、张家界国家森林公园连成一片，西南与风景名山梵净山相邻，构成金三角，区域旅游优势互补，相得益彰，发展旅游业前景十分广阔，为湘黔渝边界地区经济贸易的交会点。

凤凰自古就是远近闻名的经济文化中心和旅游胜地。但在 2001 年之前，凤凰县的各个景点分别由不同政府部门分散管理，基本上还属于政府接待，接待规模一直不大，政府几乎没有收入。时任县长滕万翠认为旅游业到了非转制经营不可的时候了。于是县政府冒着政策风险，采用招标的方式，从投标者中选择了黄龙洞投资股份有限公司（以下简称黄龙洞公司），将凤凰的 8 个景区（点）50 年的经营权进行转让。此后，凤凰的旅游业开始步入发展的快车道，旅游人次连年增长，旅游收入节节攀升，而经济效益和政府收入也明显增长。

案例分析

通过深入分析，不难发现，凤凰的旅游业之所以能快速发展起来，得益于旅游开发过程中实施了以下战略：

1. 企业化经营战略

根据委托经营转让合同条款，受让方黄龙洞公司须在经营期内向凤凰县人民政府支付转让费 8.33 亿元人民币；同时还规定黄龙洞公司在前两年须投入 8 500 万元人民币用于凤凰古城部分城楼、南方长城的修复及其他主要景点保护设施和游览设施的修建和改造。凤凰县政府享有上述景区景点的所有权与管理权，黄龙洞公司享有上述景区景点的经营权与收益权，对受让景区景点实行企业化经营。

实践证明，经营权转让产生了良好的效应，使凤凰的旅游业得到了快速健康发展。经营权转让解决了长期困扰县政府的景点维修保护资金短缺的问题，打破了长期以来各景区景点分散经营、低水平开发的局面。黄龙洞公司在接过经营的接力棒后，随之成立了凤凰古城旅游有限责任公司，先后投资近亿元资金用于受让景区景点的恢复、保护和维修、宣传促销，使凤凰古城旅游业逐渐走上发展的正轨。黄龙洞公司利用自身的资金、人才、管理优势，把旅游资源优势转化为经济优势，实现了国家增税、企业增效、资源增值。景区经营权转让后的头两年中，凤凰县旅游总人数是转让前四年旅游总人数的 1.57 倍，旅游总收入是转让前四年的 1.50 倍，2004 年，凤凰旅游总人数达到了 187 万人次，比上年增长 113%，旅游总收入更是高达 29 800 万元，比上年增长 198%。这反映了经营权转让对凤凰县旅游经济发展的巨大推动作用。凤凰古城公司同时还注意带动和扶持当地居民经营旅游服务业，不仅使居民收入增加，更重要的是提高了居民的参与意识，为提升凤凰旅游业的发展潜力奠定了坚实基础。

凤凰县的旅游经营权转让之所以能获得如此瞩目的成就，我们认为有如下原因：第一，受让方具有旅游业经营的丰富经验和良好的业绩。黄龙洞公司于 1998 年获得了张家界黄龙洞 45 年的经营权，此后通过各种手段整合资源，加大营销力度，加强管理，使黄龙洞景区先后被国家旅游局评定为中国首批 AAAA 级旅游区（点）和中国首批知名旅游品牌；最初的五年内累计接待海内外游客 310 万人，相当于委托经营前 13 年接待量总和的 105%；实现经营收入 1.8 亿元，相当于委托经营前 13 年总收入的 4 倍；2002 年黄龙洞公司全年缴纳税金 955 万元，比委托经营前的 1997 年增长了 15 倍，各项经济指标位居中国已开放的 300 多个旅游溶洞的首位。第二，相关条款科学健全。景区景点保护是旅游业可持续发展的前提。合同条款明确规定了双方的权利义务，特别是明确规定了黄龙洞公司在景区景点保护方面承担的责任，约束了经营者重经济效益轻资源保护的行为。第三，旅游经营权转让时限长。转让期长达50年，这杜绝了经营者的短期利润最大化行为，而着眼于当地旅游业的长远发展。

2. 资源保护性开发战略

当地政府和经营者认识到旅游资源的不可再生性，在严格细致保护的基础上，制定了一系列旅游发展方略，实施了保护性开发计划。比如，为了全面推进古城区的保护和整治，政府联合有关单位制定了保护条例、总体规划、保护规划；多方筹集资金对古城进行保护和维修；按照保持原有风貌、整修如故的原则，对古城核心区不协调的建筑物进行大力整治，使一批古建筑、古城墙、古街道、古民居、古吊脚楼、古村寨得到较好保护和修缮，使得富有人文气息与民族风情的凤凰古城风貌日臻显现。

当地政府和经营者具有很强的产品开发意识。2000年4月，建设部、国家文物局考察组在考察凤凰县申报国家历史文化名城的过程中，参加考察的中国长城学会副会长罗哲文先生对苗疆边墙产生了极大的兴趣。经鉴定，苗疆边墙实际上就是人们一直在寻找的明朝万历年间修建的中国南部长城。这一发现当时在国内引起了极大的反响，中央电视台等国内各大媒体都给予了广泛的关注和深入的报道。当地政府和经营者马上意识到"南部长城"（惯称"南方长城"）大有文章可作。一边制订相应的保护条例与修复计划，一边积极组织力量设计相关旅游线路和产品，借助各媒体制造出来的广告效应，提高了凤凰的知名度。

总体上来看，凤凰的自然旅游资源相对薄弱，而文化旅游资源比较突出。历史遗存、民族风情、民间工艺、传统民居等，都具有浓厚的地方特色及时代特点。目前开发的旅游景点景区大多为文化类，如古城景区、南方长城景区、黄丝桥景区。当地政府还积极组织了12个民间文化表演队，以加快对传统楚巫文化和凤凰特色文化的挖掘和整理；开发了5个民族文化村落，设立了自然历史博物馆、历史博物馆、民族博物馆、民俗文化博物馆，使文化资源得到深度开发和保护。

3. 品牌营销战略

结合凤凰旅游资源的特色，凤凰古城公司确立了打造文化旅游品牌的战略。在全面接手经营后，公司加强了凤凰旅游基础设施及配套设施建设，加强对景区景点保护及开发，启动了申报国家AAAA级景区和世界文化遗产的计划，以提升旅游资源品位，树立凤凰的旅游品牌。除了利用旅游推介会、交易会等常规方式宣传凤凰外，凤凰古城公司还成立"天下凤凰文化传播公司"对旅游资源进行整体全程营销策划，实施"笔墨凤凰、镜屏凤凰、音乐凤凰、画笔凤凰"工程，加大宣传力度，扩大凤凰在全国和世界的影响。特别是2003年9月在南方长城策划的以"棋行大地，天下凤凰——问天下谁是英雄"为主题的中韩围棋邀请赛，经国内外多家电视台向全球直播，观众多达10亿人，收到了良好的广告效应。凤凰古城公司还建立了旅游网站，再版了沈从文的作品，并相继举办黄永玉画展、谭盾音乐会、宋祖英MTV的拍摄，将凤凰融进沈从文的书里、黄永玉的画里、宋祖英的歌里，从不同角度展示凤凰文化，传播凤凰的文化形象，赋予了凤凰更丰富的品牌内涵。

案例启示

凤凰的旅游业能取得好的业绩，旅游经营权转让起到了关键作用。在全国上下对旅游经营权转让讳莫如深的时候，黄龙洞、凤凰却取得了巨大成功。可见，旅游经营权转让并非"狼来了"，关键在于以什么形式转让、转让给谁。同时与旅游业开发过程中坚持保护性开发，始终紧扣文化特色，着力树立品牌密不可分。凤凰县政府和当地经营者无论是进行旅游景点开发，还是旅游项目策划、品牌营销，都将"文化"作为主打牌，寓文化于产品，借文化以扬名，吸引旅游者走进凤凰，带动当地经济发展。

资料来源

1. 许抄军等．历史文化名城保护与开发的模式探讨——以湘西凤凰古城为例．船山学刊，2004(1):176-179
2. 王凯等．凤凰城旅游景区转让后的效应评价．中国人口、资源与环境，2005(4):37-42
3. 张兰等．历史文化名城凤凰县及其保护规划．城市规划汇刊．2001(3):61-63
4. 王迪云．湘西凤凰旅游开发战略探讨．经济地理，2001(2):244-248

案例思考

1. 中华人民共和国建设部 2000 年颁发的《关于加强风景名胜区保护管理工作的通知》规定："各地区、各部门不得以任何名义和方式出让或变相出让风景名胜资源及景区土地。"这一规定出台的目的是什么？应如何规范旅游经营权转让行为？
2. 请分析湘西凤凰转让经营权与其旅游发展战略的关系。

（杨铭德）

1-8 青海湖风景名胜区
——高原生态旅游区、国际消夏度假地的战略定位分析

案例介绍

青海湖风景区是1994年审定公布的第三批国家级风景名胜区，位于青海高原东北部，距西宁市150公里。青海湖地区处于青藏高原北部，为祁连山地的一个山间盆地，平均海拔3 000米，东西长106公里，南北宽63公里，呈椭圆形。青海湖流域面积大体包括海南、海北藏族自治州的共和、海晏、刚察三县及海西蒙古族藏族自治州的天峻县，土地面积96 600平方公里，其中湖水面积5 000平方公里，湖水容量850多亿立方米，平均水深约19米，是我国第一大咸水湖，也是我国最大的内陆湖，其鸟岛居全国8大鸟类保护区之首。湖东的日月山为青藏高原与黄土高原的地理分界线，也是青海省农业区、牧业区和青海湖内流区与河湟外流区的分界线。

由于独特的自然地理环境和生态系统特征，青海湖于1975年就被青海省政府批准为省级自然保护区，1997年经国务院批准为国家级自然保护区，也是"国际重要湿地名录"区。因此，青海湖已有较高的国际知名度和影响力。

青海湖旅游开发较早，但由于青海湖湖北原为军事禁区，因此其旅游业与湖周围其他地区相比发展相对滞后。2004年国内游客达

200余万人次,旅游业收入达 2.6 亿元人民币,海外游客达 1.2 万人次,旅游外汇收入达 380 万美元。

案例分析

青海省政府对发展青海湖旅游业高度重视,邀请国内外著名专业研究机构和旅游专家,全方位审视青海湖旅游业在我国西部、全国乃至世界旅游业发展中的地位,并已确定其发展目标为国际性消夏旅游胜地和高原生态旅游区。这一发展目标非常符合青海湖旅游业的发展实际,这一根本目标的确立,实际上也就是对青海湖国家级风景名胜区进行了"高原生态旅游区,国际消夏度假地"的旅游开发战略定位。此战略定位完全建立在青海湖旅游资源特点、旅游生态环境特征及旅游业现状的基础上,科学、准确、脚踏实地而又不乏高瞻远瞩,具体分析如下:

1. 拥有品位高、数量多、规模大、组合好的高级别旅游资源的青海湖,有条件打造成为广泛吸引国际游客的世界著名旅游胜地

青海湖旅游区自然旅游景观奇特。区内有位于湖西北部的鸟岛景点,每年春夏十余万只候鸟在此栖息,面积 1 平方公里;湖西有裸鲤主要产卵河流之一的布哈河;有位于湖心,四面环水的天然仙境海心山景点;有位于湖西南部,由石灰岩构成,凸立于湖水面的三块石景点;有位于湖东南,平卧碧波,形似长剑的二郎剑景点;有位于湖东北,形似一轮弯月的黄沙碧水奇观沙岛景点;有位于湖东,众水东流,唯有此水西流的倒淌河等自然旅游景观。

青海湖旅游区人文旅游景观内涵深刻。湖东有因唐朝文成公主进藏和青藏铁路建设而闻名的日月山;湖西北有环境幽雅、殿宇巍峨的青海著名黄教寺院白佛寺;湖西有闻名中外的四五千年前羌人所雕刻的沙龙岩画;湖西北有举世瞩目的我国第一颗核武器试验基地。

青海湖旅游区野生动植物资源丰富。该区野生动植物具有种类多、分布广，经济和科研价值高的特点。有斑头雁、棕头鸥等鸟类163种；有鱼类、马鹿、麝、野牦牛等动物20余种，以青海湖中的裸鲤，俗称湟鱼最负盛名；有野生种子植物620余种。

根据青海师范大学赵宏利教授等对青海湖地区20个主要景点的条件评价和潜力评价指标研究表明，每个景点得出条件评价、潜力评价两项的总分＞4.5分的为Ⅰ级景点，包括鸟岛、原子城、日月山等4个景点，这些景点突出了人与自然、鸟与自然、湖与自然的特色，展示了粗犷、淳朴的高原风光，可发展为具有世界级意义的景区；总分在4.0～4.5分之间的为Ⅱ级景点，包括倒淌河、三块石、西王母传说、沙龙岩画等8个景点，这些景点突出了文化旅游的特色，尤其是充分展示了昆仑文化等文化渊源，可发展为具有国家级意义的景区；总分＜4.0分的为Ⅲ级景点，包括沙柳河、二郎剑、藏族风情等8个景点，这些景点主要突出了民族旅游特色，展示了藏族、蒙古族等多民族风情，可发展为具有区域级意义的景区。

2. 夏季气候舒适宜人、景色优美、生态环境优越宽松、作为国家级自然保护区和"国际重要湿地名录"区的青海湖，应该开辟为以生态旅游为最主要特色、以避暑休闲度假为重要功能的旅游区

青海湖旅游区属高原干旱半干旱气候，年降水量350毫米，年平均气温 -1.5℃～1.5℃。湖面海拔为3 260米，比两个东岳泰山还要高，由于这里地势高，加之湖水面积达5 000平方公里，夏季十分凉爽，最高月平均气温12.4℃，即使烈日炎炎的盛夏，日平均气温也只有15℃左右。夏秋日照时数48%～72%，空气清新，阳光灿烂。

青海湖四周为四座巍巍高山所环抱：北面是高峻壮丽的大通山，东面是巍峨雄伟的日月山，南面是逶迤绵绵的青海南山，西面是峥嵘嵯峨的橡皮山。这四座大山海拔都在3 600～5 000米之间。举目环顾，犹如四幅高高的天然屏障，将青海湖紧紧环抱其中。从山下

到湖畔，则是广袤平坦、苍茫无际的千里草原，而烟波浩渺、碧波连天的青海湖面，就像是一盏巨大的翡翠玉盘平嵌在高山、草原之间，构成了一幅山、湖、草原相映成趣的壮美风光和绮丽景色。每年4～8月又是观看鸟儿王国盛况的最好时期，10多种名贵候鸟栖息在鸟岛上，最多可达10万只以上。此时湖边绿草如茵，牛羊如云，野花绚丽，湖水连天，奶茶飘香，景色绚烂，令人心旷神怡，是理想的消夏避暑胜地。

3．由于环湖自行车国际拉力赛等一些重要国际赛事的举行，更进一步大大提高了青海湖旅游区的国际知名度，它已成为青海省对外旅游形象的代表和我国风景名胜的又一块瑰宝，极具开发潜力

目前，青海省五条黄金旅游线中的三条线路均经过该区，即环青海湖旅游线、唐蕃古道旅游线、世界屋脊汽车探险旅游线，这三条旅游线路把青海湖景区的各景点连为一体，是青海湖自然保护区旅游业发展的大通道。特别是随着贯穿自然保护区北部"世界屋脊"黄金旅游线青藏铁路的全线贯通，该区将成为青藏铁路沿线重要的旅游区，青海湖自然保护区旅游景点也将成为支撑该黄金旅游线的王牌景点。

4．景区旅游基础设施及配套服务设施建设已为打造一个国际级消夏旅游地奠定了良好的基础

青海湖风景区已累计完成投资约4亿元。现已建成了一条480余公里的环湖一级旅游公路，东可至西宁，西可至柴达木地区，南可至海南、玉树、果洛藏族州，远可达西藏、四川，北可至甘肃、新疆，交通便利。已建有鸟岛宾馆、151帐房宾馆及原子城宾馆等20余家，可同时接待游客2 200余人。开通了有线无线通信。已开展的旅游项目有湖陆旅游观光、环湖探险、科学考察、民族歌舞、民族宴、健身等娱乐项目。

总之，围绕青海湖、日月山、鸟岛、原子城、昆仑文化传说、

藏传佛教、民族风情等具有一定垄断意义的旅游资源，依托良好的旅游生态环境和世界知名度，将该景区建设成为具有国际意义的王牌景区是我国西部大开发时代的召唤，是科学的抉择。

案例启示

西部地区是我国旅游资源的宝库，日渐成为我国发展旅游业的主战场。西部旅游业虽然起点低，但旅游开发的眼光不能低。为踏上理想的持续发展之路，必须在政府或有关部门的正确领导下，高瞻远瞩，立足长远，准确定位，科学规划。

资料来源

1. 青海省统计局 2001 年青海省社会经济统计年鉴. 中国统计出版社，2001(9)：16-162
2. 张树夫等. 江苏沿海生态旅游开发研究. 地理学与国土研究，2000(3)：77-78
3. 陈修文. 青海省重大项目布局研究. 青海社会科学，2003(1)：48
4. 罗朝阳. 青海省国民经济和社会发展十年计划. 青海人民出版社，2001(12)：87-88
5. 赵宏利. 青海湖地区旅游资源的系统评价. 青海师大学报，2004(2)：22
6. 徐晓梅. 内陆明珠的"三级跳". http://news yninfo.com/yunnan/jingji/2002/11/1037597152_5，2002-11-18

案例思考

1. 青海湖与鄱阳湖、太湖等湖泊旅游区的开发战略定位有何不同？

2. 你认为青海湖定位于"国际性消夏旅游胜地和高原生态旅游区"的依据是否可行？请分析说明。

（霍修顺　陈修文　赵宏利）

1-9　中国红石公园丹霞山
——露天地质博物馆，打造"大丹霞"

案例介绍

丹霞山风景名胜区位于广东省韶关市东北仁化县和韶关浈江区境内，总面积达290平方公里，又称"中国红石公园"，被誉为广东四大名山之首，自古为岭南第一奇山。1988年经国务院批准为国家重点风景名胜区，1995年又被国务院批准为国家地质地貌自然保护区，2001年经国家旅游局批准授予AAAA级旅游区，2001年经国土资源部批准为国家地质公园，2003年经联合国教科文组织批准为世界地质公园。

丹霞山风景名胜区以赤壁丹崖为特色，看去似赤城层层，云霞片片，古人因其"色如渥丹，灿若明霞"之貌，称之为丹霞山。丹霞山是地学专用名词"丹霞地貌"的命名地，也是国内已发现的580多处丹霞地貌中面积最大、类型最齐全、造型最丰富的地区之一。丹霞山地层、构造、地貌表现、地貌发育过程、营力作用表现、自然环境和生态演变等在全国丹霞地貌分布区中是最为典型的，其科研价值主要体现为丹霞山具有一组重要的标准地层（包括丹霞组和长坝组的丹霞山红色岩系）和典型的块状构造。

同时，丹霞山历史人文积淀也非常丰富。丹霞山是历代文人赋诗题咏、怀古忧今之地，唐韩愈、宋苏东坡、杨万里等都曾在此挥毫题诗。现保留至今并有较大影响的寺庙有别传寺和锦石岩石窟寺。从女娲采石补天、舜帝南巡于韶山奏韶乐的传说到隋唐以降的宗教名山、众多的诗文、题记、摩崖石刻以及古山寨和洞穴岩墓群等文化景观无一不显示着丹霞山的深厚文化积淀。

案例分析

1. 丹霞山旅游开发存在的问题

（1）旅游开发历史悠久，但已开发面积不到景区总面积的 1/10

丹霞山开发历史悠久，隋唐时期已成为岭南风景胜地，同时有僧尼进山经营，兴建佛寺。由此带动香客进山拜佛观光。旅游活动主要为宗教旅游性质。

20世纪60年代，丹霞山得到广东省委的重视，修建了公路、旅社、商店等，成为广东省内的重要风景区。1980年，广东省政府宣布丹霞山为旅游区并对外开放，同时成立丹霞山中国旅行社。此后，别传寺重修和锦石岩的新建吸引了越来越多的观光游览客。

但是，丹霞山的旅游开发长期局限于长老峰、海螺峰两处，直到 1994 年，旅游开发范围仅为 0.5 平方公里，游江路线总长 3 公里。

1995 年，管委会新开发了阳元石景区，修筑旅游步道 8 公里，开发利用面积 3.5 平方公里，随后开发的翔龙湖景区旅游步道 8 公里，利用面积 1.5 平方公里。

2000 年，韶石山景区编制了总体规划，其列入开发的景区面积为 20.47 平方公里，外围保护面积 76.05 平方公里。现已向游客开放的有朝石顶观光区和金龟岩观光区共 5.45 平方公里的范围。

(2) 旅游效益低，接待能力有限

目前丹霞山已开发区域还不到景区总面积的 1/10，很多精华资源尚未开发，造成游客大多只有半日游到一日游。停留时间短，旅游效益低。

长老峰、阳元山等已开发老景区的酒店、餐厅等旅游接待设施主要处于从外山门至长老峰内山门的轴线上，区内共有 1 840 个接待床位，停车位 500 个，旺季接待能力有限。由于接待设备基本集中于老景区，而老景区的旅游开发历史较久，许多设备老化，需要更新。此外，其旅游接待的服务质量也有待提高。

(3) 条块分割严重，缺乏统一领导，内部无法协调

丹霞山风景区原来分属仁化和曲江两县管辖，其中仁化部分 130 平方公里，曲江部分 160 平方公里。涉及仁化县的有丹霞镇、董塘镇，曲江县的有周田镇、大桥镇、犁市镇及黄坑镇部分山地。目前已开发建设的各景区行政区划具体为：长老峰景区、阳元石景区、翔龙湖景区、大石景区隶属仁化县管辖，主要管理单位为丹霞山管委会；韶石山景区和矮寨景区隶属曲江县管辖，其中韶石山景区为一私人老板承包开发。

丹霞山归属部门较多，造成条块分割，多头管理，影响了丹霞山景区的管理效率。另一方面，政事不分，政府部门自身对其归口管理的事业单位实施监督，影响了监督的有效性和公正性。

2. 丹霞山旅游开发新思路

(1) 统一行政区划，提升管理级别，形成"大丹霞"发展格局

2004 年，丹霞山被批准为世界地质公园，为适应管理需要，经国务院批准，原属曲江县的黄坑镇、周田镇、大桥镇划归仁化县，从而使丹霞山景区的大部分都属于仁化县管辖。犁市镇则划归韶关市浈江区，基本结束了丹霞山景区行政区划分属两县的历史。"大丹霞"的发展格局初步形成。在行政级别上，丹霞山管委会升格为副

处级，归属于韶关市直接管理，提升了管理级别和管理权限。

(2) 明确性质定位，确定四大发展主题

管委会对丹霞山的发展进行了重新定位，确定了丹霞山的性质定位是：一个全方位展示丹霞地质地貌特征和文化生态禀赋的，可供科普教育、游览观光、休闲度假和开展徒步、探险、露营、健身等户外活动的"露天的地质博物馆"和著名风景旅游胜地。规划提出打造四大旅游主题，塑造"丹霞山——露天地质博物馆"的主题形象。

① "科学丹霞"——建设丹霞地貌博物馆，举办世界地质公园论坛，开发修学旅游、科普旅游和科考旅游等产品形式，使丹霞山成为一个永久性的宣传、科学普及和研究丹霞地质地貌的基地，力争把丹霞山建设成为一座"科学名山"。

主要打造的旅游产品包括修学旅游产品、科普旅游产品、科考旅游产品等。承担的旅游功能主要表现在三个方面：面向大、中专学生的修学增智；面向大众游客的地质地貌科学普及；面向科研人员的科学研究和科学考察。

② "生态丹霞"——加强生态展示、强化生态宣传、使用生态材料、控制开发强度。

主要打造的旅游产品包括徒步观光产品、探险露营产品、山地自行车运动、自驾车旅游产品、直升机、热气球之旅、水上游船、滑翔运动等。

③ "文化丹霞"——丹霞山文化旅游资源丰富：地质地貌文化、韶文化、生殖文化、历史文化、宗教文化、古山寨岩庙文化等资源类型丰富。通过充分挖掘丹霞山文化底蕴，力求使丹霞山成为一座"文化名山"。

主要打造的旅游产品包括结合丹霞山文化旅游资源类型和特质，着重推出韶文化旅游、生殖（爱情）文化旅游、宗教文化旅游、历史文化旅游等产品。

④ "爱情丹霞"——利用举世无双的阳元石和阴元石、鸳鸯树和丹霞红豆、锦江沿岸的爱情岩画,营造"丹霞之恋"的爱情氛围,让丹霞山成为一座人们表达和宣誓爱意的"爱情名山"。

主要打造的旅游产品包括:利用举世无双的阳元石和阴元石、鸳鸯树和丹霞红豆、锦江沿岸的爱情岩画等元素大做文章,在导游词、景区宣传资料中突出丹霞山的"爱情"主题,着重包装鸳鸯树、丹霞红豆等内容。每年的"情人节"、"七夕节"等节日,举办重大的以"爱情"为主题的系列活动,打造丹霞山"爱情名山"的知名度。把鸳鸯树作为一处情侣们表白情意、永结同心的场所。情侣们可以在此挂同心结、拍情侣照,见证爱情的亘古永恒;扩种红豆树,让情侣们相互拣拾丹霞红豆互赠对方作为爱情的信物。把丹霞红豆作为一种最重要的旅游商品之一出售给游客,使丹霞红豆成为游客到丹霞山必须要购买的旅游纪念品之一。

(3) 明确开发与保护的关系,创造利润增长点,提高经济效益

作为世界地质公园、国家地质地貌自然保护区,丹霞山必须处理好开发与保护的关系,把"保护第一"的理念贯彻在每一个细节。依照丹霞山风景区、保护区和地质公园等的区域功能划分,从旅游开发与生态环境保护的角度考虑,丹霞山把外围公路到丹霞山边界之间的地带列为景观控制地带,统一纳入丹霞山的管辖范围,体现大丹霞的指导理念。外围地带作为丹霞山旅游发展控制用地,尽量避免与旅游功能不符的项目干扰,而丹霞山的主要旅游度假项目建设用地、大型服务设施用地也均安排在外围,实现世界地质公园"区内游、区外住"的可持续旅游的生态目标。

案例启示

丹霞山旅游发展把握住了新形式下的发展需求,针对存在的问题,对症下药,对景区进行了准确的定位,明确了发展主题,同时

将开发与保护很好的统一起来，促使景区不断壮大和发展。

资料来源

1. 陈南江等. 丹霞山旅游发展概念规划. 广东旅游出版社，2004
2. 丹霞山风景名胜区管委会. http://www.dxs.org.cn，2006-05-20
3. http://www.danxia.com，2006-05-18

案例思考

从景区定位和发展主题方面来看，丹霞山旅游发展给我们什么启示？

（周志红）

旅游景区景点产品设计与开发

  旅游产品是一种特殊的商品，是以旅游资源为基础，对构成旅游活动的食、住、行、游、购、娱等各种要素进行有机组合，并按照客源市场需求和一定的旅游路线而设计组合的产品。因此，拥有旅游资源并不等于就拥有了旅游产品，而旅游资源要开发成旅游产品，还必须根据市场需求进行设计、开发、加工和再创造，从而组合成适销对路的旅游产品。

  然而随着世界经济、科技的不断发展，社会需求的不断提高，旅游者的需求也在不断地发生着变化，尤其对旅游产品的质量要求越来越高。因此，旅游经营者只有根据市场需求的不断变化调整旅游产品，不断地对旅游产品进行更新设计和开发，才能适应世界旅游市场发展的需要。同时，任何旅游产品都有从投入到衰退的生命周期的变化过程，所以不断地开发新的旅游产品，是旅游景区可持续发展、旅游企业在市场上求得生存和发展的基本条件之一。

  旅游产品的设计和开发是根据市场需求，对旅游资源、旅游设施、旅游人力资源等进行规划、设计、开发和组合。在这个过程中应注重旅游产品"兴奋点"和"消费点"的合理设计。旅游产品的"兴奋点"构成了产品主要的吸引力。合理配置"兴奋点"的旅游产品能够调动游客的情绪，能给游客留下深刻印象，能增强产品的美誉度，进而扩大市场影响；"兴奋点"弱或者配置不合理的产品，会显得平淡无味，产品吸引力弱，竞争力差。旅游产品的"消费点"构成了产品主要的盈利能力。合理配置"消费点"的旅游产品盈利能力强，综合收益高。而"消费点"弱或设计不合理的产品，旅游者的消费链条短，消费品种单一，消费意愿弱，企业收益差，有的连维持正常经营都很困难。

可见旅游产品设计的核心要求是面向市场、以人为本，通过对"兴奋点"和"消费点"的合理设计，使产品增值，利润增大，在满足了消费者要求的同时，也为投资者带来回报（张栋，2006）。本章收集了主题公园、游乐园、农业生态型、自然风光型、红色旅游景区等多种类型的景区景点产品设计和开发案例，并进行了深入浅出的分析，旨在通过对失败的案例的评析为同类型景区产品开发提供借鉴，同时，通过对成功的案例的分析为同类型景区提供经验和参考。

2-1 广州航天奇观
——新奇的产品，落后的管理

案例介绍

1. 基本情况

航天奇观位于广州天河区东圃镇大观路上，毗邻世界大观、广东奥林匹克体育中心，是一个以航天科技为主打产品的主题公园。景区首期占地 20 多公顷，总投资 2.5 亿元，是当地农民自行集资兴建的，1998 年建成开业。

航天奇观的主题新颖，构思别出心裁，意识超前，融科技、科幻与游乐于一体，荟萃了太空世界与航天科学知识，采用动、静实物造景，汇集高科技的声、光、电、机械等技术精华，展示我国和世界的航空航天技术及神秘太空，介绍奥秘无穷的空间科学和世界航天知识。奇观内陈列有中、美、俄、法等国发射的火箭和卫星的实物和模型。其中当地农民用巨资购买的我国"长征三号"运载火箭实体，是我国当时运载能力最大、性能最优的火箭，曾在珠海国际航展中轰动一时，现已作为向青少年进行爱国主义教育和普及航天航空知识的生动教材。

2. 市场开发绩效

航天奇观在开业时，凭借航天科技这一独特的主题、"农民投资建景区"，轰动一时，吸引了大量来自广州、珠江三角洲以及内陆的游客,与世界大观并立天河东部地区,使这一地区俨然成为广州新的旅游中心,成为广州的"华侨城"。然而,在经历了开业之初的"黄金期"后,接待游客数量与收入就急剧下降。据有关部门的统计,2001年接待游客265 141人次,收入613.08万元,上缴税费22.84万元;2002年接待游客282 626人次,收入448.47万元,上缴税费13.98万元;2003年接待游客238 820人次,收入434.91万元,上缴税费145万元;2004年接待游客138 264人次,收入382.2万元。由此可看出,近年来航天奇观的市场业绩下降幅度相当大,经济效益不好,企业累计亏损已达几千万元。近年来虽然我国发射了神五、神六航天飞船,社会上的航天热重新兴起,这本是航天奇观重新振作的好机会,但由于投资方缺乏足够的资金对景区旅游项目和设施环境进行改造,也很难吸引到社会资金,因此,景区的升级改造仍然遥遥无期。景区目前的主打产品是航天科普旅游,主要客源是广州本地及周边的中小学生,门票价格低,消费能力不高。在这种情况下,航天奇观的发展呈现出越来越差、恶性循环的态势,景区的发展陷入了严重困境。

案例分析

航天奇观有着独特的主题和定位,并有着很好的地域环境,加之其地处华南中心城市、现代大都市——广州市的近郊区和广州"东拓"路线之上,紧邻天河新城市中心,区位佳,交通条件好,旅游市场大,旅游投资渠道广,因此,有着非常优越的发展条件。但是,现在的航天奇观却陷入了困境之中,危机重重。航天奇观沦落到今天的局面,主要在于其管理存在很大问题,在于其旅游景区景点产品设计、开发及定价等方面有明显不当之处。具体来说有以下几方面原因:

1. 没有科学把握主题公园的发展规律

主题公园一般来说投资规模大、占地面积广、市场营销要求高、游客接待规模要求大，并要求针对游客"喜新厌旧"的心理，不断地进行旅游项目更新。但是，航天奇观在这方面却有很多失误。比如，没有做好市场营销工作，门票价格定得过高，没有及时地对旅游项目进行更新，旅游项目的展示手段单一，没有运用好光、声、电等手段，并缺乏足够的参与性、体验性。

2. 旅游景区的管理不完善

农民建主题公园"是一件新鲜事，但不能采用"农民"的手段管理主题公园。主题公园的市场竞争相当残酷，需要规范的企业管理和高度的商业智慧，因此，落后的管理，对本旅游景区的发展有着非常大的负面影响。

3. 主题公园过度竞争的影响

20世纪90年代中后期的珠江三角洲，主题公园发展非常迅速，数量急剧增多，市场竞争相当惨烈，大量主题公园因此相继关门停业。本旅游景区虽有当地镇政府支持，但是实力还是有限，加之，紧邻世界大观，两者缺乏理性的合作，没有共同拓展市场，而更多的是恶性竞争，从而也推动了两个主题公园先后走向衰落。

案例启示

（1）主题公园不仅仅应有良好的主题、定位，而且还要有科学的管理、高效的营运，要把握主题公园的生命周期规律，注意及时更新旅游产品、项目内容。（2）主题公园应有正确的市场营销策略，应善于包装，善于抓住媒体和消费者的"眼球"，善于开拓新的市场空间。（3）主题公园应有规范化、高水准的管理。从投资上来看，主题公园一般都是大型企业，再加上主题公园竞争激烈，市场瞬息万变，因此，没有规范和高水准的企业管理是不可能带来持续发展的。

(4) 主题公园的规模不可过大。大型主题公园一般都要有数亿元的投资，因而对接待游客规模也要求很高，而这会大大增加企业的风险和竞争的压力。而中小型主题公园只要定位、规划设计、市场营销得当，会有更多的盈利机会。

资料来源

李文耀主编. 广州行——广州导游词. 广州：广东旅游出版社, 2003

案例思考

从主题公园的发展规律来看，航天奇观在产品设计方面有哪些经验教训值得我们借鉴？

（谢涤湘）

2-2 珠海亚马逊部落
——低成本的主题公园产品开发

案例介绍

1. 基本情况

(1) 亚马逊部落景区，总占地面积 100 多万平方米，坐落在珠海市金湾区一个风景最美的山谷中，由河道、湖泊、热带丛林、土著部落风情四大元素构成，汇集了动植物的精华，是一个全景式再现亚马逊热带雨林景观的大型生态旅游景区，展现了亚马逊部落风情及神秘的玛雅文化。

(2) 投资构成：总投资 3 000 多万元，地价挂账，项目建设资金靠贷款与澳门商人投资。

(3) 产品情况：除展现亚马逊热带雨林景观外，还有丰富多彩的南美民俗风情表演。具体节目有印第安迎宾仪式、玛雅祭祀、部落成人礼、亚马逊之梦、树居人、部落村、蓝蛇岛、龟岛、蜥蜴园、类食人鱼区、的的喀喀湖、百果园、摩崖石刻、图腾区、河道乘船探险等。

2．市场销售情况

该旅游景区由国内外众多专家设计，2003 年 5 月 1 日开业以来，吸引了大批的国内外游客，成为珠海接待港澳台游客的主要景区。

案例分析

亚马逊部落景区属于文化型主题公园中不可多见的成功例子。这其中有地理位置、客源市场等多种原因，但与其优越的产品设计和成功的市场运作更是密不可分。

1．因地制宜实施开发

主题公园开发往往是投资大、维护费用高的项目，但亚马逊部落景区充分利用景区的自然水道和低洼地势，局部进行整饬，极大地降低了景区的先期开发成本。作为一个主题公园，仅 3 000 万元的投资（分期投入）本身就是一个奇迹，能够从容地面对市场变化的冲击更属不易。景区开发过程中注意预留用地，以利于进行后期开发。因此，整个项目具有较大的创新性和灵活性。

2．差异性文化内涵式开发理念

景区发挥人力资源的主观能动性和开发潜力，引进亚马逊部落文化和风俗习惯表演，充分挖掘亚马逊部落文化的魅力，全景展示亚马逊部落文化与现代社会的巨大差异性。一方面丰富了珠海市文化氛围，得到政府的大力支持。另一方面变遥不可及的地域文化为现实的场景，对于习惯于猎奇但又不具备远足出行能力的部分珠三角游客来说具有较大吸引力。

3. 与当地社区关系融洽

景区开发时，考虑到原住居民的利益协调问题，景区在聘请工人、利益分配、股份参与等方面充分保障社区居民的利益，主动承担政府的部分后顾之忧，反过来得到政府在对外宣传和政策等多方面的支持。另外，极大地调动了社区居民的积极性，变私人经营项目为地区经济项目，拓展了景区开发的空间和范围。

4. 渐进的市场开发与营销

景区开发初期，重点拓展珠海市及周边地区，随着知名度的不断上升，开始拓展珠三角客源市场。在景区开发整个过程中，结合市场热点和国家经济发展，不断推出新的促销活动。为延长旅游地生命周期，定期增设新的旅游项目和旅游设施，进行滚动式开发，从而能够吸引回头游客的到来。

案例启示

亚马逊部落景区吸取了许多大型主题公园失败的经验教训，采取精品开发战略，因地制宜，充分利用自然条件，导入差异性文化体验，一方面降低了景区的先期开发成本，另一方面也有利于及时根据市场反馈进行调整。同时，在景区运营和市场拓展方面也有独到之处。

资料来源

1. http://www.imperial-hot-spring.com/subweb/index_sc_01.html，2006.5
2. http://www.dgcct.zom/tour-direction/list.asp?con_id=204，2006.5
3. 广东省旅游发展研究中心. 珠海市金湾区旅游发展总体规划(2004-2015)，2004.2

案例思考

亚马逊部落成功的主要原因有哪些？有哪些方面值得我们借鉴？

（欧阳昭洪　邹义荣）

2-3　沈阳植物园
——从"植物园"到"世博园"

案例介绍

1. 基本情况

（1）沈阳植物园位于沈阳市东郊，距市中心10公里。始建于1959年，占地约189公顷。有公路、铁路与沈阳相连，交通十分方便。

1993年开始对外开放,当时开放面积为100公顷。为筹建"2006中国沈阳世界园艺博览会",在原沈阳植物园基础上,向北、向东进行扩展,形成占地总面积246公顷的园区。

(2) 沈阳植物园是沈阳市政府当年投资几十万元兴建的。1993年对外开放后,自筹一部分资金进行陆续开发建设。经过努力,沈阳植物园的经营进入良性循环之后,每年都用一部分资金进行开发建设,到"2006中国沈阳世界园艺博览会"之前,已累计投入资金3 000多万元。

在2004年沈阳市政府争取到"2006中国沈阳世界园艺博览会"筹办权后,利用1年多时间,投资数十亿元用于城市改造和拓宽道路,力争将植物园建成当前世界规模最大的"世博园"。

(3) 产品情况:从沈阳植物园兴建到"2006中国沈阳世界园艺博览会"的筹建,建设植物园大致分三个阶段,第一阶段是1959年始建初期至1993年对外开放。这期间主要是植树造林,依照老市长焦若愚指示,大量种植东北地区生长的各种植物,这一阶段打下了植物园,乃至"2006中国沈阳世界园艺博览会"的植物基础。第二阶段是1993年沈阳植物园对外开放到2004年沈阳世界园艺博览会开始建设之前。这一阶段修建了20余个植物展园展区,如牡丹园、蔷薇园、丁香园、木兰园、阴生植物园、水生植物园、树木标本园等等。这一阶段特别值得一提的是修建了园内湖泊上青年、学生最喜爱的50余座娱乐健身"铁索桥",并申请了专利。第三阶段是在沈阳植物园基础之上,用不到两年时间建成的举办"2006中国沈阳世界园艺博览会"的"世博园"。园艺博览会建成有凤凰广场、玫瑰园、百合塔、白花馆四大主题建筑和自然生态景观、人工景观、滨水湿地景观三大景观区。整个展区修建了100个风情展园,其中有23个国际展园、53个国内城市展园和24个专业展园。"2006中国沈阳世界园艺博览会"在2006年5月1日至10月30日展出184天。

2. 宣传促销及成效

从沈阳植物园成立到 1993 年，这一阶段基本没有宣传促销，只是一个靠政府拨款的一个事业性单位。对外开放之后，沈阳植物园在抓紧基本建设的同时，在各种媒体上加大了广告宣传力度，一时间在沈阳掀起了"植物园旅游热"。

沈阳植物园先后被评为"沈阳市十大科普基地"之一、"沈阳市十五大旅游景观"之一和"辽宁省五十个最佳旅游景点"之一。

3. 市场销售情况

1993 年之前，每年除卖些树苗和承揽些绿化工程收入的十几万元外，基本没有旅游收入。对外开放之后，随着二十几个植物园区和"铁索桥"等游乐设施的建设，旅游人数大量增加，每年旅游收入也节节攀升，由几十万到数百万元。到 2003 年沈阳世界园艺博览会开始建设之前，年接待旅游人数超过了 100 万人次，年旅游收入也突破了 1 000 万元。

"2006 中国沈阳世界园艺博览会"正如火如荼地举行，仅"五一"黄金周 7 天，接待中外旅游人数就超过 176 万人次，旅游收入超过 1.5 亿元，日平均接待量达到 25.1 万人次。5 月 1 日，开园接待游客 30 万，创历届世界园艺博览会首日接待人数最高纪录。

案例分析

沈阳植物园是在老市长焦若愚同志倡议并关怀下，为了保护、研究东北地区各种植物和普及植物科学知识而建立的。从沈阳植物园建立之初到 1993 年对外开放之前，植物园近 200 多公顷森林、土地只靠上级有限的拨款和苗圃每年卖点树苗的收入，连给职工发工资和正常的树木养护打药都不够。

1993 年沈阳植物园对外开放初期，广大职工在园领导带领下，起早贪黑下大气力修建植物展园、修建游览路、修围墙、开大门、挖湖蓄水，并着重设计修建了有着自己专利权的、面向青年客源市场的"铁索桥"。在植物园里修建"铁索桥"，在当时是个创举，也是我国较早开发的参与性旅游项目之一。这一产品创新很快打开了局面，青年、学生游客数量大增，收入直线上升。在这种形势下，不仅增强了植物园职工的信心和干劲，更争取到了外援——地方政府投资的机会，沈阳市城建局、沈阳市建委、沈阳市政府在植物园的建设和配套的道路交通上都加大了投入，加快了沈阳植物园各种服务、配套设施的完善。

因为"铁索桥"建在人工挖的湖上，游客在走"铁索桥"时，常常会失去平衡，落入湖中，这也正是这个项目极具挑战性和形成强烈吸引力之处。但是同时也暴露一个问题，游客会因为落入湖中而全身衣服湿透。虽然因为湖水较浅，基本上不会出现伤亡的危险事故，但衣服湿透，对游客的游兴和身体健康都将产生影响。针对这一问题，植物园领导本着以人为本的思想，再次进行产品的服务创新，为游客提供免费的洗衣甩干机等相关服务，让游客没有后顾之忧地尽情玩乐。这一具有人情味的举措，一下抓住了游客的心，游客量再次大增，比做百万元的广告宣传更有效果。

沈阳植物园在不断完善"动"的项目的同时，并没有忽略"静"的项目，利用植物园的部分旅游收入和政府投资，修建了二十余个植物展园展区。如牡丹园、蔷薇园、丁香园、木兰园、阴生植物园、水生植物园、树木标本园等等，不仅注重观赏性，更注重其科普性，成为争办2006年沈阳世博园的基础。因此"2006中国沈阳世界园艺博览会"选址落户沈阳植物园，正是植物园多年不懈努力创新、苦心经营的结果。

第一，沈阳植物园经过50年的积累，拥有980余种达30余万棵树，2 000多万株花，几乎囊括了所有北方植物珍品，成为名副其实的北方植物大观园，并拥有历届世界园艺博览会中唯一的森林景观。

第二,沈阳植物园从 1993 年以来,不断进行产品创新,带来了稳定的客源和旅游收入,不仅为其产品的进一步开发和创新提供了资金保证,而且使其在交通及其他基础设施的建设上逐渐完善,也为世博园的基础设施建设打下了基础。

第三,植物园多年来客源的稳定和产品的不断创新,为植物园赢得了知名度和美誉度,塑造了植物园的品牌形象。

案例启示

1. 变静为动,动静相宜,植物园经营的新模式

在原本只具科学性、知识性的单纯植物园,开发了参与性、趣味性十足的"铁索桥"项目,由此极大地吸引了社会上大量的青年人和大、中、小学生,这些人流的到来给植物园带来了生气,带来了经济效益。这一创新打破了长期以静态展示为主的植物园的经营模式,变静为动,动中有静,静中有动,动静相宜,为植物园的经营探索出一种崭新的模式。本届世界园艺博览会,沈阳又提出把世园会办成"不落幕的世园会",在展示静态的园林、芬芳的花草的同时,更呈现一个充满动感的世园会。如中国最大的一届嘉年华将会走进世园会,园中还有盛京马战、澳大利亚水上特技表演和俄罗斯大马戏三项大型表演。东北二人转、海城高跷、火龙钢花和武术表演等一起,成为世园会里的特色表演。动静结合,挖掘东北文化、沈阳文化内涵,打造长青"世博园"。

2. 创新带来机遇

沈阳植物园的开放为其带来了生机,产品创新带来了巨大的经济收益和地方政府的投资倾斜。多年不懈的创新,迎来了"2006 中国沈阳世界园艺博览会"落户。"世园会"将给沈阳植物园的发展提供更大机遇。沈阳植物园也将会成为辽宁省乃至整个中国知名的游览胜地。

资料来源

沈阳园林国际旅行社，2005.5

案例思考

结合旅游创新理论，思考沈阳植物园成功的经营和发展模式，对我国其他地区植物园的经营和发展有哪些借鉴？

（杨茂）

2-4 瑞金红色故都旅游景区
——历史经典场景再现

案例介绍

1. 基本情况

瑞金位于江西省东南边陲，是享誉中外的红色故都、人民共和国的摇篮、中央红军长征出发地，也是江西省首批公布的省级历史文化名城、全国著名的革命圣地。瑞金红色故都旅游景区包括叶坪、沙洲坝、云石山三部分，紧挨瑞金市区，叶坪景区2008年被评为国家4A级旅游景区。

从1931年9月至1934年10月，瑞金一直是中央苏区和中华苏维埃共和国政治、军事活动中心，中央党、政、军、群机构均驻在瑞金，毛泽东、刘少奇、周恩来、朱德、陈云、邓小平等老一辈无产阶级革命家在瑞金从事过伟大的革命实践，因此遗留了众多的革命故居旧址和纪念建筑物，其中全国重点文物保护单位有 33 处，省级文物保护单位 4 处，市级文物保护单位有 10 处，主要集中于叶坪、沙洲坝和云石山三个旧址群。其中：叶坪景区是中华苏维埃第一次全国代表大会的召开地，突出"共和国雏形"主题形象；沙洲坝景区有闻名全国的"红井"和被誉为"镶嵌在空中的红军八角帽"的中华苏维埃第二次全国代表大会会址；云石山景区是中央红军二万五千里长征出发地，因此，云石山景区突出的是"长征出发地主题形象"。1958 年建成的瑞金革命纪念馆，1994 年更名为瑞金中央革命根据地纪念馆，主要负责对瑞金革命旧址群的管理，该馆珍藏着 10 265 件珍贵的革命文物，2008 年完成改扩建并被评为国家一级博物馆，现为免费开放景点。

2. 宣传促销及成效

瑞金近几年通过"向上争、媒体推、活动促、请进来、走出去"等行之有效的宣传促销手段，在全国范围内树立了红色故都、共和国摇篮、长征出发地等旅游品牌，进一步确立了瑞金红色旅游在全国的重要地位。通过成功举办"2006·中国（江西）红色旅游博览会"开幕式等一系列在全国乃至世界有影响力的大型活动，取得了轰动性的宣传效果，充分发挥了节庆活动对旅游业的推动作用。通过与周边地区联合，建立无障碍旅游区，实行区域联合和捆绑促销等形式，加强了广告、媒体公关及网络宣传。同时，编制《旅游地图》、《旅游画册》、《红都瑞金》旅游风光片、《瑞金导游词》等，进一步增强宣传效果。

通过"红色故都"品牌建设，瑞金的影响力不断扩大。"红都"品牌被列为赣州市四大旅游品牌之首，"共和国摇篮——瑞金"列为江西省重点对外推介的"四大红色摇篮"和"十大旅游目的地"之一，瑞金旅游集团被列入江西省重点支持的"六大旅游集团"之一。在国家旅游局和"全国红办"的重视关怀下，瑞金市还被列入全国假日黄金周重点监测城市和全国红色旅游信息直报点，先后被有关部门评选为"全国十大红色景区"、"新赣鄱十景"、"江西省十大最佳景区"。瑞金2006年至2008年连续三年被江西省政府授予"全省旅游产业发展先进县市"荣誉称号。叶坪景区2008年成功创建国家4A级旅游景区。

与此同时，瑞金市的旅游接待人次和旅游收入明显上升：2000年瑞金全市接待旅游总人次27.8万人次，实现旅游总收入0.55亿元；2005年接待总人次64.5万人次，实现旅游收入1.92亿元；2006年接待总人次80.8万人次，实现旅游收入2.44亿元；2007年接待总人次100.4万人次，实现旅游收入3.04亿元；2008年接待总人次111.7万人次，实现旅游收入3.46亿元。

案例分析

近几年来瑞金红色旅游发展较快，主要有以下几方面的原因。

1. 通过多种形式加大了红色旅游投入

瑞金市委、市政府抓住中共中央办公厅、国务院办公厅发布《2004—2010年全国红色旅游发展规划纲要》以及红色旅游年等国家重视红色旅游发展的契机，不断加大对旅游景区景点的投入。一是充分利用国家近年来推出的革命老区红色旅游发展的各项优惠扶持政策，争取国家和省市旅游发展专项资金和旅游开发授信贷款项目，用于旅游基础设施和配套服务设施建设，仅在2006年就争取了国家资金6 500万。二是采取鼓励扶持措施，积极推进旅游项目招商，推出各种优惠政策，吸引大量民间资金投入旅游产业领域，完善旅游配套设施，截至2008年民营资本投资的7个三星级酒店已经开业，使瑞金标准接待床位达到4 000张。

2. 通过利用历史资源优势，取得"小地方、办大事"的效果

瑞金是一个县级市，但与中央的联系密切，中央国家机关的各个部门基本都可以在瑞金找到当年的雏形，共有51个部委在瑞金设立了红色旅游教育基地。瑞金充分利用这一资源优势，通过举办节事活动加强了营销力度，如：成功举办了"2004·中国红色之旅万里行启动仪式"、"2005·中国瑞金红色旅游高峰论坛"、2006年中央电视台"我的长征"（瑞金）出发仪式、"2006·中国（江西）红色旅游博览会"开幕式、"2008·北京奥运火炬瑞金传递"等一系列在全国乃至世界有影响力的大型活动，收到了轰动性的宣传效果，充分发挥了节庆活动对旅游业的推动作用。

3. 通过转变方式，变普通展示为红色旅游体验

光荣的革命历史，为瑞金铸就了大量珍贵的红色旅游资源。但是，以往的红色景点仅仅停留在展示和普通讲解上，内容单调、参与性弱、难以吸引游客。近年来，根据旅游市场发展需要，该景区充分利用红色资源优势，挖掘红色历史文化内涵，突出了"红色旅游体验"。瑞金专门在沙洲坝、叶坪、云石山等景区内，安排了"送郎当红军"、"扩红大会"、"庆祝一苏大召开"、"打草鞋"、"站岗放哨"、"活捉张辉瓒"等苏区历史经典情景再现表演节目，主要以游客和群众演员互动为具体形式，让游客体验当年苏区的生产生活和革命情景，增强了红色旅游的观赏性和参与性，延长了游客在瑞金的逗留时间。特别是开发了体验性项目"重走长征路"，结合历史设计了符合不同游客需要的步行线路，吸引了大批游客亲身体验长征路，不仅让游客接受了革命传统教育，美丽的田园风光也给游客留下了深刻的印象。

4. 通过强化区域合作，实现跨区域营销和客源互送

瑞金市根据"红绿搭配、长短结合、互推互促"的思路，针对长三角、珠三角、闽东南等主要客源市场，积极与赣州各县市及梅州、龙岩、三明等周边地区联合，建立无障碍旅游区，实施线路共建,实行区域联合和捆绑促销。如推出了面向广东、福建、本省和重要协作区,以瑞金为中心的东、西、南、北共 10 条精品旅游线路,把红色文化融合到山水文化、客家文化、名人文化、人文景观、地质景观之中,与周边 21 个县市的景区点形成了联线合作,使红都之旅更加丰富和完善。同时,该景区积极与广东、福建、湖南、浙江、上海等省(市)的 200 多家知名旅行社建立合作伙伴关系,积极参加全国范围内的旅游交易会、旅游投资贸易洽谈会、推介会等,通过旅行社的桥梁作用大力度宣传红都瑞金。

尽管瑞金红色旅游业有了一定的发展,但与全国旅游业飞速发展的形势相比,还存在一定差距,主要表现为旅游配套功能不全、档次不高、复合型旅游产品开发有限、旅游人才缺乏等问题。

案例启示

其一,红色旅游产品与其他旅游产品一样,需要研究游客的偏好。红色旅游景区在开发建设过程中要大力开发复合型旅游产品,特别是体验式的旅游产品,避免出现红色旅游产品单一的问题,同时需要加大宣传促销力度,大力开发旅游商品和纪念品,延伸产业链条,扩大旅游经济总量,充分发挥旅游业的辐射带动功能。

其二,红色旅游景区与其他类型景区一样,应该成为市场竞争的主体。它的发展思路应该是在坚持政治方向的基础上与市场需要紧密结合,把握政府主导与参与主体的有机结合,把握历史场景演绎与旅游规律的有机结合,处理好政府职能与市场需求的错位关系,处理好教育主流导向与游客需求的错位关系,淡化政府主导的影子,利用红色景区的知名度,整合"红色"、"绿色"、"古色"旅游资源,以市场需求为主导,打造"三色"一体的综合旅游产品,把"红色"的教育融于潜移默化的产品体验之中,实现旅游与革命教育的双赢。

资料来源

1. 瑞金市旅游局. 近年来瑞金红色旅游工作总结. 2009-02
2. 陈平平,吴水田. 对红色旅游节庆若干问题的思考. 农业考古. 2007(6): 167-169

案例思考

1. 瑞金红色故都旅游景区的主要客源市场在哪里?
2. 谈谈瑞金红色故都旅游景区近几年获得较大发展的原因?
3. 目前我国红色旅游景区在产品建设上存在哪些问题?

(吴水田)

2-5 河南中牟雁鸣湖
——生态农业、休闲度假景区的打造与开发之路

案例介绍

1. 资源状况

雁鸣湖乡原名东漳乡,位于河南省中牟县北部,离县城15公里,全乡面积90平方公里,分为17个行政村、69个村民组,全乡23 000多人口,人均耕地近0.067公顷。雁鸣湖北依黄河,南靠连霍

公路，距东部的开封市和西部的省会郑州市各35公里，交通便利，区位优势明显。尤其是背靠黄河，淡水资源十分丰富，是黄河大米和黄河鲤鱼之乡。境内经黄河多年的"浸染"，形成了一片芦苇丛生、鱼虾遍地、雁鹤齐鸣的湿地。其中包括266.7公顷湖面、4 500公顷森林、100公顷多蒲花荡和7 300公顷保存完好的生态湿地，是中原地区保护最完好的生态湿地。

2．景区产品

（1）基本情况。2001年，东漳乡大闸蟹养殖面积达到200公顷，产量近10万公斤。为充分利用水产养殖资源，开办了第一届"雁鸣湖大闸蟹美食节"，一炮打响，当年不仅10万公斤大闸蟹销售一空，还带动了大米、冬枣、花生、红薯等其他农产品的销售。平时1公斤仅售5元的冬枣，当年最高价卖到30元。到年末游客突破了12万人。从此，每年十月的美食节成为东漳乡的重要特色。湿地是这里的又一大特色产品。"湿地是水鸟的天堂"，这里有大雁、白鹭、灰鹭、野鸭等70多种鸟类。每年冬季，有众多大雁在这里安家，加上数百公顷蒲花荡，自然景色怡人，雁鸣湖这个名字，浓缩了这里主要的自然景观。2002年以来，雁鸣湖乡将"生态、绿色、休闲"作为景区发展的目标定位，在保护的前提下进行资源开发，充分发掘雁鸣湖乡水、草、鸟、蟹资源，走生态农业和发展郊区休闲旅游产业的路子。几年来乡政府筹集和投入资金1 000万元，修建和完善了10公里的环湖道，15 000平方米的停车场、景区大门、广场、木桥，修建了游船码头、姐妹湖美食苑等基础设施，使雁鸣湖景区的餐饮、游乐更加完善，更有吸引力。2001年以来已经连续举办了5届美食节，每年游客和收入均按超过10%的比例增长。

（2）产品开发及成效。经过几年的发展，现在雁鸣湖乡已开发水面800公顷，其中水产养殖水面400公顷，全乡境内荒芜的池、坑、塘已经全部开发利用，全乡近40%的劳动力从农业种植业转到水产养殖和经营服务业，村民直接参与旅游服务的人员达 3 000 多人，村民人均收入 2004 年超过 3 000 元，2005 年更达到近 4 000 元。雁鸣湖乡现已改善了生产结构和经济结构，由原来以粮食种植业为主向养殖业、水产业、旅游业、餐饮业、林果业方向发展。雁鸣湖乡还成立了雁鸣湖旅游开发有限责任公司，东漳乡更名为雁鸣湖乡，聘请北京大学环境科学中心设计出《雁鸣湖生态风景区旅游规划》，完善了基础配套设施。几年来景区的游客量和经济收入不断创新高，累计实现旅游总收入 2 345 万元，其中餐饮业收入 1 146 万元，大闸蟹等水产品收入 750 万元，农副产品收入 380 万元，其他收入 69 万元。美食节不仅使大闸蟹供不应求，而且带动了花生、红薯、杂粮、苹果、冬枣等农副产品的销售。吸引了外来人口 1 500 余人，带动了相邻乡也开始发展养殖业、花卉业、盆景业及服务业。目前，雁鸣湖大闸蟹名声已经在全省及周边地区叫响，品牌效应初步形成。2005 年河北、安徽、山东等外省游客约占全部游客比例的 10% 以上。

(3) 今后的发展思路。按规划要求加大投资力度，进一步改善投资环境，在资源保护的前提下，充分利用现有资源的潜力，整合资源，使景区合理有序地发展。经过若干年的建设，把景区打造成以"绿色、生态、休闲"为主题，集观赏、游乐、健身、休闲、度假、会议于一体的国家 AAAA 级景区。提升景区品位，提高服务接待能力和经营管理能力，建设成为郑州市民休闲、度假、养生的好去处，进一步增加乡民收入，实现可持续发展。同时，由于资金与管理水平的制约，景区发展也面临着许多困难，雁鸣湖乡政府"希望能够把雁鸣湖景区的经营权转让出去，交给有实力的专业公司去经营，真正把雁鸣湖这块宝地做成旅游精品"。

案例分析

1. 开发旅游资源，调整生产结构，解决人民生产生活问题

雁鸣湖景区的建设与发展是在解决贫困地区人民生活和生产问题的过程中进行的，是开发旅游资源促进当地经济发展和人民生活水平提高的典型案例。通过举办大闸蟹美食节及开发荒池、荒坑等水面资源放养自然生长的大闸蟹，找到了东漳乡经济发展的新增长点，使村民认识到了发展水产养殖业和生态旅游业对于提高村民收入和经济增长所具有的重要作用，从而调整了全乡农业生产结构，带动了全乡经济的全面发展，创造了新的就业岗位，引导和吸引更多的村民参与到水产养殖和旅游服务业中来，不仅解决了本乡农民的劳动力使用问题，而且，带动和吸引了周边乡的农民开展旅游业经营，使相邻地区的农民都享受到了发展旅游业的好处。美食节举办、旅游活动的开展，不仅解决了大闸蟹的销售问题，而且取得了意想不到的社会和经济效益，使东漳乡的人们看到了通过发展旅游业来促进经济发展的希望，使得他们的思想意识发生了根本的转变。

2. 以品牌促发展

乡政府发展旅游业扩大了影响，提高了东漳乡和中牟县的知名度，在全省及中原地区营造了中牟旅游品牌，为招商引资工作创造了良好的条件。发展旅游业，改变了人们对中牟地区主要是西瓜、大蒜产地的印象，提高了中牟地区在全省及中原地区、周边省区的地位，使其无形资产得以增值。目前，在雁鸣湖周边已经有多家公司投资兴建了旅游休闲度假村、拓展中心、宾馆、高尔夫球场以及生态园等项目，提高了景区的品位和接待能力，使得景区的各种服务功能更加完善，并且有5个引资项目已经开始在景区内实施，进一步推动了景区的可持续发展。

3. 资源和区位优势是雁鸣湖旅游业发展的前提条件

旅游产品的开发和旅游景区的塑造，其重要的前提是要具有开发价值的资源条件。旅游开发离不开旅游资源的基础，尤其是自然景区产品更加依赖于自然条件的优劣禀赋。黄河湿地和城市郊区以及紧靠重要交通线为打造雁鸣湖景区提供了非常有利的条件。

4. 政府大力扶持和正确引导，是雁鸣湖景区开发和旅游业兴起并不断发展的关键因素

当初，面对东漳乡经济贫困落后的局面，是乡政府积极开拓思路，想办法，出主意，为全乡经济发展和村民致富寻找门路，经多方考察确定了将引进大闸蟹作为解决村民经济困难问题的途径之一的发展思路，并且由乡政府出面出资从外地请大闸蟹水产技术人员来上门为村民提供技术服务，说服、动员和吸引村民参与到水产养殖业中来，并且积极为养殖户争取贷款、购置电机、船只、车辆设备等生产资料，养殖户可获得平均 10 万～20 万元的贷款，使生产条件发生了很大的变化。同时，减免了养殖户的有关税费，与养殖户订立了 50 年的水面承包合同，为养殖户和大闸蟹销售经营户提供政策和环境条件，使他们能够安心从事生产经营。在大闸蟹生产出来后，又是乡政府想办法进行宣传促销，直至举办大闸蟹美食节，将客人请到乡里来，培育开发产地市场，并减免全乡的各种税费，将发展旅游业和水产业带来的好处让村民直接享受到，极大地调动了全体村民的积极性，实现了经济带动作用。乡政府对于各经营业户只收取应缴纳的地方税，决不乱摊派，从而能够稳定各经营户的信心，保持乡旅游业可持续发展。

5. 外部环境为雁鸣湖乡旅游业的发展提供了难得的机遇

雁鸣湖乡旅游资源开发和旅游产业的发展是在我国旅游黄金周制度的实施后发展起来的。从雁鸣湖乡 1998 年开始试验养殖大闸蟹，到 2001 年举办大闸蟹美食节，正是我国旅游黄金周制度实施的最初

几年。(我国旅游黄金周制度是在1999年10月开始实施的,到2001年正是在旅游黄金周实行以来最热的时期。)雁鸣湖乡政府抓住了这一机遇,并很好地利用了这个机会,一举成功。应当说雁鸣湖乡政府因势利导,抓住了我国旅游黄金周制度发展的大好时机,充分利用了自身所处的有利地位和所拥有的特殊资源条件,带领全乡广大群众,奋发努力,艰苦奋斗,开辟了雁鸣湖乡经济发展的新天地。

6. 面临的问题

从目前来看,景区发展所面临以下几方面主要问题,严重制约着景区的进一步发展:

(1) 景区管理水平亟待提高。随着旅游开发的不断深入,景区影响的不断扩大,每年游客人数不断增加,大闸蟹的市场需求越来越大,如何进一步扩大生产规模和加大市场供给?并且,由于景区面积较大,上千公顷水面没有围栏,村民进出很难严格控制,景区内乱搭棚、乱建屋、乱开发的现象愈发严重。在市场开发、景区管理协调等方面雁鸣湖乡政府也越发显得力不从心。缺乏高水平专业人才来参与景区管理和经营,只依靠乡政府和当地村民来承担景区的经营和管理工作,从雁鸣湖景区长远发展来说确实是严峻的问题。

(2) 资金投入严重不足。雁鸣湖景区拥有已经开发的水面800公顷,还有森林、蒲花荡和保存完好的生态湿地。几年来乡政府已经相继投入了1 000多万资金修建了道路、停车场等景区必要的旅游设施,并且在乡政府的帮助下,通过贷款和村民自己筹资等途径投入了300万元,购置了一些必不可少的生产资料设备。但是,与景区发展未来所需要的资金相比,还有非常大的差距。目前,资金问题已经成为景区进一步发展的严重阻碍。

(3) 景区产品仍需进一步精心打造。由于雁鸣湖景区是在发展农业生产的基础上发展起来的,几年来虽然在景区建设上取得了较好的经济效益,但是,相对于一个比较成熟的景区还有相当大的差距。尤其是在旅游产品设计方面，目前还比较单一、粗糙、不精致，吸引力还不够强，娱乐性产品开发不够，休闲性产品、参与性产品不够突出，品牌意识淡薄，对于自己的品牌缺乏保护措施，产品的文化内涵不高，游客还不能住下来，产品的附加值还没有达到最大……因此，景区进一步发展必须在产品的打造上要出精品，有特色，适合市场需要，符合旅游市场发展规律和要求，真正把雁鸣湖景区塑造成郑州市的后花园，中原地区高品位农业生态、休闲度假旅游区，使得景区在促进全乡地区经济发展和村民收入水平提高方面发挥更大的作用。

案例启示

（1）在城市周边地区发展生态、休闲旅游是当今旅游业发展的一大趋势，尤其是在具有一定资源的地区，应当积极地去利用资源、挖掘潜力，更好地促进旅游业发展。

（2）政府在地区旅游业发展中发挥着十分重要的作用。通过举办大闸蟹美食节来开发旅游资源，发展旅游业，促进地区经济发展，提高村民收入，是人们最初没有意料到的事情。但是，乡政府能够抓住这一机会，因势利导，借机造势，不断将全乡旅游业向前推进，取得了如今的好局面。同时，雁鸣湖乡也认识到了在目前发展中所存在的问题，积极想办法寻找新的途径，以使景区能够更快地发展，更是难能可贵。从而也说明了旅游业的发展，尤其是落后地区旅游业发展的初期，政府发挥着十分关键的作用。

（3）景区的发展在有了一定的基础之后，要使其进一步更快地发展，就必须走两权分离的道路，进行市场化经营，引进资本、引进人才，引进大投资商和策划者，否则就只能在一定水平上徘徊。这是许多景区发展中所遇到的共同性问题。

🥤 资料来源

1. 雁鸣湖旅游景区发展状况调查组负责人龙京红《雁鸣湖旅游景区发展状况的调查》，2006年1月15日。资料提供：雁鸣湖乡党委副书记任学斌

2. 张倩青，张丽霞. 冲刺4A景区资金力不从心中牟要"卖"雁鸣湖. http://www.zynews.com/lvyou/2005-11/10/content_306943.htm, 2005.11.10

🥤 案例思考

如何认识旅游资源开发对于落后地区经济发展所发挥的促进作用？雁鸣湖乡旅游业发展最主要的特点是什么？

（龙京红　胡自勤）

2-6 中山市五桂山景区
——从无序走向有序

🥤 案例介绍

五桂山景区位于中山市东南部，紧邻中山市区，森林植被较为茂盛，号称中山市的"绿心"和"市肺"。地理区位处于粤港澳旅游大三角的中心位置，因此交通通达性好、可进入性强，与多个大中

城市近在咫尺，区位条件十分优越。五桂山还是广东省著名的革命老区，是抗日战争时期珠江纵队的红色革命根据地，近代革命史迹资源较为丰富。同时，当地独特的客家文化风俗在珠三角形成了一个客家"文化岛"，构成了特色鲜明的人文旅游资源。

但由于旅游业的开发起步较晚且缺乏系统、科学的规划，旅游区资源不清，定位不明。现已开发的一些景区和景点，已成为事实规划，各景点、景区规模小，档次低，项目的低水平重复建设现象严重。如：五桂山内的两个主要景点逍遥谷和翠竹林就出现了多个重复的游乐项目，如烧烤、野战、游泳、鬼屋等。并且，这两个景点与临近的三乡镇泉林山庄的景点也出现了重复的项目，如空中飞人、滑草等。项目的重复建设，导致旅游系统的有序性较差，旅游目的地受资源空间竞争和替代的制约，难以获得较快、较好的发展。

案例分析

1. 资源基础

由山岳、森林、水体、自然生态环境所组成的自然景观和以抗战史迹、古驿道、客家文化所构成的人文景观是五桂山镇旅游开发的资源基础，优越的区位条件是五桂山旅游发展的市场保证。另外，由于旅游开发较晚，资源保护好，受破坏程度低，环境质量高，与三角洲周边其他地区相比，后发优势十分明显。在这一背景下所形成的五桂山旅游产品形象及文化内涵的特色将十分明显。

2. 开发理念

五桂山镇旅游产品开发规划的理念主要体现在：突出以抗战胜迹红色文化、回归自然的绿色生态文化和时尚品位的休闲文化为主的旅游融合文化，通过旅游业的发展有效地保护自然环境，全面促进经济、社会的可持续发展。随着整个珠江三角洲及毗邻的港澳地区随社会经济发展水平的进一步提高，人们的旅游观念日趋成熟，旅游正成为消费的时尚和热点,这种强劲的旅游需求和不断成长的旅游客源市场,也为五桂山旅游开发营造了巨大的持续发展的市场空间。

3. 开发定位

五桂山旅游产品的开发定位应紧紧围绕"绿野仙踪,红色胜迹"这一旅游总体形象,突出生态、休闲、养生、红色胜迹及民俗风情,使其成为以珠江三角洲为中心,面向港澳和全省的重要休闲度假、康乐体验、健身养生和会议旅游的目的地;成为珠江三角洲地区的爱国主义教育基地;成为珠江三角洲企业、学生团队训练基地;成为中山市全民健身基地、环境保护基地。

4. 产品设计

根据旅游资源的地域组合状况,将资源导向与市场导向相结合,充分考虑有利于旅游促销、有利于旅游线路安排的原则,可以把五桂山镇划分为三个旅游功能区,并对相应的旅游产品进行设计。

(1) 北部——康体、休闲、养生游览区

范围:位于马石路以北,主要包括镇区、长命水、翠丽湖、大尖山等景区(点),面积21.9平方公里。

功能与特色:以湖光山色为主要景观特色,以郊野休闲、登山健身、重阳民俗、水上娱乐度假、矿泉养生等为主要功能的旅游区。

主要景(区)点:长命湖景区、大尖山景区、翠丽湖景区。

(2) 东部——绿野仙踪、红色胜迹游览区

范围:位于城桂公路以东,主要包括南桥村、桂南村、五桂山主峰、古氏宗祠、逍遥谷、五桂山风情园、桂南果场等景区(点),面积约31.5平方公里。

功能与特色:以森林生态环境、抗战胜迹、峰峦石景和溪涧流泉为主要内容的综合性山岳旅游区。

主要景(区)点:五桂山主峰景区、逍遥谷景区、红色胜迹景区。

(3) 南部——休闲、观光农业游览区

范围：位于马石、城桂公路以南，包括南台山、南台果场、翠竹林、茶趣园、聚华园、客家文化中心等景区（点），面积约47.4平方公里。

功能与特色：以田园风光、森林生态环境为主要景观特色，以新鲜果品及农家菜品的品尝采摘、垂钓休闲、山林狩猎、田园观光、野外郊游等为主要功能的旅游区。

主要景（区）点：南台山景区、南台果场景区、农业文化生态园景区、桂南果场景区。

案例启示

（1）旅游资源是旅游的物质基础，是旅游产品特色构成的主要内涵，旅游产品的开发设计应以此为基础，突出资源特色。

五桂山旅游资源的特色突出地体现在自然生态环境、抗战史迹资源和客家文化等方面，因此在旅游产品的功能区划中要突出主体形象，明确产品组合，做到有序开发。

（2）旅游开发亦与外部发展环境紧密相关，因此旅游开发及产品设计应考虑到外部环境，尤其是市场需求的变化及发展趋势，将资源导向与市场导向结合起来。

案例中五桂山旅游产品的开发定位应着眼于整个珠江三角洲及毗邻的港澳地区旅游市场的发展趋势，而不是就五桂山而论五桂山。

（3）正确认识旅游业发展的先进与落后之间的关系，特别要重视"后发优势"，这一点对落后地区旅游业的发展具有重要的意义。

长期以来，工业一直是五桂山镇的主导产业和支柱产业，旅游业的开发起步较晚，近乎一张"白纸"，但也因此使得其资源保护好，受破坏程度低，环境质量高，更有利于旅游业的发展和规划。

资料来源

1．刘毅华．中山市五桂山镇旅游产品规划案例研究．小城镇建设，2005，195(9)：66-68
2．广州大学地理系．中山市五桂山镇旅游发展规划研究，2004

案例思考

1．根据五桂山旅游资源组合的特点及旅游业发展所处的环境，分析其旅游产品开发定位导向。
2．你认为五桂山旅游业发展的后发优势主要体现在哪里？

（刘毅华）

2-7 巴马长寿旅游区
——为何"开"而不"发"？

案例介绍

巴马瑶族自治县是国家级贫困县，位于广西西北部的内陆地区，属河池地区行辖。以巴马为中心，横亘桂西的都阳山脉西北段的千山万壑，以及盘阳河的整个流域，东西长约150公里，南北宽约80公里的地带，是长寿老人密布的地带。1990年全国第四次人口普查数据显示，这一带的百岁长寿率居世界之首。以巴马瑶族自治县为中心的盘阳河流域在 1991 年被确认为世界第五长寿之乡。

巴马具有宜人的地理气候、秀丽的山水风光、丰富的长寿文化、独特的长寿饮食、便利的交通条件。巴马属亚热带气候，春秋凉爽，夏无酷暑，冬少严寒，尤为珍贵的是，在盘阳河流域两畔山谷的空气中含有大量有益于人体健康的负氧离子，含量达到每立方厘米 2 万个，比城市空气中的负氧离子含量高 10 倍以上。盘阳河流域的土壤和水中还含有大量人体必需的微量元素，特别是锰、锌、硒的含量高，铅、镉、铜含量低。各种微量元素通过食物和水进入人体，成为当地人长寿的重要原因。巴马长寿地带的各民族人民有着良好的生活习惯，优秀的民族传统，形成了独具魅力的长寿文化。盘阳河流域还有着迷人的自然风光，地下森林、峰丛峡谷、湖光山色，无不令人流连忘返。而其富饶珍贵的土地上培育出来的种类繁多的长寿食品，使巴马更添魅力。巴马的交通还算方便，有 6 条公路分别从不同方向通向巴马，部分路段已建成高速公路，岩滩库区沿岸还可通过水路来往。游客也可沿南昆铁路行至百色，再从百色地区进入巴马。田阳机场客运航线开通后，游客出入巴马将更为便利。

巴马具有开发长寿旅游的良好条件，开发巴马长寿旅游可以丰富广西旅游产品，提升广西旅游形象，而且正满足了人们追求健康长寿的需求。早在 1999 年，广西就把"巴马寿乡探秘游"确定为突出建设的十大旅游精品之一。但目前开发建设的力度还比较小，市场知名度小，旅游接待量也比较小。

案例分析

"巴马寿乡探秘游"为什么会出现"雷声大，雨点小"，"开"而不"发"的局面呢？

1. 主管部门宏观调控乏力

广西旅游资源非常丰富。截至 2002 年，广西共拥有国家级风景名胜区4处，AAAA级旅游区（点）14处，AAA级旅游区（点）10处。这些景区景点涵盖了自然、历史、人造等各类景观。作为少数民族自治区，广西境内还拥有丰富多彩的民俗风情，其中有的为全国独有。在广西推出的十大旅游精品中，桂林山水风光游、北海银滩休闲游、南国边关览胜游、壮瑶民俗风情游等都已成为国内外有相当知名度的产品。在种类多、等级高、开发早、名气大的旅游景区景点的掩映下，巴马显得不那么突出。

根据旅游地生命周期理论，每一个旅游地只有通过不断开发新产品，设计新形象，才能得到持续、稳定的发展。桂林在广西一枝独秀的局面由来已久，桂林的知名度甚至远比广西大，有许多人知桂林而不识广西。所以桂林无疑是广西当前的形象标志。从另一角度看，桂林独扛广西旅游大旗不是一件好事，不利于广西旅游业的长远发展。

优越的先天条件造就了广西旅游资源大省的地位，但还没有提升到旅游产业强省的地位。近些年，某些地、市、县靠开发旅游业逐渐发展起来，带动了其他地方开发旅游的热情，出现了百花竞放的局面，让外来旅游者看得眼花缭乱，也导致广西旅游形象不明。原因在于主管部门宏观调控乏力，或没有明确阶段性开发的重点，或没有按制定的规划去实施。由于旅游地生命周期的存在，同时将一旅游地的精品悉数推出不利于长远发展，因此，也有必要刻意保留部分垄断性资源作为后备力量。云南省在这方面堪称典范。该省同样是旅游资源大省，但在旅游开发过程中，实施了增长极——梯次扩散战略，走出了一条逐步开发，滚动发展的道路。增长极——梯次扩散战略对于克服地区旅游发展先天条件不足，提升区域旅游形象非常有效。

2．旅游开发经费短缺

巴马属于国家级特困县，地方经济非常落后，使得旅游开发经费短缺。这直接导致基础设施建设以及宣传促销经费严重不足。巴马的交通目前还只能满足小批量接待的需求，突出的问题是公路等级低，路况较差，部分路段灰尘滚滚、坑坑洼洼；旅游目的地离集散地较远，旅行时间较长，从南宁或桂林到巴马需 5～8 小时车程，距百色 3 小时车程，离柳州 6 小时车程。若能投入大量经费改善交通，则能带动当地旅游业快速发展。由于经费短缺，该县难以组织专门的宣传活动。而无论是地区还是自治区组织的旅游宣传活动以及推介会中，都没有重视巴马，常常只是简单提及，目的地信息很难被传递给旅游者。结果可想而知。

案例启示

巴马具有开发为以度假、购物（长寿饮食）为核心，辅以观光、科学考察的综合性旅游名胜区的条件。度假旅游是回头率高、消费水平高的活动，而购物是弹性大的消费。巴马长寿旅游集二者于一身，会带来显著的经济效益，有助于至今仍为特困县的巴马逐步摘掉贫困帽，走上富裕路。

对于巴马这样的贫困地区，当地政府的主导作用至关重要。主导作用主要体现在发展战略与政策制度的制定，适度予以投资引导。在旅游开发、发展过程中，由政府主导，实施增长极——梯次扩散战略，走逐步开发，滚动发展的道路，能克服当地旅游发展先天条件不足的困难。

转让旅游经营权是培养增长极的有效方式。我国许多地区已通过转让旅游经营权产生了非常好的效益。只要选择合适的企业，采取恰当的形式转让经营权，给政府、当地居民和经营者都会带来好处。其一，可以解决巴马地方政府开发旅游资金短缺问题，避免政府承担经济风险；其二，利用政府搭建的平台，企业放开手脚专搞开发、经营，依靠资金、人才、管理优势盘活资源，能实现经济效益、社会效益和生态效益；其三，企业发展会增加对当地劳动力的使用，而且，随着旅游业发展，当地居民也可以从事经营活动，使他们收入增加。

巴马的知名度局限在专家学者圈子里，在普通公众中的知名度还不够高。加强宣传促销，提高巴马的知名度是当务之急的工作。利用各种宣传方式，除了重视对巴马的自然环境、风土人情、接待条件的宣传外，特别要注重对长寿食品的介绍，引导旅游者消费。

在巴马当前交通状况不甚理想的情况下，可考虑先开发自驾车旅游市场。设计不同的自驾车线路，重点针对自治区内及邻近省份有车族。通过车展、车友会、旅行社散发宣传资料。

总之，巴马具备发展长寿旅游业的良好条件，将巴马建设成以度假、购物为核心，辅之观光、科学考察的长寿旅游区，能使巴马摆脱贫困，走向富裕，还能丰富广西旅游形象。

资料来源

1. 李甫春．桂西老区开发新论．广西人民出版社，1999
2. 杨铭德．培育广西旅游的"长寿"品牌．桂林旅游高等专科学校学报，2003(6):34-37
3. 国家旅游局．中国旅游业区域布局与区域发展趋势研究．见：中国旅游业发展"十五"计划和2015年、2020年远景目标纲要．中国旅游出版社，2001
4. 刘锋．中国西部旅游发展战略研究．中国旅游出版社，2001

案例思考

巴马应如何抓住西部大开发的机遇加快旅游业发展？

（杨铭德）

2-8 黄山风景区
——围绕自驾游，拓展新思路

案例介绍

1. 基本情况

黄山是中国风景名山之首，有"黄山归来不看山"之美誉，于1990年列入世界遗产名录，旅游盛况年复一年。黄山风景区位于安徽东南部的黄山市，划定的景区面积有154平方公里，峰峦崎峻，云海松影，山道漫长。景区有南北两个主要出入口，平时每日游客数千人，黄金周日均游客2万多人，2008年全年游客超过223万人，对外交通完全依靠公路，汽车对于开展旅游的重要性是不言而喻的。

2. 自驾游增势迅猛，形成新增长点

（1）近两年来，黄山风景区自驾游游客数量快速上升，年增长率为30%～40%，入山各类车辆在黄金周每日平均超过2 000辆，其中多数是游客所驾乘的车辆，自驾游游客约为游客总数的70%。由于车辆大幅增加，黄山主景区的停车场爆满，部分车辆不得不停在临时场地和指定的路边，限制车辆进山的临时措施亦频频启动。景区方面感觉有压力，自驾游客感觉不顺心。

（2）黄山自驾游的急剧增长是全国自驾游急剧增长的缩影。近年来，我国经济持续快速增长，居民购买力不断提高，汽车制造业大发展，2008年我国汽车产销量均跃居世界第二位，中小型乘用车

以每年数百万辆的规模进入普通家庭,为开展自驾车旅游奠定了坚实的基础。自驾游活动虽在各地普遍展开,而最具规模的则是京津唐、长三角、珠三角等地。这些地方客源丰富,旅游景点多,公路网密布,服务设施相对完备,自驾游发展前景十分乐观。

(3) 黄山风景区开展自驾游优势明显。黄山东北紧邻经济发达的长江三角洲,而自身又划归地域更为广阔的长三角经济区,便于与周边众多省市共建无障碍旅游区,初步形成制度和宏观管理的框架。首先,长三角经济区,特别是沪宁杭甬地区,是黄山自驾游的主要客源地。其次,长三角经济区通往黄山的高速公路和高等级公路正形成网络,现已部分通车的徽杭高速公路,将原来杭州到黄山的五六个小时缩短为两个多小时;合铜黄高速公路也已开通,合肥至黄山原行车时间6小时缩短为3小时。今后几年,将有多条高速公路通达黄山主要客源地,公路交通条件明显改善。无线通讯条件不断改善,保证了旅游活动信息畅通;黄山自驾游具有十分优越的发展环境。

3. 制定和加强多项措施,满足自驾游需求

为满足日益增长的自驾游需求,黄山风景区管理部门积极制定对策,多方面采取措施,加强管理与服务,主要有:(1) 确保道路安全畅通,积极疏导车流,制定并认真执行雨雪天气道路交通处置方案,完善道路交通标志,防止车辆失盗,制定重大交通事故处理预案等。(2) 逐步建立面向自驾游的车辆维修、加油、急救等服务;扩建、增建停车场,提高停车场管理和安全水平,合理收费,减轻游客负担。2009年春,在黄山南大门高速公路出口,开工建设有2 000个车位,功能齐全的立体停车场,以解决游客停车难问题。(3) 在现有条件下改善星级旅馆的停车状况和其他必要的汽车服务,规划在适当的地方建立专门的汽车旅馆和自驾游车辆营地。(4) 以互联网为主要渠道,加强对自驾游的信息服务,印制以交通为核心的综合性黄山旅游指南、地图等。(5) 提供针对自驾游的导游服务，设计并积极销售自驾游产品。(6) 提供适合自驾游的餐饮服务，重点是饮食方式和品种。

黄山风景区管理部门开展自驾游的对策和措施，在2006年"五一"黄金周已见成效，包括黄山整体旅游活动，做到了"零事故、零堵塞、零有效投诉"。2008年"十一"黄金周仅从合铜黄、徽杭两条高速公路进入黄山景区的车辆即达2.8万辆。来自浙江嘉兴的自驾游客方先生一家对采访记者说"不虚此行"，但也提出意见说向导较少。

案例分析

黄山风景区管理部门发展理念清晰而坚定，就是紧紧抓住自驾游市场，发挥景区的综合优势，在原有景区经营管理的基础上开拓新的发展空间，满足旅游市场不断增长的新需求。发展方针是不断扩大服务领域，改善服务品质，尽量适应自驾客的需求特点，做到长期经营，持续发展。制定发展策略时，强调经济目标的长远性和基础建设的长远性。

黄山是世界自然和文化遗产，自身的特殊性要求必须强调环境保护，坚持可持续发展原则。黄山风景区在现有条件下合理有序地进行基础设施建设，如在改扩建云温、慈温公路同时积极慎重进行仿生态景观建设。黄山风景区和周边风景带面积广大，游客驾驶的汽车可以快速、轻松地到达以往不易到达的景点。如主景区之外的花山迷窟，2006年5月5日进入景区的游客3 067人，汽车539辆，平均不到6人1辆车，由此可见自驾游对某些特殊景区的重要意义。大批车辆在景区行驶，会带来一定程度的环境危害，为尽可能降低这些危害，景区管理部门采取了积极的措施。

采取开放式、多方位合作发展的原则，全面了解全国，乃至国外有关自驾游的发展情况，吸取别人的经验教训，不断开阔管理思路。

黄山管理局在做好本职的管理、决策、监督、协调等工作之外,还协助、推动旅游商开展自驾游经营的业务,并与周边旅游区的管理部门、旅游企业探讨加强合作,共同开发自驾游市场问题。黄山与徽州古村落都是世界遗产,而附近著名的千岛湖、九华山都有独特的旅游吸引力,各方携手,共同建造一个良好的自驾游环境,将会开创出旅游发展的新局面。

黄山风景区积极利用信息技术,为自驾客和潜在自驾客提供有效而丰富的信息,满足他们的旅游信息需求。近年来,有关黄山自驾游的网络信息资源不断增加,涵盖的范围逐渐扩大,质量也有所提高,如多种自驾游产品的详细介绍、自驾游百科知识介绍、线路与景区的天气、路况信息的及时报告等,大大方便了自驾客。黄山风景区面积广大,地形和路况复杂,无线网络和通讯服务越来越重要,景区管理局对此有深刻的认识,正在思考和行动。除了利用高新技术外,遍布各处的景区工作人员也在接受培训,以便成为兼职的自驾游向导。

案例启示

即便是像黄山风景区这样的超级景区,也要积极面对旅游市场需求的新变化,在迅速适应中找出事业发展的新契机。以自身原有条件为起点,眼光长远地进行基础建设,逐步完善相关设施和制度,稳步开展专业服务。大空间旅游活动是自驾游的特点之一,一个景区往往是自驾游行程中的一站,因此有必要与附近景区合作,用联合的优势促进包括自身在内的大区域自驾游发展。

资料来源

1. 盛学峰. 推进黄山自驾车旅游快速健康发展. 中国旅游报,

2005-04-12

2. 中国黄山网. www.chinahuangshan.gov.cn, 2006-04-20

3. E游黄山旅游网. www.eyouhs.com, 2006-05-22

🥤 案例思考

1. 黄山风景区以何种态度面对自驾游市场？

2. 自驾游将是长期快速发展的旅游市场，如何处理当前的急迫问题与可持续发展问题？

3. 景区单独经营自驾游与同周边景区合作经营有什么区别？

（费省）

第3章

旅游景区景点品牌设计与维护

品牌是一个复杂的符号,是具有特殊信息意义的集合体,是商标、名称、包装、价格、历史、声誉、符号、广告风格等内容的总和。品牌对于消费者而言,具有识别和保护权益的功能;对于企业而言,又具有增值、竞争、促销、内聚等功能。

旅游景区景点的品牌是景区景点的象征,代表了景区景点的竞争力,其向旅游者传递的是旅游产品的质量和预期表现的形象。从旅游产品的性质看,旅游产品具有非物质性、不可转移性、不可储存性及生产和消费的同时性,这就决定了消费者在购买旅游产品之前无法像买其他物质商品一样,预先了解产品的性能、质量,因为旅游产品在很大程度上是信息性的。这种产品的信息性特点使旅游品牌显得尤为重要,在很大程度上影响着旅游者的购买行为。

旅游景区景点品牌的构建包括旅游景区景点品牌形象认知、品牌形象的识别设计和品牌管理。旅游资源是旅游品牌的基础。只有将资源按市场需求进行准确评估,才能优化组合,创建品牌。然而市场需求在不断地变化之中,旅游景区景点应时刻保持与旅游者需求之间的动态平衡,以市场为中心,不断创新品牌以适应旅游者变化着的需求和偏好。品牌创新包括品牌质量维护、品牌形象提升、品牌扩张与延伸三方面内容。旅游品牌质量维护的核心和出发点是保护景区景点品牌的自身特色,再通过媒体宣传及各种形式的促销活动等提升品牌形象,而无形资产的经营是旅游品牌扩张与延伸的重要途径。

保持景区景点面貌常变常新,为游客提供个性化的服务,是品牌设计和质量维护的重要内容。也是旅游企业不断发展壮大的有效途径。本章选择了珠海御温泉、哈尔滨太阳岛、林州红旗渠和浙江淳安千岛湖四个有代表性的景区,对它们在品牌设计和维护方面的成功之处进行了全面而细致地分析,旨在为同类型景区的品牌设计和维护提供参考。

总之,旅游经济已发展成为品牌经济,景区景点企业必须从形象建设出发,内练素质,提升经营层次,走品牌化经营的道路,以便在更为激烈的市场竞争中获得优势地位,保持长期的发展活力。

3-1 珠海·御温泉
——中国休闲旅游品牌塑造与维护

案例介绍

1. 基本情况

珠海御温泉度假村位于珠海市斗门南门镇黄杨山西麓，1998年2月28日开业，是集温泉度假、休闲、养生和娱乐于一体的四星级度假村，也是我国第一家露天温泉。

御温泉有天然泉眼两处：深度为150米，出口水温70℃，属高温氯化物——偏硅酸型医疗矿泉水。经有关专业部门化验，确定含有极丰富的有益人体的化学成分，如偏硅酸、锂、溴、硒、铁、铜、锶、锰、锌、砷、硼、碘、氟等，对风湿病、神经性骨痛、消化道等多种疾病均有特殊疗效，还能起到舒筋活络、强身健体、润肤养颜、安心定神、延缓衰老等作用。

2. 产品开发与服务

御温泉设有天然温泉华兴池、花草温泉、木温泉、咖啡温泉、酒温泉、瀑布温泉、音波喷射温泉、石温泉，以及成人、儿童温泉游泳池和设备齐全豪华的健身中心等10余种不同类型的温泉浴服务，并建有10多套独立室内温泉浴池的园林式贵宾休息房，还配有大型蒸汽浴和桑拿浴室及40多间标准按摩、推拿室，供游客浴后接受保健按摩，增强泉浴的疗效。御温泉还建有设施齐全的豪华健身房、卡拉 OK 歌舞厅、棋牌室、乒乓球室等配套服务项目供游客休闲、锻炼身体。御满堂宴会厅能同时提供 380 人的高级宴会服务，并推出斗门特产、田园风味、健康美食等特色餐饮。御满堂多功能会议厅（包房、大厅）、御宾楼会议厅，可容纳 15～350 人的会议，会务配套设备齐全。各会议厅装潢典雅独特，构思颇具匠心，处处显示回归自然的意境。

3. 市场营销

御温泉是国内很早建立的温泉，自建立之初到上世纪末一直是珠三角甚至全国的温泉消费热点，取得了巨大成功。本世纪初，广东及全国各地不停兴建各种温泉娱乐景区，但御温泉并没有在激烈的市场竞争中溃败，虽然市场份额在下降，但收入并没有下降，因为市场总量在上升。

御温泉的销售模式是在各客源地建立自己的办事处，如在广东省广州、深圳、珠海、佛山、东莞、中山六大城市设有办事处。不同的客源地采用不同的销售策略，针对不同的客源地进行市场细分，与旅行社建立紧密的联系，广告投入比较及时但不大，取得了比较好的效果，年均接待游客 50 多万人次。

御温泉以"盛唐新风、尊贵独有"的个性特征，超前的温泉休闲旅游理念，为游客提供一个健康休闲的养生之地，成为度假旅游、健康休闲、知己聚会和商务会议的首选之地。

案例分析

珠海御温泉多年来领先中国温泉旅游行业，创中国第二代休闲度假温泉旅游文化之典范，其品牌创建的成功之处在于：

1. 率先运用品牌战略

御温泉度假村 1998 年开业前，经过市场调查和充分论证，认识到温泉景区资源大多具有同质性，而且数量众多，仅广东省就有 300

多处；虽然市场需求旺盛，但供给量也大，市场竞争不可避免，只有走品牌化的市场道路，才有可能在竞争中取胜。

2．品牌设计差异化，突出"御"式服务核心

景区徽标设计以"御"字为中心，产品设计突出皇室服务核心价值，向市场传递独特的"情"字风格的"御"式服务经营理念，从而确立了品牌技术与文化含量较高，别人难以逾越的品牌差异化道路。

3．以产品质量巩固品牌

御温泉在温泉行业首创"六福汤 N 次方"、"太医五体全息调法"、"中唐草本泡头"、"健康养生宴"等独领风骚的项目和产品。

4．休闲文化树品牌

御温泉在"雅"文化和"异国风情"文化上做大文章，如建造的国家首批 AAAA 级绿色酒店——御瀛庄，采用欧陆式改良风格设计装修，室内全部安放榻榻米，员工着唐服、跋木屐，整个环境充满浓厚的异国风情。在温泉文化上，致力于宁静、舒适、精致和专业的温泉养生，把温泉的乐趣与意境融为一体，而不是过多的嬉戏。

5．扩张品牌，步步为先，才能维护品牌

珠海御温泉度假村经营者认识到，资源同质、市场同质景区的竞争，实质上就是品牌竞争；品牌时刻充满危机，维护品牌比创造品牌更难；只有不断进取，才能铸造辉煌，保护品牌。为了确保领先，维护品牌，不敢松懈，先后获"全国用户满意服务"（温泉旅游业唯一）、全国"旅游服务诚信单位"，荣获首批 AAAA 级绿色饭店（中国首批三家之一，温泉旅游业唯一）、首批"中国旅游知名品牌"。2004 年 9 月荣任广东省首届温泉旅游协会会长单位。2004 年 12 月被授予"中国温泉旅游产业的开创者"称号和"中国十大最具影响力品牌"称号。

珠海御温泉创办中国第一个温泉旅游管理大专班，御温泉品牌

相继在湖南张家界及河北石家庄等地输出。

2003年11月30日在北京人民大会堂召开"中国首届温泉旅游高层论坛暨珠海御温泉经验研讨会"。

2006年4月举办第二届中国温泉旅游高层珠海标准化论坛，齐心共撰《珠海宣言》，开启中国温泉发展新里程。

案例启示

休闲度假式温泉，跳出纯粹观光的旅游形式，向体验式旅游发展，大多注重发掘温泉的文化底蕴，将温泉包装成一个富有内涵的旅游产品，进而使温泉景点逐渐发展为旅游目的地，成为一个独立的具有旅游吸引力的旅游景区。珠海御温泉就是该方面的成功例子，它赋予了温泉旅游以全新的定义——温泉旅游是旅游者以体验温泉、感悟温泉文化为主题，达到养生休闲度假目的的旅游形式。御温泉确立了"以御字为核心的休闲养生之地"的定位，将温泉单一疗养的物化享受，提升到符合现代消费的文化、精神层面，深入挖掘我国丰富灿烂的温泉文化，以盛唐文化为基点，发展成为一种以体验"健康文化"为主题的休闲度假旅游，而且成功地从自然景观、建筑风格、园林设计、服务方式等方面深化了这一主题，创造了一种体现中国传统沐浴文化特色的"御式温泉文化"品牌，使其闻名于整个温泉旅游行业，并形成独有的温泉文化，带动全广东以至全国温泉企业纷纷学习。

资料来源

1. http://travel.163.com，2005-06-28
2. http://gzdaily.dayoo.com/gb/content_1547930.htm，2004-05-20

3. 朱跃东. 一个新兴的旅游产业——温泉养生休闲度假旅游. 中国旅游报, 2003-08-02

4. 张玲. 广东温泉旅游发展趋势研究. 江苏商论, 2006(1)

5. 黄向, 徐文雄. 我国温泉开发模式的过去、现在与未来. 规划师, 2005（4）

案例思考

你认为珠海御温泉的品牌塑造与维护案例，对同质旅游景区有哪些借鉴意义？

（禹贡）

3-2 哈尔滨太阳岛
——"雪雕"品牌魅力四射

案例介绍

1. 基本情况

太阳岛位于哈尔滨松花江北岸，与哈尔滨市区隔水相望。面积38平方公里，外围保护地带控制规划面积多达88平方公里，是全国四大风景岛之一。太阳岛与附近诸岛和沙洲组成了太阳岛风景区，是游览和避暑的疗养胜地。1980年成立了太阳岛风景区管理处，具体负责太阳岛风景区的规划、建设和管理工作。岛上有水阁云天、仙鹤群、母子鹿、长堤垂柳等20余个风景点，游览区内建有太阳山、太阳湖、荷花湖、姊妹桥、亭桥、白玉桥、上坞桥、水阁云天、儿童乐园、丁香园、花卉园、太阳岛志石、锦江长廊、沿江风景线等数十处特色景观，构成了山湖相映、清泉飞瀑、亭桥映柳、荷香鱼跃的美丽景色。

太阳岛不仅是夏季旅游避暑的胜地，更是冬季冰雪旅游的乐园。1988年12月中旬到1989年1月，从太阳岛的职工自发搞雪塑到举办哈尔滨第一届群众雪雕比赛，掀开了太阳岛冬季雪雕旅游的新篇章。到2006年雪雕比赛已举办18届，并已从最初的雪雕比赛发展为今天的哈尔滨国际雪雕艺术博览盛会。

2．宣传促销及市场销售

20世纪80年代初，一曲《太阳岛上》使太阳岛风景区蜚声海内外。1989年太阳岛风景区被黑龙江省政府命名为省级风景名胜区，2002年晋升为国家AAAA级旅游区。

从1989年哈尔滨第一届群众雪雕比赛开始，经过6年的发展，至1995年雪雕游园会的作品增加到180件，雪雕赛事已发展为国际、全国、全省、全市、青少年等五项赛事，游人量由原来2 000多人次增加到19.6万人次。2000年太阳岛雪雕游园会改名为太阳岛雪雕艺术博览会，参赛队伍发展到127支，接待游人22万余人次。2006年第18届太阳岛雪雕艺术博览会更是接待了30万游客，创下了历年新高。

案例分析

1．太阳岛旅游品牌的重塑得益于从无到有的产品创新

上世纪80年代初，随着歌曲《太阳岛上》传遍大江南北，人们了解了繁花似锦的夏季太阳岛。而此时，太阳岛的冬季游人却寥寥无几。每年国庆节后便人少客稀，入冬后更是罕有人来，太阳岛公园只好关门,多数职工放长假在家"猫冬",只留少数人顶岗值班。太阳岛冬日的落寞冷寂与夏日的热闹景象形成鲜明对比。太阳岛人遂将目光瞄准了岛上闲赋冰雪资源,原太阳岛风景区管理处处长张百令产生了动员职工搞雪塑,吸引游人上岛参观的念头。

1988年12月至1989年1月,太阳岛风景区管理处在城管局领导的支持下,举办了哈尔滨第一届群众雪雕比赛,120多名选手参加了角逐,作品展出20天,吸引了数千游客,使多年沉寂的太阳岛的冬天热闹起来,让参加哈尔滨冰雪节活动的中外游客欣赏了哈尔滨人利用大自然赋予的冰雪资源所创造的除冰雕外的又一奇迹。此次雪雕比赛,不仅让太阳岛解决了淡季游客稀少的问题,更改变了哈尔滨市冰雪节有冰无雪的格局,为哈尔滨市冰雪产业的发展奠定了基础。这届比赛活动后来被确定为哈尔滨太阳岛第一届雪雕游园会,它标志着冰城雪雕艺术的兴起。此后,随着雪雕游园会规模的逐年扩大,形成了哈尔滨雪雕比赛、黑龙江雪雕比赛、青少年雪雕比赛、全国雪雕比赛、国际雪雕比赛等五项赛事,令其国际影响力逐步增强,雪雕艺术就像插上了翅膀,得到了快速发展。2000年雪雕游园会更名为雪雕艺术博览会,标志着哈尔滨雪雕艺术走向成熟,雪雕让太阳岛冬天正如太阳岛美丽的夏日一样成为哈尔滨的旅游品牌。

2. 太阳岛旅游品牌的维护和提升得益于产品的内涵创新和主题创新

根据旅游产品生命周期理论,只有随着市场需求的变化适时推出新的产品内容或对原有产品质量进行全面提升,才能在动态中把握并引导旅游需求。太阳岛雪雕在18年的发展历程中,不断增添新的项目,充实新的内容。1993年第五届雪雕游园会开始采用制雪机进行人工造雪,并第一次建造大型雪建筑"古城堡",实现了雪雕作品种类上的突破;1994年举办全国雪雕比赛;1995年举办国际雪雕比赛,扩大了雪雕在国内外的影响,促进了国内外冰雪文化交流。

自 2000 年开始，太阳岛雪雕游园会正式更名为哈尔滨雪雕艺术博览会。在策划上，突出了整体意识、特色意识、精品意识，并增加了"雪吧"、雪地卡丁车、雪滑圈等群众参与项目，增强了雪博会的知识性、参与性和趣味性。

2004 年第十七届雪雕艺术博览会推出了"太阳雪"的主题形象，策划了哈尔滨市"太阳岛·生活报首届雪雕大巡游"活动。6 天的巡游，轰动市民，国际、国内的各大媒体争相报道，雪雕游使十七届哈尔滨冰雪节再掀高潮。英国路透社北京分社专门派记者采访了雪雕大巡游；中央电视台、黑龙江省电视台、哈尔滨市电视台及省市电台等各大媒体都先后报道了本次雪雕巡游的盛况。在黑龙江省电视台的天气预报节目中，主持人在播报全省天气预报前，特意向中外游客、广大电视观众介绍雪雕巡游盛况。这一策划，使太阳岛的冰雪形象得到广泛传播，太阳岛及哈尔滨市的冰雪品牌更亮丽，是点雪成金的创新之举。

太阳岛 18 年的旅游产品创新历程，给世人留下了众多优秀的雪雕艺术作品。其丰富的文化内涵、精湛的雕刻手法、独特的艺术品位，重塑并提升了太阳岛品牌，同时也使城市形象更加鲜明和富有个性。

案例启示

1. 创新型旅游产品投放市场需要进行全方位包装

太阳岛从无到有创造的雪雕旅游产品，是依靠雪雕比赛和雪博会进行传播和包装的。当太阳岛风景区管理处制作雪雕的想法得到城管局领导的支持后，便于 1989 年 1 月 3 日制定了《哈尔滨冰雪节首届雪雕比赛活动方案》，成立了比赛活动筹备领导小组。经过一周的紧张筹备，于 1989 年 1 月 10 日至 12 日在太阳湖的冰面上组织了"哈尔滨首届雪雕比赛"，全市 41 个代表队 120 多名选手参加了角逐。

经过 3 天紧张激烈的角逐，华兴装饰公司队的《春之声》获一等奖,哈尔滨重型机器厂队的《雏鹰》、省体校队的《月亮神》和哈尔滨大学队的《鄂乡情》获二等奖,太阳岛风景区管理处职工雕的《梅花鹿》和《北极熊》获佳作奖。首届冰雪节雪雕比赛通过比赛前期的宣传、比赛过程中的新闻报道,比赛后获奖作品的展示、游人参观,不仅填补了冰城雪雕艺术的空白,增加了冰雪节活动的内容,带来了大量游客,更重要的是它向哈尔滨市人民传播了太阳岛雪雕旅游产品的信息。

2004年第十七届雪博会包装、策划的大型雪雕巡游,更让静态的雪雕动起来,创造性的让雪雕走出太阳岛,走到中外游客和市民中间,让更多的人了解雪雕艺术,了解冰城的冰雪文化。太阳岛雪雕旅游品牌更加深入人心和得到广泛传播。

2. 旅游产品创新可以创造需求,引导消费潮流

从太阳岛举办的哈尔滨市第一届雪雕游园会开始,便唤起冰城人对雪雕创作、观赏及参与的热情,当年就吸引2 000多人上岛参观,创造了哈尔滨市市民冬季上岛旅游的需求。

2000年太阳岛雪雕游园会正式更名为哈尔滨雪雕艺术博览会。当年接待游客22万余人次。2003~2004年有100余万名中外游客至太阳岛旅游观光。

2004年第十七届雪博会,有几十万名中外游客、哈尔滨市市民争睹雪雕巡游风采,雪雕大巡游成为市民最热门的话题。在巡游的6天中,上岛观赏雪雕的人数激增。2006年太阳岛雪博会接待了中外游客近30万人次。

目前,太阳岛雪博会的品牌形象已经远超过因一首优美的歌曲《太阳岛上》而承载的太阳岛夏季形象。太阳岛雪博会之旅已成为广大旅游者的时尚之旅,以太阳岛雪博会为重要组成部分的哈尔滨冰雪节已成为中国冬季旅游的最佳选择之一。

资料来源

1. 职工自发做雪塑 推动雪雕艺术兴起. http://news.sohu.com/20051115/n227493871.shtml，2005-11-15
2. 唐游网. 冰城哈尔滨太阳岛雪雕吸引近30万中外游人. http://www.1860xa.com/files/2006_2_15/20062151333 7122601951，2006-02-15
3. 太阳岛公园旅游地图. http://www.tochina.com.cn/db/065121254745html
4. 李勇. 太阳岛风景区将迎来"百年华诞". http://www.hlj.xinhuanet.com/xw/2006-04/18/content_6769694，2006-04-18

案例思考

结合旅游产品开发和旅游产品创新理论，思考本案例中太阳岛旅游产品是如何实现从无到有的创新以及在市场上始终保持青春与活力，并引导了旅游消费时尚潮流的？

（肇博）

3-3 林州"红旗渠精神"旅游品牌设计

案例介绍

1. 基本情况

红旗渠是20世纪60年代河南林县(州)人民在太行山上建成的大型"引漳入林"灌溉工程,南北纵横贯穿于林州腹地。红旗渠以浊漳河为源,渠首位于山西省平顺县石城镇侯壁断下,全灌区包括总干渠、分干渠、支渠、斗渠等不同配套部分。总干渠长70.6公里,渠底宽8米,渠墙高4.3米,设计流量$23m^3/s$。工程全部开凿在峰峦叠嶂的太行山腰,施工艰险。一干渠长39.7公里,二干渠长47.6公里,三干渠长10.9公里。红旗渠各干渠、分干渠、支渠、斗渠总计长度1 525.6公里。

红旗渠从1960年2月开始动工,经过10年奋战投入7 000余万元,先后于1965年4月5日总干渠通水,1966年4月3条干渠同时竣工,1969年7月完成干、支、斗渠配套建设,灌区有效灌溉面积达到3.6万公顷。整个工程劈开山头1 250座,凿通隧洞211个,架设渡槽152条,挖砌土石1 640万立方米,用工4 000多万个。红旗渠建成后,全县形成了引、蓄、提相结合的水利网,建水库、池塘400多个,建中、小型水电站80多个,灌溉面积2.67万公顷,解决了人畜饮水的困难,并提供了工业用水。沿渠共建有"长藤结瓜"式一、二类水库 48 座、塘堰 345 座、提灌 45 座，共计兴利库容 6 000 余立方米。利用红旗渠居高临下的自然落差，兴建小型水力发电站 45 座，已成为"引、蓄、提、灌、排、电、景"相结合的大型灌区。

2．景区建设及主要产品

人工天河——红旗渠风景区，位于河南省林州市区北部豫、晋、冀三省交会处，距市区 20 公里。游览区始建于 1990 年，总面积 5 平方公里，总投资 500 多万元。风景区由"红旗渠纪念馆"和"青年洞"两个景区组成。

(1) 红旗渠纪念馆距市区 18 公里，为园林式景区，也是红旗渠总干渠分为 3 条干渠的地方。红旗渠纪念馆由全国政协副主席赵朴初题写馆名，该馆占地 4 000 多平方米，由序厅、干涸历史、太行壮歌（上、下篇）、今日红旗渠、亲切关怀和影视厅等展厅组成。陈列了修渠时的文物，布设了 210 幅珍贵的历史照片，总展线长 316 米。影视厅全天滚动播放新闻纪录片《红旗渠》，通过动静结合的展示形式，全面系统地反映了那段难忘岁月的英雄壮举。

(2) 青年洞景区距纪念馆 30 公里，分青年洞和络丝潭两部分。这里山高路险，红旗渠悬挂在巍峨雄险的太行山悬崖绝壁之上，主景"青年洞"靠断壁而凿，从大山之中穿通而过。青年洞于 1960 年 2 月 10 日动工，1961 年 7 月 15 日竣工，洞长 616 米，因该洞由 300 余名青年修成，故得名"青年洞"，1972 年，郭沫若先生闻青年洞事迹，感慨万千，为之挥毫题名。青年洞位于风景如画的太行山腰，修筑于峭壁之上，飘荡于云雾之间，渠水蜿蜒，颇为壮观。更有江泽民、李先念、郭沫若等领导题词摩崖石刻点缀其间，为山川增色。步云桥、虎口悬崖、太行天桥、一线天、劈开太行山、漳河穿山来等景观令人惊奇赞叹。青年洞中，游艇穿行，可尽情体味"天河"荡舟的独特感觉。春来绿树成荫，秋至红叶满山，登高眺望，晋、豫、冀省风光尽收眼底。青年洞景区可分为"领袖路"、"创业路"、

"风光路"、"探险路"、"天河荡舟"等五条旅游线路。络丝潭坐落在青年洞西约1公里处，亦名"天桥断"。"络丝潭"因其潭深若一络蚕丝而得名，又因浊漳河有"九峡十八断"，此处乃一较大断崖跌水，上有连接豫、冀两省的峡谷索桥，故称"天桥断"。这里有漳河名胜"小三峡"，可放艇畅游而尽享潭中山水风光；有神秘莫测的"神龟洞"，可探访神龟救民的美丽传说；还有凌空高悬的"铁索桥"等古迹名胜。河水从峡谷断崖上飞泻成瀑，如白马玉龙，咆哮翻卷，坠入水深百米的络丝潭。尤其是夏季多雨时节，河水暴涨，跌落峡谷，声若雷鸣，其势状如壶口瀑布，蔚为壮观。峡谷之上架一铁索古桥，连通冀豫两省，人行桥上，宛如九霄步云。侧观飞流狂涛，俯看深涧幽潭，彩虹飞挂，情趣无限。峡谷南侧，激流淘出天然石洞，深达百米，沿螺旋梯拾级而下，直达神龟洞，传说神龟专此解救落水生灵。故有"看了络丝潭，何须到江南"之说。

3. 宣传成效及经营状况

红旗渠风景区成立十余年来，先后投入资金1亿多元用于景区开发与建设，使整个景区真正达到了"天然育景丽质"与"人工妆点胜迹"两种造景因素的完美结合。通过内抓管理，外树形象，使景区品位逐步提高，赢得了多项荣誉称号：1996年9月被共青团中央、国家教委，民政部、文化部、国家文物局、解放军总政治部联合命名为"全国中小学爱国主义教育基地"；1997年6月，被中共中央宣传部命名为"全国爱国主义教育示范基地"；2002年7月通过国家旅游局评定，成为国家AAAA级旅游区（点），9月被共青团河南省委命名为"省级青年文明号"，同时被安阳市评为文明示范窗口单位，同年12月被评为"省级爱国卫生先进单位"；2003年1月通过《中国旅游报》评选，荣膺2002年度中国旅游知名品牌；2004年7月被国家水利部评为国家水利风景区。2004年1月22日，国务院发布第五批国家重点风景名胜区，以红旗渠风景区为龙头的林虑山风景名胜区名列其中。

20世纪70年代初，周恩来总理曾自豪地告诉国际友人，新中国有两大奇迹：一个是南京长江大桥，一个是林县红旗渠。建渠以来，先后有世界五大洲119个国家和地区的近2万名国际友人前来参观访问。多位党和国家领导人先后莅临红旗渠视察，并给予了极高的赞誉。1995年4月14日胡锦涛同志参观红旗渠时，对这一巨大工程连声赞扬，他说，在当时那么困难的情况下，能够修建这么巨大的工程，林州人民真是了不起。红旗渠的艰苦创业精神，任何时候都不能丢，而且在改革开放年代需要进一步弘扬光大。1996年6月1日，江泽民同志到红旗渠视察后指出："红旗渠是自力更生、艰苦创业的典范，不仅给后人留下了可以浇灌几十万亩田园的水利工程，更重要的是留下了宝贵的红旗渠精神。这不仅是林州的、河南的，也是我们国家的、民族的精神财富。"并亲笔题词"发扬自力更生、艰苦创业的红旗渠精神"。李长春同志把红旗渠精神称之为"中华魂"、"民族魂"。以弘扬林州人民红旗渠精神的"红旗渠精神展"，从2004年11月开始至今，先后在北京、上海、广州、重庆、西安等15个城市举办展览，行程8 000多公里，走遍了半个中国，上百万观众都被红旗渠精神所感动和震撼。仅观众留言就有4 000多条。在北京展出期间，中共中央政治局委员、国务院副总理回良玉参观了展览，称赞红旗渠精神是中华民族宝贵的精神财富，号召人们要大力弘扬红旗渠精神，继续推进农田水利基本建设，提高农业综合生产能力，加快农村小康社会建设进程。

近年来，景区相继投入大量资金改善景区基础设施，新修建了停车场，整修了道路，架设了专用供电线路和通信基站，拆除了破坏景观的建筑，设置了各类中英文引导标示牌，建设了高标准游客中心、医务室、环保厕所，规划建造了旅游购物场所。景区修建了占地60余公顷，位于举世闻名的"人工天河"红旗渠畔的红旗渠旅游度假村,集住宿、餐饮、娱乐、休闲、会议、景区游览于一体,是河南省红色旅游线路林州站——红旗渠旅游指定接待中心,是林州市委、市政府确定的红旗渠 AAAA 级风景游览区唯一的大型综合服务区。目前一期工程宾馆建设已完成,并投入使用。二、三期工程于 2007 年底完工。

10 多年来,红旗渠景区累计接待游客 1 028 万人次,门票收入 8 000 万元,带动旅游产业收入 8 亿元。2005 年接待游客 73 万人,门票收入 1 800 万元,带动了林州市交通、商业、餐饮、文化等产业的快速发展,其经济效益、社会效益都得到了显著提高。在今天的林州,以"红旗渠"命名的产品已有 25 类 230 种,像销路颇佳的红旗渠牌啤酒就是一个村办企业生产的。红旗渠牌香烟也已经成为河南省名牌产品。

案例分析

1. 充分利用资源,抓好景区规划建设,贯彻实施可持续发展思路,是旅游名牌战略的先决条件

1990 年红旗渠景区建设开始进入启动阶段,1991 年正式对外开放。在景区建设过程中,始终把"创旅游名牌","弘扬红旗渠精神,建精品景点,持续改进体系,提供优质服务,确保游客满意",作为自己发展战略的指导思想。景区先后请北京大学环境地理学院、郑州大学旅游管理学院、大连园林规划设计院等单位编制了旅游发展规划,进行了部分景点的单体设计,使景区达到充分发挥资源优势,突出主体风格的效果。经过多年来卓有成效的工作,使景区得到了快速发展,物质文明和精神文明相得益彰,成为中国红色旅游的名牌。

2. 完善旅游要素配置,以人为本,满足游客需求,是实现名牌战略的基本要求

为改善景区条件,使其更具有可进入性和更加符合游人前来观光、体验的要求，景区多年来在基础设施建设、环境综合治理、加快配套服务设施建设等方面下了很大的工夫，想方设法筹集资金，修建了进山道路，开辟了景区内栈道、索桥、步道，使游人进入景区更方便。景区旅游线路设计更科学合理，各种服务配套设施更加完善有效，更能够满足游人的各种需要，能够向游客提供咨询、导游、休闲、信息、停车、娱乐、食宿等全方位服务。寓教于乐、寓教于游、寓教于观光和体验之中，景区更加人性化。

3. 加强管理提高服务质量，是旅游创名牌战略的保障

从无到有、从小到大、从弱到强，旅游名牌的培育最重要的工作之一，就是强化内部管理，提高服务质量。红旗渠景区在这方面首先是建立、健全了管理机构，实行分工负责制，做到职责分明、协调有序、目标一致。各种管理制度具有可操作性和合理性，并通过了 ISO 9000 国际质量认证保证体系认证和 ISO 14000 环境管理体系的认证，按国际和国家标准来改进企业管理体系。同时，实施全面培训制度，通过举办各种培训班、讲座、岗位技能大赛、演讲等形式，员工的素质提高，增强了服务意识和责任心，从而使景区服务质量水平不断提高，品牌效应越来越大。

4. 创文明单位，树品牌形象，是实施旅游名牌战略的必要手段

红旗渠在 70 年代就被誉为"人工天河"、"世界第八大奇迹"。随着红旗渠旅游业的发展，红旗渠品牌更加展示了其强大的生命力。红旗渠旅游景区的建立和发展，取得了一系列荣誉，打造了红旗渠金牌景区，为红旗渠品牌注入了新的活力，增强了吸引力，扩大了知名度，使红旗渠精神更加发扬光大。

5. 利用红旗渠这一品牌发展林州经济、吸引投资

如今，分布于各乡镇的汽车配件企业是林州经济发展的重要特色。例如姚村的发动机缸体，任村的发电机爪棘，定角的变速箱壳，东岗的汽车后桥，临淇的汽车水箱等，各具特色，自成系列。除与一汽、二汽等厂家配套外，还有 30% 的产品销往各地市场。目前，林州生产的汽车底盘部件、刹车毂约占国内市场的 50% 以上，汽车发动机爪棘占国内市场的 80%。实现了林州人民"战太行"、"出太行"、"富太行"的创业"三部曲"。40 年时间，林州人民在红旗渠下打造出了一个充满生机的"新林州"：2003 年，全市 GDP 达 58.7 亿元，财政收入 2.13 亿元，金融机构各项存款额 96 亿元，连续 23 年位居河南各县（市）之首，综合经济实力在全省排第 12 位。

案例启示

（1）品牌是创出来的，不是守出来的，只有不断创新、开拓，才能够使品牌更加光辉耀眼。历史上，林州人民依靠，"自力更生、艰苦创业、团结协作、无私奉献"的红旗渠精神，解决了困扰林州人民长期以来的缺水问题，为生产和生活提供了水资源的保证。今天同样是依靠这种精神打造出了全国以及世界知名的景区。

（2）加强自身建设，坚持科学的发展观，提高管理水平和员工业务水平，实现景区可持续发展，是旅游品牌建设和维护的基础。任何一个景区如果不是以提高自身经营管理水平作为发展的重要途径是没有出路的。

（3）林州市政府的重视和支持是红旗渠旅游品牌打造和维护的强有力保障。市政府高瞻远瞩，通过发展旅游业来带动全市经济的协调发展，是红旗渠品牌影响不断提升的有力支撑。

（4）进一步做好景区宣传和营销工作，完善景区各种旅游设施的建设，树立景区形象，扩大红旗渠旅游品牌效应的空间还有很大，如南谷洞水库、弓上水库、红英汇流、桃园渡槽、曙光洞、夺丰渡槽、水力发电站等一级旅游资源进行开发的可能性非常大，景区产品打造还远没有真正完成，这也为红旗渠进一步发展提出了更高的要求。

🥤 资料来源

1. 红旗渠简介. 商都信息. http://news.shangdu.com/254，2005-01-13
2. 红旗渠名胜游览区. http://www.hongqiqu.com.cn
3. 高安宁. 林州市投资6000万元扮靓旅游景区. http://www.ha.xinhuanet.com/zrzh，2005-06-24
4. 林州红旗渠旅游景区调查小组负责人龙京红《关于林州红旗渠旅游景区发展的调研报告》，2006-04-01。资料提供：林州市旅游局秦明昌局长、周锐常主任

🥤 案例思考

1. 红旗渠旅游景区发展的主要经验在哪里？
2. 如何进一步打造红旗渠品牌来带动林州经济社会的全面发展？

（龙京红　秦明昌　周锐常）

3-4 浙江千岛湖
——重新定位，提升品牌

案例介绍

1. 基本情况

千岛湖，位于浙江省淳安县境内，1950年建设，是我国第一座自行设计、自制设备的大型水力发电站——新安江水力发电站筑坝拦江蓄水而形成的人工湖，是国务院首批公布的44处国家级风景名胜区之一，也是目前国内最大的国家级森林公园之一，更是"杭州—千岛湖—黄山"这条名山名水名城黄金旅游线上的一颗璀璨明珠。

千岛湖风景区总面积982平方公里，湖区四周群山叠翠，绵延起伏，森林繁茂，动植物资源十分丰富，共有植物1 786种，动物昆虫2 000余种，森林覆盖率达93%，绿化率近100%，完全是一个绿色的世界。茂密的森林，涵养了清澈、明净的千岛湖水。千岛湖水面面积573平方公里，是杭州西湖的108倍，库容量达178亿立方米，是西湖的3 184倍，平均水深34米，能见度达7~9米，属国家一级水体，不经任何处理即达饮用水标准，原新华社社长穆青赞誉其为"天下第一秀水"。

2. 宣传促销及市场销售

1982年千岛湖被列为国家级森林公园和全国首批44处重点风景名胜区之一；1992年被国家旅游局列入"杭州—千岛湖—黄山"

名山名水之旅国家黄金旅游线；1997年被评为"浙江十佳美景"榜首，同年又跻身"全国森林公园十大标兵"行列；2001年被评为首批国家AAAA级旅游区、国家级生态示范区；2004年被国家统计局、国家旅游局列为黄金周旅游直播点，养生堂农夫山泉获首批国家工业旅游示范点，被省旅游局评定为浙江省十佳休闲度假胜地之首；2004年10月18日，摘得了第八届国际花园城市B类城市决赛唯一一个金奖桂冠。2005年千岛湖又入围了"中国魅力名镇"总决赛，并入选"中国最美的地方"。

1992年，淳安旅游业总收入仅为0.24亿元；到1997年，旅游业总收入达到2.83亿元。2004年，全年共接待中外游客119.7万人，同比增长了19.4%，实现旅游经济总收入10.5亿元，比上年增长22.1%，是1992年的44倍，是1997年的3.7倍。

案例分析

千岛湖品牌建设和品牌提升的成功之处在于：

1. 准确把握自身优势和核心竞争力，顺应旅游市场的"时尚周期"，创建旅游品牌

千岛湖的优势和核心竞争力就是其一流的生态环境和自然山水。水质常年保持在国家Ⅰ类水体标准，不经任何处理便可直接饮用。千岛湖的山翠绿宁静，是国家级森林公园，湖区森林覆盖达到95%，绿视率达到100%，空气质量一级。这些就是千岛湖最可宝贵的财富。在此基础上千岛湖打出"锦山秀水"的品牌。这一品牌正顺应了当时的旅游时尚：20世纪90年代，为了躲避喧嚣嘈杂的都市，呼吸清新的空气，享受宁静的生活，城市旅游者纷纷涌向那些受人类活动影响少、自然生态环境保护良好、风景优美的的旅游地，新型的生态旅游在我国逐渐形成，而且越来越受到人们的青睐。为了适应旅游者的时尚需求，千岛湖全力打造"锦山秀水"这一生态旅游品牌。

因此，千岛湖一直坚持环保优先的原则，在风景区投入大量的资金用于环境保护工程，不惜代价先后关闭了一批对湖区环境影响较大的化工厂、化肥厂和农药厂，实行了封山育林、严格污水处理、设立水上环卫所、制定废油回收等多项制度。历经20多年的旅游业发展，千岛湖并没有受到旅游业带来的"浮躁"和"污染"影响，相反，千岛湖的山更绿、水更清了，成为国内湖泊旅游的一个奇迹，成功地打造了千岛湖的生态旅游品牌。

2. 全方位的品牌维护

从1993年淳安县大力开发旅游业起，便以"求变、求新、求先"的思想，采取不断革新营销理念、调整奖励政策、提升营销水平、创新营销方案等措施，使千岛湖的生态旅游品牌在中国的旅游市场上始终亮点不断、热度不减。如1995年起开始推行景区通票，进行整体营销；在1998年的"景点革命"中，又对湖区景点进行了大规模的改造；2002年提出由观光旅游向休闲旅游转型，以此提升千岛湖旅游品牌；同时开发设计了"秀水节"大型的节庆活动，通过旅游节庆活动这一旅游软产品传播品牌形象，制造新闻热点，强化和提升旅游品牌。

3. 业态转型，品牌提升，延长了旅游地生命周期

进入21世纪，千岛湖开始着力打造世界湖泊休闲旅游品牌，力求把千岛湖打造成为长三角领跑、全国一流、世界知名的度假之都。这一转型使原本已进入成熟期的千岛湖生态观光旅游再显青春活力。2002年起，千岛湖开始从单一生态观光旅游向集观光、休闲、度假、会议、体育运动为一体的综合性旅游目的地转变。2004年淳安县委县政府提出：建设旅游经济强县，提升观光游，推进休闲游，依托千岛湖一流的生态环境和独特的山水优势，着力打造长三角乃至全国著名休闲度假胜地。2005千岛湖又提出打造"度假之都"的品牌。

为了维护和提升旅游品牌，增强品牌竞争力，千岛湖开发了两年一度的"秀水节",成为千岛湖面向全世界推广的市场平台;同时还举办多项大型活动,以扩大千岛湖品牌的认知度和影响力。以2004年为例:千岛湖与国内最有影响的媒体联手举办了大型摄影比赛;组织了"时尚杭州之旅2004新丝路模特大赛"的千岛湖游览活动;举办了"2004国际旅游小姐总决赛"、"伯爵号杯比基尼小姐大赛",活动期间曾有54个国家和地区的56位佳丽齐聚千岛湖。

现在,可以说千岛湖旅游已进入了发展黄金期、业态转换期和品牌提升期。

案例启示

(1) 景区品牌形象的认知包括两个方面:一是景区经营企业对景区本身形象的认知;二是游客对景区形象的认知。这两者的认知达到融合时,品牌形象的塑造才能得到最优的效果。千岛湖准确把握两者的契合点,将"一流的生态环境"作为核心竞争力,品牌形象鲜明。

(2) 旅游市场的"时尚周期"现象要求旅游品牌的维护和提升应顺应旅游时尚,甚至创造新的旅游时尚。千岛湖由最初的观光游到20世纪90年代的生态观光游再到休闲度假游的转变正是顺应了不同时期的旅游时尚,从而使品牌得以强化和提升。

资料来源

1. 千岛湖旅游发展历程和经验. http://www.davost.com/news,2005-09-27

2. 千岛湖简介. http://www.welltravel.cn/zhoubianjingqu,2006-05-21

案例思考

千岛湖旅游品牌的成功创建和维护,对其他旅游景区景点有哪些借鉴意义?

(肇博)

第4章

旅游景区景点形象设计

　　旅游景区景点之间的竞争已不仅仅是单一生产经营层面上的竞争，而是在理念与价值取向、目标与企业精神、决策与经营哲学、人才与员工教育等多方面的全方位整体性竞争。一种新的竞争工具——CIS 被广泛运用。CIS（Corporate Identity System），英文直译为企业识别系统，是 20 世纪 50 年代由西方发达国家新开发出来的一种旨在表现企业鲜明个性和经营特色，传达企业方针与精神，给顾客以新鲜感和独特感的经营技巧。后来有学者将其引入到旅游形象策划中。该系统由理念识别（MI，Mind Identity）、行为识别（BI，Behavior Identity）、视觉识别（VI，Visual Identity）三大组织系统组成。

　　旅游景区景点及其旅游产品的不可试用性和不可移动性，决定了旅游景区景点营销要靠形象传播，使其为潜在旅游者所认识，从而产生旅游动机，并最终实施出游计划。国内外研究表明，旅游景区景点形象是吸引旅游者最关键的因素之一，"形象"使旅游者产生需求，进而驱动旅游者前往。在激烈的旅游市场竞争中，众多经营管理者认识到形象设计与建设是旅游景区景点占领旅游市场制高点的"秘密武器"。本章选取不同类型景区的功能性形象设计，同质型自然景区的差异化形象设计，休闲购物型景区的形象系统设计等4个案例进行解析，警醒景区经营者不可滥用"形象武器"，并试图揭示景区形象设计的某些认知规律，以供经营者们借鉴。

4-1 常德花岩溪
——单项产品形象渲染过度

案例介绍

1. 旅游资源

常德市花岩溪风景旅游度假区，位于常德城南60公里处，景区面积40平方公里，人口4 000多，山林面积40 000多亩（约合2 668公顷）。生态环境保护完好，珍稀动植物种类繁多，山地森林覆盖率达到95%以上。在广阔的森林中有以杉、梓、松为主的植物80科、175属、326种。其中南方红豆杉、柏栎、银杏等17种为珍稀树种，受国家保护。以楠竹为主的十多种竹类中，罗汉竹、实竹、紫竹、龟纹竹等为珍奇观赏竹。中药材300多种，受省、市保护的珍贵药材有杜仲、厚朴、乌药等10多种，野生动物上百种，受国家保护的有金钱豹、穿山甲、红腹锦鸡等10多种。

花岩溪是一方未经雕琢的璞玉，藏而不露，山水竞显风流，景点美不胜收：白鹭在林梢翩翩起舞，播弄风姿，每年的3～9月，有数10万只白鹭栖息，在杉树竹林间喜结良缘，生儿育女，形成一道独特的亮丽风景，被海内外生态专家誉为"江南奇观"、"白鹭王国"；银鱼在水中喋喋嬉戏，追波逐浪；九龙山若九龙腾飞，气势磅礴；金鸡崖如雄鸡傲立，引颈高唱；龙凤湖、五溪湖碧水长天一色，仙池山、栖凤山青山流霞飞烟；凤凰坡、浪岭坡芳草鲜美，山花吐秀；

燕子洞、滴水洞泉水叮咚，溪流潺潺。

2. 旅游交通区位

景区交通便捷，从常德市区到景区已建成旅游专线水泥公路，乘车1个小时即可到达。207、319国道环景区东南而过，距石长铁路、常长高速公路、常德机场40～50公里，距长沙180公里。从省会长沙沿常长高速公路西行2个多小时便可到达。与国家重点名胜旅游风景区"人间仙境桃花源"咫尺相望。有专家认为人间仙境桃花源是引境区，真正的核心区是花岩溪。

3. 旅游形象推广

花岩溪原为常德县林场，1980年改为花岩溪林场，1996年批准为湖南省著名风景休闲旅游度假区，1997年被林业部批准为国家级森林公园。每年6月6日举办花岩溪国际白鹭节，2002年2月发行全国首张农民明信片（由湖南省、国家信函部门批准，花岩溪农民和常德市鼎城区邮政局联合制作发行全国首张明信片），以明信片为载体宣传推广农家旅馆。在常德市本地客源中，花岩溪知名度高达91.5%，只有8.5%的不知道花岩溪；常德市以外的湖南省其他地区游客约有6%知道花岩溪，但周边省份知道花岩溪的不到2%。

4. 市场情况

花岩溪景区的客源主要集中在200公里范围内，76%的游客来自常德市本地，周边城市约占8%，湖南其他地区约占5%；来自外省的约有11%，主要有湖北、广东、浙江、北京等地，且多是过境游客顺便而来。最多的一年接待游客量约5万人次，自此以后呈递减趋势。见下页表。

表 花岩溪旅游开发以来历年实际接待游客数

年份	1997	1998	1999	2000	2001	2002	2003	2004
游客数	10 000	20 000	25 000	30 000	40 000	50 000	45 000	40 000

案例分析

旅游景区形象系统主要包括理念、行为、视觉识别三个子系统。从层次上考虑应包括总体形象定位、要素形象设计；从建设上考虑应包括通道区、光环效应区、地标区等重点建设区。花岩溪自1995年常德市政府批准为风景旅游度假区以来，经过多次重大的形象推广活动，如每年举行国际白鹭节、发行全国首张农民明信片、邀请湖南卫视台在此现场录制节目等，但成效都不理想，游客量呈下降趋势，游客消费极低，平均60多元。其原因分析如下：

1. 形象定位起点低，难以激发游客自豪感

花岩溪虽然于1996年被湖南省批准为省级旅游度假区，但由于定位为"城市郊野公园"，很少有人知道是省级旅游度假区，在长沙等地潜在客源市场调查中，游客认为湖南有名的景点都没有看完，现在没有必要到常德市的一个郊野公园去，在游客中心中很难激发自豪感，尽管每年花大力气进行推广，但仍然在常德市域外知名度低，常德市周边城市知道花岩溪的不到8%。

2. 市场定位狭窄，导致客源市场规模小

2004年末常德市总人口601万，人均GDP11 064元。其中市区人口40多万，人均GDP不到2万元，在这个层次上的旅游消费支出极少，按2%（经济发达国家为4%～6%）用于旅游支出计算，旅游消费总规模为1.6亿元，按花岩溪市场集中度13%计算，旅游收入也只能达到2 080万元。很显然，离大城市较远而依托常德市游客定位的花岩溪——"城市郊野公园"，必然导致客源市场规模小，难以维持花岩溪景区的正常运转。

3. 城市郊野公园与度假胜地性质两难兼顾

国外城市郊野公园一般不收门票，以休闲娱乐为主，很少有成为度假胜地的。但调查表明，无论旅游者还是常德市本地居民、各界人士都认为花岩溪适合休闲度假，不应是一个娱乐性的郊野主题公园。形象定位与旅游地性质的偏差必然导致花岩溪旅游难以持续发展。

4. 农家旅馆形象渲染过度，致使花岩溪景区整体形象处于"灰度区"

花岩溪开发"吃农家菜、睡农家床、住农家屋、享农家乐"旅游产品，曾引领常德市城里人旅游时尚。发行全国首张农民明信片，以明信片为载体宣传农家旅馆，也确实引发了当时城里人的关注。但农家旅馆这个产品生命周期短，随着城里人收入的提高，那种低档次的农家旅馆很快被城里人淘汰，而经营农家旅馆的农民们又没有及时升级为农家乐，反而变成家庭旅馆，致使农家旅馆不"农"，家庭旅馆不"佳"。但那曾经轰动一时树立起来的低廉而厚道的农家旅游形象又深深烙在了游客心中，掩盖了花岩溪的本来面貌：极佳的生态环境，陶渊明笔下的意境，桃花源的真正体验等花岩溪的真实形象。

5. 缺乏旅游景区形象系统设计

花岩溪的形象推广，主题形象打造，都没有经过系统设计，缺乏科学性，没有聘请过专业设计公司，可能是花岩溪景区形象模糊，推广成效不大的根源。笔者建议：花岩溪景区形象设计的基础要突出花、岩、溪、水库、白鹭、文脉六个形象要素；理念基础要充分利用其优美的自然环境、良好的森林植被以及淳朴的民风民俗来吸引游客，并力争建设成为湖南省乃至中南部的生态、度假旅游胜地；形象定位为"桃源意境——花·岩·溪"，并根据不同季节、不同市场设计不同的宣传口号；标志设计以"岩石"、"鹭乡"、"奇溪"、"奇花"等特色资源作为设计元素。

案例启示

（1）旅游者购买前，一般首先确定大致的旅游目的地，然后在这一尺度的地域范围内选择购买知名度高的旅游景区景点。很显然，旅游景区市场开发首要任务是提高景区知名度，提高景区知名度的常规武器是科学系统的设计景区形象。长期以来，花岩溪景区知名度影响力只局限在常德市本地客源市场，并非经营管理者所愿，而且缺乏系统的景区形象设计，致使形象推广无目标，尽管一年一度坚持不懈地举办白鹭节，时时推广农家旅馆，但仍然逃脱不了游客量一年比一年减少的厄运。

（2）景区单项产品形象的打造不能脱离景区整体形象的塑造，更不能掩盖景区形象的本来面目，同时应遵循旅游产品生命周期规律；适时进行产品升级换代。花岩溪农家旅馆的诞生，曾经铸造了花岩溪的辉煌，成为花岩溪的一张名片，但由于忽略"桃源意境——花·岩·溪"整体形象的推广，致使整体形象一直处于灰度区中。随着农家旅馆吸引力的衰落，整个景区市场遭受重伤，而再造花岩溪景区形象任重道远，这是我们今后应该认真总结的一个经验教训。

资料来源

1. 中国城市规划设计研究院等. 常德市旅游发展总体规划（2005-2020），2004

2. 黄少辉，禹贡等. 花岩溪旅游度假区总体规划（2005-2020），2005

案例思考

1. 你认为应该如何处理好花岩溪景区整体形象与农家旅馆单项产品形象之间的关系？
2. 旅游景区形象塑造应从哪几方面着手？

（禹贡）

4-2 鼎湖山
——负离子全新包装显活力

案例介绍

1. 基本情况

鼎湖山是岭南四大名山之首，距肇庆城区东北 18 公里，位于北纬 23°10′，东经 112°31′。因地球上北回归线穿过的地方大都是沙漠或干草原，所以植被繁茂的鼎湖山被中外学者誉为"北回归线上的绿宝石"。1956 年，鼎湖山成为我国第一个自然保护区。1979 年又成为我国第一批加入联合国教科文组织"人与生物圈"计划的保护区，建立了"人与生物圈"研究中心，成为国际性的学术交流和研究基地。

鼎湖山面积 1 133 公顷，最高处的鸡笼山顶高 1 000.3 米，从山麓到山顶依次分布着沟谷雨林、常绿阔叶林、亚热带季风常绿阔叶林等森林类型。而保存较好的南亚热带森林典型的地带性常绿阔叶林是有 400 多年历史的原始森林。鼎湖山因其特殊的研究价值闻名海内外,被誉为华南生物种类的"基因储存库"和"活的自然博物馆"。

2. 宣传促销及市场销售状况

肇庆鼎湖山是中国第一个国家自然保护区、中国首批世界生物圈保护区、广东省唯一的首批国家风景名胜区,肇庆鼎湖山庆云寺是首批国家开放寺庙。1982 年,鼎湖与七星岩一起组成星湖风景名胜区,成为国家首批 44 个重点风景名胜区之一,于 1998 年 7 月被评为国家文明风景名胜区示范点。1994 年前后,肇庆鼎湖山进入了旅游地生命周期的衰落期。旅游人数从 1990～1993 年年均 72 万人次,下降到 1994～1998 年连续 4 年年均 54 万人次。肇庆鼎湖山旅游市场持续低迷。

1998 年 12 月,中南林学院森林旅游研究中心测定,鼎湖山的负离子含量最高达到每立方厘米 105 600 个,为目前国内所测定的最高的负离子含量区。结果公布后,1999 年 5 月第一个旅游黄金周,鼎湖山和肇庆市再现旅游市场火暴场面,鼎湖山和肇庆市旅游市场全面复苏。1999 年,鼎湖山游客超过 70 万人次,鼎湖山门票收入达 1 000 万元以上。2005 年,游客达 160 多万人次。

案例分析

鼎湖山虽然在 1956 年就成为我国第一个自然保护区,而且在 1979 年又成为我国第一批加入联合国教科文组织"人与生物圈"计划的保护区,建立了"人与生物圈"研究中心,成为国际性的学术交流和研究基地。但对于大众游客来说,头顶的光环并没有实际意义,鼎湖山能够给予他们的只是森林环境,即绿色的森林,清澈的溪水,清新的空气,适宜的气温,与其他山地旅游没什么不同,旅游产品在大众游客中缺乏个性,旅游主题形象模糊,缺乏唯一性和排他性,旅游者只停留在"在庆云寺烧炷香,在飞水潭瀑布照张相"的观光旅游状态。而在此时珠三角地区自然的、文化的旅游地与人工主题公园旅游地层出不穷，旅游地竞争日益激烈，游客的选择增多，分流了肇庆及鼎湖山客源，鼎湖山很快进入旅游地生命周期的衰落期。在这种形势下，鼎湖山能够在短期内走出低谷，重新焕发生机，其成功之处在于：

1. 抓住生态旅游契机

20世纪90年代人们越来越关注森林植物的制氧、降尘、防风、保持水土、降低噪声、调节小气候以及产生植物精气和空气负离子等功能。1999年是"中国生态环境旅游年"，国家旅游局、广东省旅游局正需要推介有代表性的生态旅游地，鼎湖山抓住了这一极好机遇。

2. 创新旅游主题形象

利用"99中国生态环境旅游年"的契机和高科技成果，打造鼎湖山"人类最佳生存环境"的生态旅游地主题形象。这一形象是在对鼎湖山生态环境（空气）质量中空气负离子、空气中细菌含量、植物精气三项指标进行定性定量测试的基础上策划的个性鲜明的主题形象，并由此迅即开发"空气负离子呼吸区"、静养场、康健步道等大众化生态旅游产品，展开旅游促销，使肇庆鼎湖山和肇庆市旅游业迅猛发展。

3. 适时、广泛的传播主题形象

（1）1998年12月25日，举行鼎湖山生态旅游新闻发布会，在鼎湖山取样点公示空气负离子浓度，众多媒体进行了广泛的报道。（2）争取广东省旅游局支持和配合，将1999年元旦的"广东省99生态环境旅游年"开年仪式选定在鼎湖山举行，制造新闻热点。（3）于1999年2月5日和3月2日，分别邀请中国科学院院士、呼吸系统疾病专家钟南山教授、中国科学院广州分院副院长、广东省生态学会会长彭少麟博士、中山大学生命科学学院副院长蓝崇钰教授上鼎湖山，演讲空气负离子调理和治疗呼吸系统疾病的原理，并介绍空气负离子调理和治疗人们身体疾病的功效，受到人们广泛的关注，加速了负离子与人体健康相关概念向大众的传播。

案例启示

（1）主题形象创新。在主体资源不变的情况下，根据旅游地生命周期理论的思想，随着市场形式的变化适时推出新的产品内容，新的旅游主题形象，在动态中把握并引导旅游需求，充分依托市场，引领消费时尚。鼎湖山正是在这种思想指导下，创新出具有时尚消费倾向的生态旅游主题形象。

（2）高科技测定证明。在 47 个监测点里，空气负离子浓度普遍都在 1 000 个 $/cm^3$ 以上，在避暑山庄至飞水潭的天溪流段普遍都在 10 000 个 $/cm^3$ 以上，在飞水潭右边 3 米处还测得目前在国内测定的最高值 105 600 个 $/cm^3$；空气中细菌含量在 10 个取样点中有 7 个取样点测定结果均无细菌存在，这样大面积无细菌区域的发现在国内还是首次。通过负离子的定量测定，旅游者找到一个具有可比性的定性定量参照系，使生态旅游产品本身更具可识别性。鼎湖山生态旅游产品的含金量得到提升，"人类最佳生存环境"的主题形象得以进一步明晰。

（3）旅游策划成功运用。其实 20 世纪 90 年代以来，国内外专家学者在一些风景区或海边疗养地对空气负离子与疗养保健关系进行研究并取得成果。但是，一直以来，大众对空气负离子的物理性状和生理效应不甚了解，既没有空气负离子浓度与人体健康正相关的概念，更没有把空气负离子作为极具旅游市场核心竞争力的生态旅游资源来研究开发。鼎湖山并非第一个使用这一科技成果的景区，但鼎湖山却通过媒体的关注、权威专家宣讲将这一概念通俗化，成为向大众广泛传播负离子与健康疗养关系的第一"人"。

资料来源

1. 吕健. 肇庆市旅游资源开发与客源市场开发研究报告. 西江大学学报，1999

2. 吕健. 广东肇庆鼎湖山创新旅游主题形象，创造和启动全国性大众化生态旅游市场策划案. http://www.chinesetax.com.cn/Article/Class1424/200507/170400html，2005-07-31

案例思考

肇庆鼎湖山旅游主题形象创新的背景和意义是什么？这一成功的旅游策划案给你带来哪些启示？

（肇博）

4-3 南宁大明山
—— "岭南八桂奇山 壮乡人间仙境"
形象定位解析

案例介绍

1. 基本情况

大明山风景旅游区位于南宁市东北部，最高峰为龙头山，海拔1 760米，跨上林、武鸣、马山、宾阳四县，总面积597.4平方公里，主体山脉位于上林县域。管理上主要分属于大明山国家级自然保护区和上林县龙山自然保护区。

大明山地处北回归线，良好的自然条件和复杂的中山地貌组合，成就了区内雄伟壮丽的险峰峡谷景观、气势磅礴的瀑布景观、神秘原始的沟谷雨林景观、变幻莫测的气象景观、野趣横生的动物景观，其中以险峰峡谷、溪涧瀑布景观最为迷人，山景、水景、气象景、生物景资源丰富，类型齐全，风格各异；并有动人的神话传说，迷人的壮乡风情。大明山风光无限，绮丽多姿，具雄奇、秀丽、幽静、野趣的景观特色，以"春之岚、夏之瀑、秋之云、冬之雪"著称，有极高的旅游开发价值。

2．开发现状

大明山自1984年开始发展旅游，到20世纪90年代，随着政府保护力度的加强，基础设施建设投入的加大，大明山的旅游设施不断完善，游客达到了每年1万多人次，但由于真正开发旅游起步晚，资金投入少，开发和管理方面缺乏专门人才，旅游区的开发和建设还不到位，发展进步的空间还很大。

南宁市委市政府决定加强大明山的旅游开发，以提升旅游形象为切入点，提出"北有桂林，南有南宁"的旅游业战略决策，形成广西和南宁旅游业的新的增长点。南宁市委市政府通过广泛征集、讨论分析，决定将大明山的形象定位为"岭南八桂奇山，壮乡人间仙境"。

案例分析

大明山的形象为什么要定位为"奇山"呢？这个形象定位又有什么内涵呢？

1．大明山的文脉特征

文脉往往反映并构成一个地区形象的基础。包括旅游资源在内的地方文脉分析,是旅游形象策划的出发点,只有准确把握地方文脉,才能进一步挖掘和提炼相应的地方特色,从而构造鲜明、独特的旅游形象,并以形象魅力开拓和扩大客源市场。

综合分析大明山的文脉特征,主要体现在一个"奇"字。大明山的"奇",突出表现在气象、地质、水文、草坪、佛光等方面,主要有"奇水"、"奇石"、"奇山"、"奇天"。

(1) 奇水——赤水。位于大明山片区试验区的龙湖、橄榄河峡谷等地和核心区的水陈峰附近,景区内有不同颜色的水系。以上山公路为界,公路以北的水色为暗红色,公路以南的长城大峡谷的水则为普通清水,甚为奇特。

(2) 奇石——田螺石和石英石带。田螺石位于大明山汉江沟,因水流冲刷而形成田螺状巨石。石英石带位于北回归线标志塔附近沟谷等地,呈带状分布,黑白相间,非常规则齐整。

(3) 奇山——包括天坪、天书和坐佛、卧佛。大明山海拔1 200~1 300米的山顶部位,有8处不长乔灌木的大草坪,几乎分布在一条直线上,也称天坪。天坪内土壤为矮林草甸土或草甸化沼泽土,其四周古树参天,密灌丛生,中间却是芳草如茵的高山天然草坪,故壮家人称之为"天坪仙圩"。其中一天坪呈心形,故又称"爱心天坪"。二天坪又称"天书天坪",因草坪中有好几块生有神秘"文字状"纹理的大石块而得名,人们传言大石块为仙人遗落于此的"天书",这给天坪增加许多神秘色彩。坐佛和卧佛位于大明山上山公路23公里处,两处山峰,一处酷似盘坐的释迦牟尼,一处酷似平躺的释迦牟尼。

(4) 奇天——包括佛光和天籁之音。佛光主要发生于望兵山附近,每当降雨和天气骤然变化的时候,会出现一种当地人称"大明仙镜"的佛光景观,是奇特而美丽的大气光学现象。一般在云雾多、阳光照射较强时,于早上9时前或傍晚16时后可看到。前面是弥漫的密云浓雾,背后有太阳光照射而来,在密云浓雾的孔隙中发生衍射分光作用,观察者的头影或人影出现在浓密的云幕上,其周围还有一圈彩色光环,好像佛像上的光圈,即为佛光,佛光的产生使大明山更具吸引力和神秘感。天籁之音则发生于大明山观音河一带,据武鸣县志载,大明山上"常有声,似风非风,似雨非雨,似雷非雷,似波涛非波涛,故曰大鸣"。据考察,这是大气层的震动声与鸟群鸣叫的混合声,在欧洲莱茵河谷称之为"罗累莱女神的歌声",是一种极罕见的自然奇声。

2. 大明山形象内涵分析

基于以上奇景奇观,大明山将形象定位为"岭南八桂奇山,壮乡人间仙境",突出大明山气象、地质、水文、草坪、佛光等奇观,以激发游客的好奇心,去探究大明山的科学生态价值,为发展生态科普旅游奠定了良好的基础。

其中,"奇"字不仅代表了大明山的气象、水文、地质等自然景观方面的奇特性,而且也代表了大明山在未来的开发建设中设施的奇趣性;"岭南八桂"、"壮乡"则指明了大明山的地域特征,"人间仙境"描绘了大明山的优美的环境和神秘感,有利于树立特色鲜明的广西山地旅游形象。

3. 大明山形象徽标设计

为配合大明山形象系统的塑造,大明山还对形象徽标进行了设计,如下页图所示。

大明山的徽标设计以大明山山峦的外形为设计灵感,以写意的手法突出大明山的灵秀、大气、山水合一。同时也意取大明山的"明"字开头字母"M",形意结合。在色彩运用上,蓝色和绿色表现了大明山蓝天、绿树、碧水的自然风貌,充分展现了大明山的完美形象和丰富内涵。

大明山风景区
DaMingShan ScenicSpot

案例启示

大明山的形象定位设计充分把握住了大明山以"奇"为主的文脉特征，并充分考虑到大明山的空间地域特征，具有较强的层次性，同时又通俗易懂、朗朗上口，容易在游客心中留下深刻印象。

资料来源

1. 李蕾蕾. 旅游地形象策划：理论与实务. 广东：广东旅游出版社，1999.P73-87
2. 周志红，肖玲. 论旅游地形象系统的层次性. 地理与地理信息科学，2003(1)
3. 广东省旅游发展研究中心，南宁市城市规划设计院. 广西大明山风景旅游区总体规划，2005
4. 中国广西大明山网. http://www.gxdms.com/index.asp，2006-06-06

案例思考

根据旅游形象系统分析原理，大明山形象定位设计给我们哪些有益启示？

（周志红）

4-4 广州上下九步行街
—— "岭南风情第一街"形象设计分析

案例介绍

1. 基本情况

广州市上下九步行街，是中国最繁华的商业步行街之一，也是广州市标志性形象工程之一，被誉为"羊城十大旅游美景——西关商廊"。地处荔湾区（俗称西关）的上九路、下九路、第十甫路，全长约 1 218 米（现只开放下九路、第十甫路共 833 米），共有各类商业店铺 238 间和数千商户。整条街由风格独特、古色古香的骑楼茶楼建筑组成，是南欧建筑与广州特色相结合的产物。1400 多年前，印度高僧达摩到中国传教，首先在西关下九路登岸（今"西来初地"），并建"西来庵"（今华林寺），开创了中国佛教禅宗。在漫长的历史长河中，广州市上下九步行街逐步形成了现今商业步行街中西合璧的西关风情特色，构筑成一副独特的、绚丽多姿的西关风情画。自 1995 年上下九步行街开通以来，先后接待了江泽民、李鹏、朱镕基、叶选平、董建华等领导人。

2. 宣传促销与成效

广州市上下九步行街自 1995 年 9 月辟为步行街以来，以其浓郁、独特的岭南商业文化、建筑风格吸引了来自五湖四海的无数中外宾客，成为广州经典一日游中购物游的第一个景点。广州市上下九步行街对于来广州的外地旅游者来说，是必游的景点；对广州市民来说，更是购物休闲的好去处。2006 年元旦期间仅 1 日至 3 日 3 天，上下九步行街共接待游客近 200 万人次，其中外国游客 10 万人次，省内旅行团 100 多个，游客数比去年同期上升了 15%。而沿街商家则赚了个盆满钵满，创收 2 000 多万元。

案例分析

在旅游业竞争日趋激烈的今天，建立景区的旅游形象识别系统，是一个旅游目的地或旅游项目主动形成市场关注力和吸引力，给受众以明确的感知，使其自身融入注意力时代并凸显个性的重要手段。荔湾区政府在对上下九步行街进行建设和改造过程中，一直把"岭南风情第一街"作为其形象定位，把上下九步行街建成最具有岭南商业文化特色的步行街作为其形象的理念识别，把步行街两侧骑楼式建筑、步行街中雕塑、周边的景点以及品尝岭南特色小吃等作为形象的视觉识别及嗅觉和味觉感知识别，以此构建广州上下九步行街的旅游形象识别系统。

（1）2000 年以来，上下九步行街在上下九路现有基础上进行规划调整，工程投资近 4 000 多万，新建了"上下九广场"，并在北广场北门楼悬挂一幅"江总书记与步行街群众在一起"的巨型宣传画，形成重要的视觉识别符号。

（2）在步行街改造、整修过程中，严格按照"修旧如旧"的方针进行整改，保留了步行街两侧的岭南骑楼式建筑的文化符号。骑楼商铺是南欧建筑与广州特色相结合的产物，在骑楼跨入人行道而建，在马路边相互连接形成自由步行长廊，骑楼式建筑是 20 世纪初建市时吸收国外建市经验而建成的，即商店房屋多在门前建有走廊。这样行人走在马路两旁屋前走廊之下，访友、行街、购物均不受风雨影响，又可以减少住户面积的损失。骑楼式商铺在第十甫路、上下九路等比较集中。在保留原有建筑风格基础上，又不断增添新的元素。如皇上皇这家广州的老牌店，是一家具有悠久历史的中华老字号。为了体现皇上皇原有的风貌，在改建中用浮雕的形式反映了皇上皇以前制造腊肠的过程，既保持了其原有的风貌，如浮雕和色彩，又加入了新的元素来体现现代建筑的风格，使其成为适应于现代使用的建筑。

（3）在上下九步行街和广场增添西关风情雕塑，以产生多种视觉效应，加强展现西关人物风情和历史文化的视觉符号，丰富和充实步行街的文化元素，增加其文化内涵。目前已在上下九广场及步行街落成《门前倩影》《落雨大》《量衣》等18座雕塑，构成具有浓郁地方特色、充满西关民俗民风的雕塑群。

（4）上下九广场的路面铺设以麻石为主，与步行街的大砖块形成对比，麻石路中间配以"上下九"标志的图画加以分隔，共九块，对应上下九的"九"。就连排水明沟的铸铁盖板都是用该标志作为图案。

（5）上下九步行街以集中了陶陶居、莲香楼、趣香饼家、广州酒家等传统老字号商铺而闻名，这些老字号的茶楼、酒楼加上特色小吃，给上下九更增添了岭南饮食文化的特色。陶陶居、莲香楼的茶点，南信的姜撞奶、双皮奶，欧成记"上汤鲜虾云吞面"，顺记椰子雪糕，以及牛三星、牛杂、鱼蛋、马蹄糕、萝卜糕等广州各色小吃，都是岭南饮食文化的重要组成部分。

（6）在上下九步行街周边还有极具岭南文化特色的四大景点，即荔湾博物馆（西关民俗馆）、华林寺（广州佛教"五大丛林"之一）、西来初地（早在6世纪初，印度高僧达摩在此登岸传教，因而得名"西来初地"，这一带现已成为商业聚集区）、岭南艺苑（当代花鸟画大师赵少昂于20世纪30年代在西关湛露直街创办"岭南艺苑"）

案例启示

（1）景区景点形象识别系统的构建应秉承其历史文脉。构建景区景点形象识别系统的目的是使旅游景区形成鲜明的个性形象，以便有效传播。只有在特殊地域环境中才能形成区别于其他地区的富有个性的地域文化。如上下九步行街所在的西关一带，早在清代就已经是著名的商业区和富商聚集地，形成了独特的西关民俗风情。

（2）旅游景区景点营销中应注重视觉形象和宣传口号的传播。在旅游景区景点形象的传播过程中，视觉形象和宣传口号具有可感知性，往往能够激发游客的兴趣，有利于传播和扩散。2006年春节假期，数以万计的省内外游客，排着队轮流在"鸡公榄"、"后生可畏——烧炮仗"等雕塑前照相留念，成了新春里上下九最为特别的一道人文风景线。目前上下九步行街还缺乏响亮的形象宣传口号，其形象识别系统还有待于进一步完善。

资料来源

1. 曾应枫. 俗话广州. 广州：广州出版社，2000
2. 广州上下九客流量创下了历史最高纪录. http://finance.sina.com.cn/xiaofei/consume，2005-02-17
3. 200万人挤爆上下九商家创收2 000多万元. http://www.gznet.com/gzcity，2006-01-04

案例思考

根据旅游地形象识别系统的理论，口号作为形象识别系统的组成部分，反映了旅游目的地或旅游项目对自身的理解，通过信息传达，表述了旅游目的地或旅游项目希望受众对其进行什么样的感知的意愿。口号使人们能在尽量短的时间内,产生形象化的联想,因而对品牌、形象、行为的传播十分重要。由此思考广州上下九步行街在现阶段应采用怎样的形象宣传口号,使其形象更好地向外传播,成为广州最闪亮的地域文化名片。

(肇博)

第 5 章

旅游景区景点解说系统

　　解说系统是旅游目的地诸要素中十分重要的组成部分,是旅游目的地的教育功能、服务功能、使用功能得以发挥的必要基础,是管理者用来管理游客的关键工具。"解说系统"的含义,就是运用某种媒体和表达方式,将特定信息传播并到达信息接受者中间,帮助信息接受者了解相关事物的性质和特点,并实现服务和教育的基本功能。解说系统包括四个部分:解说目标、环境限制与可用资源、解说活动以及解说评估与控制。本章主要介绍旅游景区景点解说系统中的解说活动。

　　解说并非简单的信息传递,而是一项通过原真事物、亲身体验以及展示媒体来揭示事物内在意义与相互联系的教育活动。旅游休闲过程中人们越来越渴望和自然文化环境全方位接触,在获得娱乐的同时也能获取相应的知识。因此,解说就成为沟通人类和环境的重要途径。解说在自然和文化资源保护方面扮演重要的角色。一方面,通过有效的解说,旅游目的地可以使游客了解其重要性、意义和主要特征,让游客认识到它的价值,从而为游客创造愉快的旅游体验;

另一方面，有效的解说能够规范游客的活动，通过规则和制度的制定和实施，为游客提供指导，减少游客对目的地的负面影响。因此，旅游解说被看成是一种有效的游客管理策略，能够鼓励游客采取更恰当的行为，以达到旅游的持续发展。

5-1 广州西汉南越王博物馆
——多样的解说服务系统，引导游客品味岭南历史

案例介绍

1. 基本情况

西汉南越王墓位于广州市区北部的象岗山上，1988年正式对外开放，是一座遗址博物馆。西汉南越王博物馆占地14 000平方米。建筑以轴线对称布局，按参观路线依山建馆、拾级而上，把展馆、墓室及扩建之展室连成有机整体。整体布局以古墓为中心，上盖覆斗形钢架玻璃防护棚，象征汉代帝王陵墓覆斗型封土。墓的东边为三层的综合陈列楼，北边为两层的主体陈列楼，用环绕的回廊上下沟通，将三座建筑物连成整体。

西汉南越王博物馆是全国重点文物保护单位，是"广州市爱国主义教育示范基地"，是广州越秀山—象岗文化史迹游览线的主要景点，也是广州市最重要的文物景点之一。全馆共有10个展厅，陈展面积4 800多平方米，博物馆现有藏品2 000多件（套）。主要展示南越王墓原址以及南越王墓出土的精美文物，此外还有杨永德伉俪捐赠的陶瓷枕陈列和不定期的临时展览。自1988年开放以来，到2004年底已接待海内外游客330万余人次。

2. 导览工作概述

博物馆分为三个展览区：一是三层的综合陈列大楼，一层设有游客中心、总服务台、录像厅、贵宾厅和纪念品销售服务部；二、三层共有四个展厅，其中一个展厅用于展示"杨永德伉俪捐赠藏枕专题陈列"，为永久性固定陈列；其余三个展厅用于临时展览，每年在此举办一些短期的展览。二是南越王墓原址保护区。三是主体陈列楼，共上、下两层五个展厅，南越王墓出土的文物珍品都在其内展览。

目前博物馆主要解说媒体包括：解说员、解说折页、多媒体解说设备（录像、语音导览机、电脑多媒体），以及展示设施（解说牌、解说图片、信息咨询台）。解说员包括两个部分，在岗解说员和义务解说员。目前在岗共有八位解说员，其中两位英语解说员，两位日语解说员，一位法语解说员；全部都可以提供中文解说。此外，每年春秋两期培训义务解说员，每期6～8名义务解说员。

在游客中心，楼梯入口处的左侧摆放有汉语解说折页和汉语的《南越报》，另设有该博物馆的导览地图，有英、汉两种语言的注释。在楼梯入口处的右侧摆放有英语、法语、日语、德语和西班牙语五种文字的解说折页，另设有一台触摸屏设备，供游客查询路径与展示厅位置及了解该博物馆的结构之用，增加游客对博物馆的了解，但不包含展示内容的详细解说。

总服务台位于楼梯的后面，提供各种导览和解说咨询服务，如八种语言的语音导览的租借服务。总服务台还提供行李寄存等服务。在总服务台的左侧是录像放映厅，一间为外语录像放映厅，可提供英、法、日、德、西班牙等八种语言的发音录像；另一间为汉语录像放映厅。总服务台的对面是贵宾室，有电视机一台，可为访问该馆的贵宾提供专门的解说服务。总服务台的右侧是纪念品销售服务部，主要面向游客展售相关书籍、光盘及其他纪念物品等。在综合陈列楼三楼临时展厅有一台电视机，提供临时展览的录像放映。在主体陈列楼各个展室有义务解说员，免费向游客提供解说服务。

此外，西汉南越王博物馆还推出专门面向聋哑人士的免费手语解说服务。博物馆的手语讲解词是为聋哑人专门量身定做的，由广州残联常务理事黄凤屏将博物馆平时所用的讲解词逐字逐句"翻译"而成，广州市聋哑学校二十几名同学成为第一批受益者。

综上所述构成了西汉南越王博物馆的解说系统。下表为目前西汉南越王博物馆解说媒体的概况。

表 西汉南越王博物馆解说系统

类型		说明	位置	服务时间
人员解说	咨询服务	咨询台和游客服务中心，提供导览咨询、问询、租借、登记等服务	综合陈列楼一楼楼梯后面	营业时间内
	付费解说	目前在岗共有八位解说员，其中两位英语解说员，两位日语解说员，一位法语解说员；全部都可以提供中文解说	全馆解说	营业时间内
	免费解说	每年春秋两期，每期6~8名义务解说员	主体陈列楼各展室	周六、周日
人员解说	手语解说	专门面向聋哑人士的免费手语解说服务	全馆解说	预约服务
	专题演讲	根据不同时期的不同展览主题，邀请专业人士对该展览专题发表演讲	综合陈列楼三楼录像厅	不定期
非人员解说	解说牌	固定的解说文字和图片，规划设计好后便不易变更	全馆	营业时间内
	解说折页	目前有六种语言的解说折页，包括对博物馆的简介、主要馆藏物品的图片和简单文字介绍，博物馆地理位置、开放时间和门票等介绍，以及博物馆的导览图；另外还有《南越报》和针对临时展览的专题解说折页	综合陈列楼一楼楼梯入口处	营业时间内 免费获取

续表

类型		说明	位置	服务时间
非人员解说	解说手册	针对综合陈列楼、主体陈列楼和南越王墓原址，配有图片和文字的详尽介绍，内容丰富，印刷精美，具有很高的收藏和研究价值	纪念品服务部有售	营业时间内销售，使用者不多
	光盘	南越王墓发现、挖掘及博物馆建设与陈列文物的详细介绍；其他同类型考古发现的介绍等	纪念品服务部有售	营业时间内销售
	录像多媒体	馆方制作的南越王考古发现和博物馆建成的八种语言的专题片，在中文和外文两个录像厅播放。临时展览的录像资料	综合陈列楼一楼和三楼录像厅	营业时间内循环播放
	电子导览	馆方录制的展示内容录音带，配合展示物品依序编号，观众可以按照参观进度选择播放	在综合陈列楼一楼总服务台处租借	营业时间内租借，租借者不多
	电脑多媒体	为青少年开发的电脑多媒体软件，包括图文并茂的《南越故事》连环画、灯箱拼图、转盘及《南越状元榜》电脑游戏等	综合陈列楼二楼和主体陈列楼第三展厅	营业时间内有奖参与

🥤 案例分析

博物馆是一种特殊的文化景观。旅游者要获得满意的旅游体验，旅游解说系统起着非常关键的作用。它能够帮助旅游者加深对博物馆文化内涵的理解，提高旅游者的鉴赏能力，提高旅游兴致；同时，旅游解说系统也是增强博物馆核心竞争力的主要因素，是博物馆旅游产品不可缺少的组成部分。西汉南越王博物馆珍贵丰富的展品、现代化的设施、优质的服务，不仅为游客提供了学习了解广州历史文化的优越条件，而且还为游客创造了独具特色的良好旅游体验。调查显示，游客对博物馆游览的满意度高达 98.9%，近三成游客表示"出乎意料，非常满意"，没有一位游客表示"遗憾"。如此高的游客满意度在旅游景区（点）调查中极为少见。完善的解说服务系

统是西汉南越王博物馆成功的关键,总结起来主要有以下几个方面:

1. 完善的牌示系统

解说牌是使用率最高的解说媒体,是解说系统最重要的组成部分之一,完善的解说牌示系统是成功的解说系统的必备要素之一。西汉南越王博物馆的牌示系统包括:

(1) 全景牌示:详细说明整个博物馆的总体结构和展厅、参观路线、服务设施(如厕所等)的分布,以鸟瞰图和简介文字等为表现形式。

(2) 指引牌示:向游客清晰、直接地指示出参观路线、方向、前方目标等信息。

(3) 文物牌示:用以说明单个文物的名称、性质、历史、背景、内涵等信息,体现解说系统的教育功能,对游客有较强的吸引力,游客愿意花较多时间阅读这类标牌。

(4) 忠告牌示:告诉游客各种安全注意事项,禁止游客的不良行为。如法规或规章的明示、警告、限制或禁止游客的活动。包括设于游客中心的"参观须知"、危险地段的"小心碰头",以及"禁止拍照"等安全、警告字样。

(5) 服务牌示:服务功能建筑物的导引牌示,包括总服务台、厕所、旅游纪念品服务部、儿童乐园、录像厅等的牌示。

2. 较好的多媒体解说系统

根据教育家戴尔(Edgar Dale)的经验塔(The cone of experience)理论,实际参与是最有效的学习方式,展览、录像等也是较好的学习方式。西汉南越王博物馆提供八种语言的录像解说,针对临时展览的录像解说系统,以及面向青少年的电脑多媒体游戏、游戏转盘、灯箱拼图、连环画、仿古模型等解说系统,寓教于乐,给青少年游客更多的学习机会。

3. 独特的解说志愿者系统

志愿者是博物馆与公众联系的桥梁和纽带，志愿者的参与不仅有利于公众对博物馆的了解和支持，同时也为游客提供了更多的获取藏品知识的途径，乃至创造了游客感受博物馆文化的良好机会。热爱中国历史文化和博物馆事业，愿意并且有能力为博物馆和观众提供公益性无偿服务的社会各界人士经过报名、选拔都可以成为西汉南越王博物馆的志愿者。西汉南越王博物馆为志愿者提供的工作岗位有：讲解导游、陈列展览的推介宣传、设计制作、西汉南越王博物馆网站的更新与维护、博物馆的公共关系等。最早在西汉南越王博物馆开展青年志愿者活动的大学生是中山大学历史系的黄兰兰等四位同学，到 2002 年，西汉南越王博物馆已招募了 250 余名大学生青年志愿者，他们分别属于中山大学历史系、人类学系、广州大学历史系及华南师范大学历史系的四支志愿者队伍。每逢周六、周日、免费开放日、黄金周，以及特殊节假日，如世界博物馆日等，解说志愿者为游客提供主体陈列楼的全程免费讲解服务，志愿者们活学活用、热情讲解、辛勤工作，受到了中外游客的赞扬。

案例启示

西汉南越王博物馆解说系统完善，解说服务多种多样，包括完善的牌示系统、较好的多媒体解说系统，以及独特的志愿者解说系统。其中，多媒体解说系统，通过录像、游戏等设施，寓教于乐，提高了游客学习知识的兴趣。志愿者解说系统是西汉南越王博物馆解说系统的又一大特色，不仅为志愿者提供了参与和了解博物馆的机会，更为来博物馆参观的游客提供了更多的享受解说服务的机会和更加丰富的旅游体验。解说志愿者既可扩大博物馆在广大市民和社会各界中的影响力，架构博物馆与市民沟通的文化桥梁，又能提高市民的博物馆意识，激发社会力量积极参与广州市"博物馆之城"的建设。

博物馆今后应该继续扩大并强化解说志愿的招募和培训工作。

此外，西汉南越王博物馆的免费手语讲解服务目前在广州24家博物馆中是独一无二的。博物馆里一些重点文物还可以增设盲文解说，让盲人也能感受博物馆的文化，了解历史，增长见识。

资料来源

1. Douglas M. Knudson, Ted T. Cable, Larry Beck. Interpretation of Cultural and Natural Resources. Venture Publishing, 1999
2. Tilden, F. Interpreting our heritage. Chapel Hill, NC:University of North Carolina Press, 1957
3. 冯淑华. 古村落旅游解说系统探讨. 商业研究, 2005(8): 164-166
4. 李林娜. 南越藏珍. 北京：中华书局, 2002
5. 刘俊. 博物馆游客行为研究——以广州南越王墓博物馆为例. 桂林旅游高等专科学校学报, 2005, 16(2):41-44
6. 洪艳. 基于期望差异理论的解说服务设施满意度研究——以西汉南越王博物馆为例. 硕士论文. 中山大学地理科学与规划学院, 2005
7. 南越王报. 2006（4）第24辑. 第4版
8. 王鑫. 黄山风景区解说系统规划初稿. 中山大学旅游发展与规划研究中心, 2004

案例思考

1. 西汉南越王博物馆的主要成功因素有哪些？有哪些方面值得我们借鉴？
2. 解说系统如何满足特殊人群的解说需求，如儿童、银发市场、聋哑人、智障等残疾人群？

3．从西汉南越王博物馆近期推出的电脑游戏看，如何完善博物馆的教育和娱乐功能？

（洪艳）

5-2 山西平遥古城
——完善的人员解说服务系统，
引导游客感知古城文化

案例介绍

1．基本情况

平遥位于山西太原以南 100 公里处，面积 2.25 平方公里，始建于西周，至今已有 2 700 多年的历史。平遥县堪称文物宝库，名胜古迹星罗棋布，举目皆是。已发现的地上地下遗址、遗迹、古建筑达 300 余处。国家、省、县三级重点文物保护单位共有 99 处，其中国家级 11 处，省级 7 处，县级 81 处，组成了一个以古城池为主体的古文物群，是中华五千年文明史的微缩景观和实物标本，是东方彩塑和古建筑艺术的博物馆，是中国近代商业文明的杰出代表和近代金融业的发轫之地。平遥古城是我国保存最为完整的古城，以保存完好的明清古建筑著称。众多的票号商号是平遥的又一大特色，清朝时平遥有"小北京"之称。平遥历史上共有票号数十家，以日升昌为首的八大票号商家坐镇平遥，商业文化繁荣鼎盛。在中国历史的发展中，平遥古城为人们展示了一幅非同寻常的文化、社会、经济及宗教发展的完整画卷,并于1997年由联合国教科文组织正式列为"世界文化遗产"。

1979年以来,平遥旅游业从无到有,从小到大,现今的旅游开发已初具规模。平遥于1986年被国务院评为中国第一批国家历史文化名城,1997年由联合国教科文组织正式列入"世界文化遗产"名录,旅游业蓬勃发展。目前平遥古城旅游区包括"一城两寺",已开放的主要景点有:古城墙、双林寺、县衙、镇国寺、日升昌、城隍庙、清虚观、古民居博览苑、同兴公镖局、商会博物馆、协同庆、华北第一镖局、天吉祥、雷履泰故居、百川通、蔚泰厚、中国镖局、汇源当、蔚盛长、文庙学宫(中国科举博物馆)、魁星楼、市楼等。2006年平遥推光漆器被列入中国首批国家级非物质文化遗产名录,更增强了平遥旅游的综合吸引力。

2. 解说工作概述

平遥古城旅游区自开发开放以来,已经建立了比较完善的人员解说和非人员解说系统。平遥古城旅游区培养了一批素质较高的讲解员队伍。1997年全国、全省文博系统讲解员大赛中,该区3名讲解员荣获省"十佳讲解员称号"。2001年以来,国家级和省级导游员,以及景点解说人员迅猛增长,通过近几年的建设,旅游区已经建立了非常完善的人员解说系统(见下表)。截至2005年已经完成培训国家级和省级导游员70名,景点解说人员400名。2006年经过组织报名、资格审核、笔试考试、现场考核等一系列的评定工作,产生了22名首批平遥古城星级导游员(讲解员)。

表 平遥古城旅游区导游和解说员数量统计

年份	国家级导游/省级导游(人)	解说员(人)	年份	国家级导游/省级导游(人)	解说员(人)
2001	4	40	2004	46	280
2002	12	80	2005	70	400
2003	30	140			

平遥古城旅游区的非人员解说系统内容丰富，形式比较完备，包括展览馆、博物馆的陈列牌示系统、解说印刷品和多媒体解说系统。但由于旅游区面积较大、景点众多，统一的游客管理中心尚未建立，非人员解说服务非常零散，多媒体解说系统还需完善，少数景区景点还不能够提供解说折页和牌示系统等基本的解说服务。

案例分析

平遥古城是一座古城博物馆，其解说资源相当丰富。由于时间与空间的改变，古迹、遗址所承载的意义与价值不容易被游客所了解，因此，古迹、遗址类景区景点更需要解说系统。完善的解说系统将有助于游客在休闲娱乐的同时，了解这些古迹、遗址的时代意义与文化价值。平遥古城旅游区的解说系统包括人员解说、展览和博物馆陈列、牌示系统、印刷品和多媒体等。

1. 人员解说

人员解说属直接传递法，是理想的解说方式，其他的解说方式都可以看成是直接传递法的辅助手段。人员解说既生动，又可依个人或团体的需要调整，这些优点是其他解说方法所无法比拟的。人员解说是有效果、容易实行的方式。人员解说最重要的就是解说员的技巧，优秀的解说人员能够使整个解说工作尽善尽美。平遥古城解说系统的一大亮点就是其非常完善的人员解说服务系统。

（1）定点解说

定点解说通常是指在使用率比较高的地方，安排固定的解说员为游客提供个人解说。在平遥古城的主要景点，如古城墙、双林寺、县衙、日升昌、城隍庙、清虚观、古民居博览苑、同兴公镖局、商会博物馆、协同庆、华北第一镖局、天吉祥、雷履泰故居、百川通、蔚泰厚、中国镖局、汇源当、蔚盛长、文庙学宫（中国科举博物馆）、镇国寺等，各景点都设置有若干名持证上岗的解说员，游客可以付费选择不同级别的解说员，一般为 20 元/次。

(2) 带队解说

带队解说是指由解说人员带领游客沿事先计划好的路线，对参观景点一一加以解说。在平遥古城旅游区，带队解说主要是由一位导游（一般是地接导游）带领一个团队进行全城的解说。

(3) 表演解说

通过表演活动再现历史场景，是一种重要的历史文化解说方式，在这个过程中演员扮演着解说员的角色，以第一人称讲述历史，使得游客与历史事件、纪念性的活动、历史人物之间等建立一种联系。平遥古城的主要表演解说有：县太爷升堂表演、县官出巡表演、账房先生写汇票和娶亲表演等，通过历史场景的再现，为游客提供了鲜活的解说。

2. 展览馆和博物馆的陈列解说

展览馆和博物馆陈列是一种重要的解说方式，也是平遥古城解说系统的重要组成部分。平遥古城旅游区本身就是一个古城博物馆，其内的各个景点就是散布在其中的多个主题展厅。平遥古城的展览馆和博物馆主要有：日升昌票号博物馆、中国商会博物馆、百川通晋商家私博物馆、协同庆钱庄博物馆、天吉祥商号博物馆、蔚泰厚票号博物馆、平遥典当博物馆、华北第一镖局博物馆、中国镖局博物馆、蔚盛长珍藏博物馆、苗世明藏报博物馆、古民居博览苑等。展览馆和博物馆通过实物展示、模型、场景模拟等重现历史场景，游客有如身临其境。各展览馆、博物馆辅以解说牌、解说折页、解说手册和书籍等，为游客进一步了解历史提供了多种选择。

3. 牌示系统

平遥古城旅游区的牌示系统包括旅游区全景牌示、景区牌示、景点牌示、指引牌示、忠告牌示、服务牌示等。

全景牌示：在旅游区大门设置全景平面图，并辅助文字简介，说明平遥古城旅游区的总体布局。

景区牌示：在分景区入口处设置该景区的平面图，并辅助文字简介，说明该景区的总体结构和布局。

景点牌示：在各个景点设置景点牌示，以文字为主、图片为辅，对文物（景点）的名称、历史、背景等进行介绍。

指引牌示：在平遥古城旅游区各道路两侧和交叉口向游客清晰地标示出方向、前方目标等要素；在各景点内部设置说明旅游线路的各种方向牌示。

忠告牌示：在各景区设置"游客须知"，告诉游客各种注意事项；在危险地段设置"小心慢行"、"请勿前行"；在文物保护地段设置"请勿触摸"、"请勿拍照"、"请勿攀爬"、"游客止步"等，提醒游客保护文物和注意安全；在火灾易发区设置"请勿吸烟"等忠告牌示。

服务牌示：在停车场、厕所、餐厅、购物地点、休憩地点、旅游区管理处等设置具有服务功能场所的导引牌示。

4. 解说印刷品

解说印刷品可以深入地说明一个主题，方便游客随身携带。平遥古城解说印刷品资料丰富，包括出版的书籍、研究报告 50 多种，古城地图、景点的解说折页、游览图、宣传画册、海报、游客服务手册等，部分资料有中英文双语对照或英文版等，以满足国际游客的需求。

5. 多媒体系统

多媒体视听系统包括简短的播音、详细介绍景区景点的影片及 VCD、DVD。多媒体解说系统介绍了平遥古城的历史、建筑文化、票号文化、商号文化、遗产保护和旅游开发等。但目前由于缺乏统一的游客管理中心，只能在分散的店铺，如餐馆、酒店、商铺等，观看平遥古城旅游区的录像。

案例启示

完善的人员解说系统是平遥古城旅游区的一大特色。平遥古城的人员解说系统包括三个子系统,一是地方导游系统,二是定点人员解说系统,三是表演解说系统。地方导游即地接,是指外来团队到达平遥古城以后,负责外来团队的旅游业务的导游,其中部分导游可以提供解说服务,也称带队解说。定点解说员是指在游客流量比较大的景点,安排固定的解说员为游客提供该景点的解说服务。表演解说为游客提供了鲜活的历史讲解。这三个人员解说子系统相互补充,构成了平遥古城较为完善的人员解说服务系统。

以往研究显示,听觉的交流设施是解说中最有效的媒介工具。因此除了人员解说,电脑、电视多媒体解说系统、语音导览系统等也是颇具成效的解说方式,但平遥古城旅游区目前在这方面比较欠缺,未来需要加强游客中心、多媒体、语音导览解说系统等的建设。

此外,平遥古城旅游区还可以大力发展志愿者解说系统。有学者认为,志愿服务者和受过训练的解说者一样富有成效。志愿者解说系统既可加强古城旅游区资源的管理和保护,又能为游客提供更加丰富的旅游体验。

资料来源

1. Boyle, Susan Calafatel. Opening Minds:interpretation and conservation. Museum International, 2004, 56(3):85-93

2. I-Ling Kuo. The effectiveness of environmental interpretation at resource-sensitive tourism destina-tions. The International Journal of Tourism Research, 2002, 4(2):87

3. Tilden, F. Interpreting our heritage. Chapel Hill, NC:

University of North Carolina Press,1957

4. 史忠新. 世界名城平遥览要. 山西新闻出版局内部使用图书,1998. P379-461

5. 王维正. 国家公园. 北京：中国林业出版社,2000. P107-111

6. 吴必虎,高向平,邓冰. 国内外环境解说研究综述. 地理科学进展,2003,22(3):326-334

7. http://www.pingyaotrip.com/,2006-05-20

案例思考

1. 从人员解说系统来看，平遥古城旅游区成功的因素有哪些？哪些方面值得我们借鉴？还有哪些解说方式可以利用？

2. 以平遥古城旅游区的解说系统为例，讨论如何构建文化遗产地的解说系统。

（洪艳）

5-3 广州黄花岗公园解说系统解析

案例介绍

1. 基本情况

黄花岗公园，也称黄花岗七十二烈士墓园，位于广州市先烈中路，占地12.9万平方米，坐北朝南，建筑规模宏大，气势雄伟，是为了纪念1911年4月27日（辛亥三月二十九日）三·二九起义中死难的烈士而建造的，是广州作为近代革命策源地的重要见证。公园的主要景点有："浩气长存"牌坊、默池、吴景濂手植树、林森手植树、七十二烈士墓、纪功坊、碑刻《广州辛亥三月二十九日革命记》、孙中山手植树、潘达微墓、范鸿泰墓、冯如墓、叶少毅墓、杨仙逸墓、邓仲元墓、金国治墓、韦德墓、梁占鸿墓、梁国一墓、雷荫棠墓、王昌墓、黄花园、四方池、西亭、八角亭、北门、地界碑亭、黄花亭、黄花井、史坚如墓、龙柱、碑廊、红铁门牌坊、七十二烈士史迹陈列室、二横门。园内其他服务设施有中餐厅、西餐厅、茶艺室、咖啡厅、特色游步道、网球场活动服务区等。

1961年，黄花岗公园被国务院公布为全国第一批重点文物保护单位；1985年6月，公园以"黄花浩气"成为羊城八景之一；1996年被评为广州十大美景之一"辛亥之光"；又于2002年7月再度被评为新世纪羊城八景之一"黄花皓月"。公园于2004年被国家旅游局评为国家AAAA旅游景区，并分别于1994年、2000年、2001年、2005年、2006年被评为市级、省级、中国侨联、全国爱国主义教育基地及广州市爱国主义教育基地示范点。公园1999年接待游客数221.4万，2000年234.4万，2001年245.85万，2002年246.91万，2003年244.32万，2005年285.8万。门票价格8元/人。

2. 导览工作概述

目前，黄花岗公园已经建立了比较完善的向导式解说系统和自导式解说系统。向导式解说系统包括旅游咨询服务和导游服务；自导式解说系统包括书面材料和音视设备系统，书面材料又包括解说折页、参观手册、解说牌等。下页表为目前黄花岗公园解说系统概况。

第 5 章 旅游景区景点解说系统

表 黄花岗公园解说系统

	类型	说明	位置	服务时间
向导式解说	咨询服务	游客中心为游客提供公园旅游信息,并免费提供解说折页、参观手册、广州旅游等宣传材料	游客中心	营业时间内
	导游解说	为团队提供导游服务,专职导游3人,兼职导游5人	公园管理办公室	预约服务
	免费解说	从2006年开始组织志愿者培训,至今共组织了两次培训工作,但目前暂无固定的解说志愿者	暂无	暂无
自导式解说	解说牌	固定的解说文字和图片,规划设计好后便不易变更	全馆	营业时间内
	解说折页	中英文双语解说折页,包括公园简介、主要景点的图片和文字介绍、服务项目、公园旅游线路图、公园地理位置、开放时间和交通等	售票处	营业时间内免费获取
	参观手册	主要是面向中小学生爱国主义教育的参观指引,包括公园简介、参观办法、参观守则和互动活动参与方式的介绍	售票处	营业时间内免费获取
	书籍等	介绍黄花岗公园历史背景、革命故事、主要景点及其他研究报告	旅游纪念品服务部	营业时间内出售
	录音播放	在公园内按照事先设计的游览顺序,在各主要景点设置录音播放器,播放内容包括建园历史、重要景点的详细介绍	重要景点处	营业时间内循环播放
	电子导览	公园提供语言导游服务,为游客配备随身携带式语言导播机	游客中心	营业时间内提供租借

案例分析

城市公园的广义定义为,位于城市发展地区内,经城市规划指定或依建筑、道路建设取得的公园绿地或绿带。特殊公园则涵盖范围较广,包括古迹、动物园、植物园、美术馆等因特殊目的开发建设而得到的公园绿地。黄花岗公园既是一个缅怀先烈的古迹遗址类公园、爱国主义教育基地,又是一个集休闲、娱乐、运动、健身、餐饮、会议于一体的现代城市公园型景点。因此,其解说系统不仅要体现解说的管理和教育功能,还要体现解说的服务和娱乐功能。目前,黄花岗公园解说系统的核心是其人员解说系统和完善的牌示系统。

1. 人员解说

黄花岗公园的人员解说系统主要是导游带队解说,主要是为团队提供导游服务,公园现有专职导游3人,兼职导游5人,解说服务须提前向公园管理办公室预约。由于黄花岗公园是爱国主义教育基地,其教育对象主要是中小学生,因此对中小学生的讲解服务有特殊安排。凡广州市注册的中小学生,集体参观人数达30人或以上,可免费参观和预约解说服务,预约过的学生集体在参观前需要先在游客中心了解教育基地的历史文化和提供的各种活动机会,以安排参观行程。

2. 牌示系统

(1) 全景牌示:详细的公园旅游线路图、公园简介及游园须知。

(2) 景点牌示:详细说明单个景点的名称、历史等信息。

(3) 指引牌示:向游客清晰、直接地指示出参观路线、方向、前方目标等信息,包括方向牌、入口、出口、上楼楼梯、下楼楼梯等。

(4) 忠告牌示:告诉游客各种安全注意事项、禁止游客的不良行为,包括"温馨提示"、"游客止步"、"禁止吸烟"、"禁止跳下"、"禁止游泳"、"当心车辆"、"当心滑跌"等。

(5) 服务牌示:是服务功能建筑物的导引牌示,包括票务处、停车场、公园管理处、残疾人设施、会议室、旅游纪念品服务部、商店、中餐厅、西餐厅、茶艺室、咖啡厅、网球场、特色游步道、厕所、垃圾箱、邮箱、电话、问讯处、火警电话、灭火器等的牌示。

(6) 教育牌示:在生态环境需要重点保护的位置和沿途视觉效果单调、游客容易疲劳的位置,以巧妙、温馨的话语引导游客做一个文明的游客。

(7) 花木牌示：在有古树名木的地方，列出该树木、花卉的中文名及拉丁文名、特征、属性、用途等，以起到科普教育的作用。

案例启示

公园解说系统区别于其他解说系统的地方在于，公园解说强调对环境的"第一手的亲身经历"，其重点是向游客介绍环境，并指导他们的户外活动，而非像博物馆或历史古迹地区将解说的重点放在文物或遗迹的历史背景和意义上。

黄花岗公园兼具古迹遗址公园和现代城市公园的特征，其解说系统既要体现解说在公园管理和爱国主义教育中的作用和功能，还要体现解说在户外休闲游憩中的服务和娱乐功能。

资料来源

1. 吴必虎. 区域旅游规划原理. 北京：中国旅游出版社，2000. P443-451
2. 吴忠宏. 台湾解说研究之回顾与展望. 见：中美澳三国环境解说与生态旅游国际学术研讨会论文集. 台中市国立台中师范学院环境教育研究所，2002
3. 王维正. 国家公园. 北京：中国林业出版社，2000. P104-117
4. http://www.72martyrs.com.cn，2006-05-20

案例思考

1. 公园解说和其他解说有什么区别？公园解说系统有哪些方面值得其他景区景点借鉴？
2. 公园解说系统还可以增加哪些功能？请您设计一个公园的解说系统。

（洪艳）

第 6 章

旅游景区景点营销渠道与整合营销

　　旅游景区景点营销渠道类型有多种，有直接渠道和间接渠道、长渠道与短渠道、宽渠道和窄渠道、单渠道与多渠道等。建立景区景点营销渠道网络（分销渠道网络）的主要目的是扩大销量。网络越大，覆盖面越广，销量也越大；但建立的成本也越高，分走的利润也越多。旅游景区景点产品生产者在选择营销渠道的类型和模式时，需要全面综合分析影响营销渠道的各种因素，主要包括景区景点产品、旅游市场、景区景点产品生产者自身状况和宏观营销环境等。一般情况下，景区吸引力大，分销网络可密集些，渠道可长一些，覆盖面可大一些。大多数情况下，景区多依赖旅行社中间商进行分销，许多教科书把旅行社作为旅游业的龙头进行阐述就是针对此而言的；其实很多情况下，特别是区域性旅游景区景点不一定依赖旅行社，甚至完全可以建立自己的营销网络。本章选取6个不同景区类型的营销渠道模式进行解析，即影视营销、宽渠道营销、会员制营销、主渠道营销、整合营销等都有各自的特色与特点，通过这些不同营销渠道模式与整合营销的案例分析，给景区景点经营者某些启示，可从中吸取某些有益的成分。

6-1 乔家大院
——影视营销

案例介绍

1. 基本情况

乔家大院是祁县乔家"在中堂"的宅院,"在中堂"是闻名海内外的商业资本家乔家第三代乔致庸的堂名。它地处山西晋中盆地,位于祁县城东北12公里处的乔家堡村,距省会太原54公里,与祁县的中华周易宫、延寿寺、九沟风景区、渠家大院、明清街巷、长裕川等景点形成一日游格局。

乔家大院始建于清乾隆二十年,后又在清同治、光绪年间及民国初年多次增修,时间虽跨越了两个世纪,却保持了建筑风格的协调一致。乔家大院占地8 724.8平方米,建筑面积3 870平方米,由6个大院20个小院共313间房屋组成。高处俯瞰,建筑整体为双喜字形布局,城堡式建筑。大院四周为全封闭式砖墙,高达10余米,上有掩身女儿墙如城墙垛口,鳞次栉比的悬山顶、歇山顶、硬山顶、卷棚顶及平面顶上,都有通道与堞墙相连。全院以一条平直甬道将6幢大院分隔两旁,院中有院,院内有园,屋屋相接。四合院、穿心院、偏心院、角道院、套院,其门窗、椽檐、阶石、栏杆等,无不造型精巧,匠心独具。院内石刻砖雕,俯仰可观,脊雕、壁雕、屏雕、栏雕应有尽有,以人物典故、花卉鸟兽、琴棋书画为题材,各具风采。

1986年，乔家大院作为北方清代民居的代表，祁县将其辟为祁县民俗博物馆正式对外开放。以俗缘、农俗、时岁节令、生活习俗、人生礼仪、商俗、陈设、民间工艺等为主题的42个展室，2 000余件展品，较系统地反映了明清时期山西晋中一带的民间风俗。乔家大院还展示了当地的晋商老街及坐商、行商经商之道。

2. 宣传促销情况

乔家大院为国家级文物保护单位，国家AAAA级景区，山西省十佳旅游景点之一。到2006年已接待国内外游客1 000万人次，有50多部电影、电视剧来大院拍摄、选景。1990年由张艺谋执导、巩俐主演、红极一时的《大红灯笼高高挂》就是在乔家大院拍摄的。2006年2月随着电视连续剧《乔家大院》在中央电视台的热播，乔家大院又不断迎来大批游客。

案例分析

乔家大院借助于影视进行景点营销成效突出。

(1) 新颖的产品设计，借助影视传播效应提高知名度。现在，山西的大院文化已经享誉国内外，当初在这类产品的设计中，最早的一家自然是祁县城外的乔家大院了。乔家大院以其建筑文化、雕饰文化、谱文化、民俗文化为产品内容，虽然设计新颖，但在20世纪80年代的知名度并不算太高，客源主要集中在省内。但是自从著名导演张艺谋迷上了乔家大院后，在这里完成了其电影巨作《大红灯笼高高挂》，并在1990年的国际电影节一举成名，乔家大院便名扬天下。

(2) 从借助拍摄背景的影视宣传，到以量身制作的电视剧创建文化品牌，提高了景点的美誉度。大院热的兴起，使山西晋中的大院增加到6处，即灵石县王家大院、太谷县曹家大院、孔祥熙宅院、榆次常家庄园、祁县渠家大院和乔家大院。如何从同质类产品的竞争中脱颖而出呢？仅靠一部和乔家历史毫无关联的电影外景拍摄是远远不够的,从《大红灯笼高高挂》到从大院走向民俗村,只是乔家大院营销特色的最初展示。尝到了影视旅游的甜头,从2003年开始,祁县政府有关部门联系影视公司打算拍摄一部以乔家大院为名称的影视剧,其内容就是讲述乔家的发家史,展示乔家诚信经商的品德,也揭示晋商所以400年来长盛不衰的原因。经过多方努力,电视剧在2004年3月开拍,在2006年初播出。

(3) 如果说是《大红灯笼高高挂》使海内外游客发现了乔家大院,那么,为乔家量身制作的电视剧《乔家大院》则赋予了"在中堂"以活的灵魂,它吸引着无数游客远道而来,兴起新一轮旅游热潮。这部讲述了乔家第三代东家乔致庸为实现"货通天下"、"汇通天下"的宏愿,与腐败的朝廷、权贵进行斗争,在商家之间以及家族内部斗智斗勇的传奇故事,深刻揭示了"诚信"、"正则通、通则大"等儒商文化内涵。

在电视剧《乔家大院》热播之前,乔家的热身活动就已经开始。2005年国庆黄金周,在乔家大院内,他们挂出了一组即将播出的电视连续剧《乔家大院》的巨幅剧照,把原来空荡荡的灰色砖墙点缀得靓丽起来。一幅幅排列在长墙上的巨幅新剧照,引人注目,成为大院文化的最新展示黄金周的6天时间,乔家大院就接待旅游者17万人次。

"旅游借势影视营销"之法的萌芽,应该肇始于1955年建成的美国迪斯尼主题公园。国外经典案例有电影《007》由于在东南亚的海滨拍摄,而使得东南亚的旅游迅速升温;《哈利·波特》上映后出现了影迷包机到拍摄地旅游的现象;韩国的一系列以韩剧为招牌的韩国主题游红红火火。在国内《末代皇帝》掀起了北京紫禁城旅游热,《红河谷》引起西藏旅游热。借助影视进行营销有一个特点:市场影响力大。因为有影视明星的轰动效应,影视媒体的传播力度大,老少皆宜的欣赏效果,景区的影视拍摄更能增加作为旅游目的地的旅游感知形象,增加客流数量,促进旅游景区和旅游接待业的发展。2003年"非典"时期,新西兰能在全球旅游业负增长的情况下逆势而上，就是得益于《指环王》的热播。电影《断背山》在2006年获得了3项奥斯卡大奖，影片中，美国怀俄明州的"断背山"壮丽迷人的西部美景取材于加拿大西南的艾伯塔省。自从电影《断背山》在全球多个国家上映后，很多人纷纷来这里寻找真正的"断背山"。艾伯塔省旅游局借机推出了一系列以"骑马、牧羊、重温牛仔历史"为主题的旅游项目，吸引了很多游客。

乔家大院的影视渠道营销，和那些人造景点的国内知名影视拍摄基地有所不同，例如浙江横店、无锡三国城、宁夏镇北堡西部影视城几乎都是人造景观。与它们相比，山西拥有真材实料原汁原味的乔家大院则是得天独厚。就像导演胡玫说的："乔家大院提供了一种非常好的氛围和舞台"。

(4) 乔家大院借助影视渠道营销的成功还在于它熟练地运用和宣传了乔家大院的本土文化。通过主人公乔致庸跌宕起伏的从商经历和人生历程，深刻而又生动地展示了晋商文化中以诚实守信为本，以见利忘义为耻，重信重义，百折不挠的精神品质，满足了人们追求高尚文化氛围的需求。与曾在山西拍摄过的众多晋商题材的影视剧相比，这部《乔家大院》显然更是高屋建瓴地阐述了晋商文化的深刻内涵，因此拥有强大的营销力量。从这部电视剧热播的2006年3月份开始，据山西祁县民俗博物馆(即乔家大院)副馆长段宣针介绍，来大院的游客增长300%，达4万多人，而往年3、4月份仅为1万多人。2006年"五一"黄金周，大院单日接待人数超过8万，7天的门票收入达420万，比2005年5月全月的门票收入还多出180万。据大院王馆长和乔家第七代传人乔燕和介绍，作为国家AAAA级旅游景区，乔家大院每年都会迎来50万名中外游客。目前，门票是每人40元，加上在乔家大院宾馆吃住并在院内购买纪念品，来这里的旅游者人均消费一般在200元左右。乔家大院每年的旅游收入在1亿元左右。

案例启示

晋商是中国商业、金融史上的奇迹；乔家的发达，是晋商创业史上的奇迹；乔家双喜字的大院，是北方民居建筑的奇迹；乔家大院名扬四海，游人如织，"日进斗金"是当代中国文化旅游发展中的奇迹。这个借助影视渠道营销的成功案例或许给我们一些启迪。

四川师范大学教授蔡文曾撰文："影视营销的方法，一是拍摄前与影视制作者协议开展合作，二是拍摄过程中和上映后将景点与影视进行联合宣传，三是精心设计影视旅游产品内容。"由此看来，乔家大院在前两个方面做得不错，但在第三个方面还需要进一步努力。

资料来源

1. 杨建峰，李东岗. 背囊走天下（山西卷）. 北京：中国建筑工业出版社，2003
2. 山西旅游局. 走遍山西. 北京：旅游教育出版社，2002
3. 冯迪.《乔家大院》《康熙王朝》拍红山西旅游半边天. 三晋都市报，2006-02-28
4. 李彬. 一部《乔家大院》一座新的里程碑. 山西经济日报，2006-03-06
5. 中央电视台"经济信息联播".《乔家大院》荧屏热播带火乔家大院旅游. http://www.ent.sina.com.cn，2006-04-03

案例思考

1. 由于祁县离太原只有几十公里，再加上乔家大院目前旅游配套设施不足，来祁县旅游的游客只是白天参观大院，不少游客干脆回到了太原，这对祁县旅游产业来说，是一个不小的损失。你认为，对于乔家大院来说,借助影视渠道营销还应当设计哪些旅游配套设施和旅游活动项目?

2.旅游景区在借助影视营销渠道营销时应注意哪些方面?

(刘海鸿)

6-2 顺德陈村花卉世界
——宽渠道营销走出中国,走向世界

案例介绍

1.基本情况

陈村花卉世界坐落于素有"千年花乡"美誉的顺德市陈村镇,交通便利,距广州20分钟车程,距顺德市区25分钟,距佛山仅几分钟。总占地面积10 000亩,1998年3月动工兴建以来,吸引了海内外来自美国、法国、韩国、泰国、菲律宾、新加坡及我国的香港、澳门、台湾及大陆的14个省市、自治区的283家花卉企业在此设立花卉的生产、开发、销售的机构。花卉世界已成为国内最大的花卉种植基地和花卉交易市场之一,年花卉交易额超过10亿元人民币,是一个集生产、销售、科研、信息、展览、旅游六大功能于一体的花卉交易中心。

陈村花卉世界整个布局和设施都以花卉为主题,以农业观光、购花赏花、休闲娱乐和科普教育为内容,营造景观景点,供游人观赏、休闲。

2. 宣传促销及市场销售

经过几年的建设和经营，陈村花卉世界已成为顺德十大旅游景点之一、被确定为国家星火计划项目、全国农业产业化重点龙头企业、全国重点花卉市场、中国花木之乡、广东省农业现代化示范区、广东省农业龙头企业和广东省高新农业旅游项目。

1981年，首届顺德花市在陈村举办，拉开了陈村花卉产业化发展的序幕。1999年举办广东省首届花卉展销会。2000年举办了第一届陈村花卉世界国际兰花博览会和第十六届陈村迎春花市活动；2001年举办第二届陈村花卉世界国际兰花博览会和第十七届陈村迎春花市活动。特别是2001年举办的"第五届中国花卉博览会"，是目前国内规模最大、水平最高的花事盛会。全国31个省、自治区、直辖市和台湾、香港、澳门均派团参加，接待了20个国家的政府代表团，海内外参展的花卉企业和机构达500多家，10天内接待游客达108万人，日游客量最多突破15万人。据不完全统计，花博会期间的新闻作品多达2 000余篇、近200万字，创历届中国花博会之最。2002年举办"全国首届牡丹花展"与第十八届陈村迎春花市。2003年的"首届国际盆景雅石博览会"、2004年的"中国国际盆栽植物展览会"、"2005中国国际植物展览会"、"2006中国（陈村）国际盆景赏石博览会"等均盛况空前。

案例分析

陈村花卉世界在同类型的旅游地竞争中长期立于不败之地，其原因主要有：

（1）旅游创新打造品牌。陈村花卉世界在旅游创新中，选择了举办展览作为突破点，紧紧围绕展览进行创新，以不断提升的"展览"档次和影响力来推广陈村花卉的整体形象，塑造"千年花乡"、"世界花卉之都"的旅游品牌。陈村花卉世界自1998年3月创建起，在创建不到一周年的时间就成功举办了广东省首届花卉展销会，2001年的"第五届中国花卉博览会"，众多项目创历届中国花博会之最。2004年的"中国国际盆栽植物展览会"，汇集了来自荷兰、德国、日本、韩国、泰国等国家和我国台湾、香港地区及内地31个省、市、区的200多家著名花卉企业参展，吸引了2万多名专业观众到场，总成交金额达到了3.81亿元人民币。此次展会成为中国花卉业与世界花卉业交流的一次盛会，也就是通过这次展览会，首次参加陈村花展的德国埃森展览有限公司有关负责人最终决定，与陈村花卉世界有限公司正式签署合作办展协议，于2005年12月在陈村花卉世界举办"2005中国国际植物展览会"。

"2006中国（陈村）国际盆景赏石博览会"，这是中国大陆首次举办的全球性盆景赏石展览会，标志着中国的盆景赏石艺术正式跨上国际舞台。展览会不仅让陈村花卉世界品牌大幅提升，而且让陈村花卉世界走出中国，走向世界。

（2）统一品牌，多元发展。陈村花卉世界是一个集生产、销售、科研、信息、展览、旅游六大功能于一体的花卉交易中心。花卉世界进场经营的商家主要是从事花卉的生产和批发的企业，也有科研机构和进出口公司。陈村花卉世界将这些众多企业纳入陈村花卉世界这一统一品牌下经营发展，靠花卉生产、科研及销售企业支撑品牌，靠办专业展览和旅游提升品牌。同时，陈村花卉世界品牌正以"花"为核心，逐渐向"花"的外围拓展，走多元发展之路。2000年和2001年分别举办了第一、二届国际兰花博览会，2002年举办了"全国首届牡丹花展"，2003年举办了"首届国际盆景雅石博览会"，2004年举办了"中国国际盆栽植物展览会"，"2006中国（陈村）国际盆景赏石博览会"更是盛况空前。陈村花卉世界的未来规划继续以花为媒大力发展文化产业，包括玉石加工、珠宝、古玩及文化旅游产业。

(3) 宽渠道、多渠道营销推广品牌，让陈村花卉世界走出中国，走向世界。陈村花卉世界在市场营销渠道的选择上采用了多层次、宽渠道以及多渠道的密集分销策略。如利用互联网和定期举办专业展会，为花卉业者和旅游者提供展示和信息交流的平台；自办刊物《花卉世界快讯》为进场的花卉经营机构架起与世界沟通的桥梁，同时花卉世界与国内外重点花卉科研院所及高校建立技术开发协作体系，开展科研项目的委托开发、成果推广等业务。2001年9月，陈村花卉世界在政府的大力支持下，举办了"第五届中国花卉博览会"。陈村花卉世界还以完善的配套设施和优质的服务吸引了300多家海内外花卉企业进驻经营。其中来自美国、法国、澳大利亚、新加坡、韩国、日本等国家和我国的香港、澳门、台湾地区的著名花卉企业占30%，外省的占30%，省内的占40%，引入资金近7亿元，实施了"科技兴花、建立大基地、发展大生产、搞活大流通"的花卉产业化战略。陈村花卉世界的赏花、观花、散客购花的游客主要通过旅行社销售和直接销售的方式，每年有几十家旅行社定点组团前来观光、购物。

案例启示

(1) 旅游创新、旅游主题形象构建与传播的形式可以多种多样，关键是选准突破口。陈村花卉世界以举办展览会作为突破口，收到事半功倍的效果。(2) 节事活动在旅游地形象传播中作用强大。节事活动作为特殊的旅游产品与其他旅游产品迥然不同的是，它不仅是旅游地的特殊吸引物，更重要的是它能在较长时间内引起公众的关注，甚至可以在一段时间内成为公众注目的焦点，这会使旅游地的形象得以迅速提升。(3) 宽渠道、多渠道的营销策略选择使陈村花卉世界品牌得到全方位的营销推广，迅速提高市场的认知度和知名度，让陈村花卉世界得以走出中国，走向世界。

资料来源

1. 李凡. 陈村花卉世界旅游发展总体规划. 佛山科学技术学院旅游与资源环境系旅游开发与规划研究中心, 2002. 7
2. 李欣, 马强. 陈村成功举办国际盆景赏石博览会. http://www.china-flower.com, 2006-05-16

案例思考

1. 从旅游创新的角度分析陈村花卉世界成功的因素及对主题公园及工农业观光园类型旅游地发展有哪些借鉴。
2. 结合营销渠道选择的原则,思考旅游景区如何选择有效的营销渠道。

(肇博)

6-3 顺德长鹿休闲农庄
——"会员制"营销稳定客源

案例介绍

1. 基本情况

长鹿休闲农庄由广东长鹿集团于 2001 年投资兴建,位于顺德伦教三洲,毗邻珠江干流,占地 40 万平方米,预计总投资 3.75 亿元,现有员工 500 多人，是一家集休闲度假、户外运动为一体的主题农庄，经过 4 年的不断完善和发展，已成为广东最受欢迎的大型休闲度假酒店和旅游景点之一，是休闲、旅游、娱乐、会议、度假的好去处，更是团队拓展训练、踏青、秋游、素质教育的理想基地。

2. 产品生产

农庄以极具岭南特色的果蔬种植、水产及禽畜养殖为主，以休闲度假、运动娱乐为辅。庄内有岭南农家、农具展示、农家灶房、农家三绝、蘑菇房、养蚕房、豆腐坊、酿酒坊、土法榨油坊、榨蔗坊、陶乐居、乡村酒吧、奇幻屋、墨宝斋、农展馆、动植物园等观赏项目和其他景观。主要娱乐项目有垂钓、六大表演、小河捉鱼、游艇、摩托艇、竹排、水上滑板、香蕉船、历险浮桥、禾田攀爬、IQ 迷宫、儿童水上乐园、儿童沙池游乐区、小人国、山兜游、野炊烧烤等。

在未来几年内，长鹿休闲农庄将在三期、四期、五期兴建总统别墅、行政商务会议中心、高尔夫球练习场、更高级餐饮、娱乐等高端客户服务配套场所。此外，建立高科技农业种植园和养殖场等生态农业设施，把长鹿休闲农庄建设成为标准化、国际化的生态休闲农庄。

3. 市场拓展

主要依托珠江三角洲地区的旅行社中间商以及企业自己建立的会员制的推广和零售，市场增长稳定。

案例分析

长鹿休闲农庄取得今天的成就，主要有以下几点：

1. 会员制的推广

顺德是新兴经济强区，区内拥有碧桂园等多处高档房地产项目。同时，多家大型企业的存在，也给农庄的发展带来了优越的基础。另外，地处中山、顺德、东莞等地交界的区位条件，给农庄的营销带来了巨大的潜力。因此，长鹿休闲农庄一开始就致力于会员制的推广，以周边住区居民为依托，将目光瞄准珠三角中高端市场，量身定做，做到因人而异，因时而异，为每个会员提供贴心式尊贵服务，并为会员提供了一系列优惠政策和措施。农庄以周到的服务和优良的组织协调，为会员创建和谐友睦、丰富多彩的大家庭生活环境。通过不断开拓，目前已拥有了较大的会员群体，平时大众旅游与高峰期会员制的有机结合，较好地解决了景区高峰与低谷的接待量困扰。

2．挖掘文化内涵

根据中国特别是粤港澳地区居民对风水学的崇拜，农庄选址山环水绕，四周绿草茵茵，全貌以风水学中阴阳图案为构形，导入生殖图腾文化，意蕴"天地之灵气，洞天之福地"，对游客产生较大的吸引力；以岭南水乡风情临水建筑为原型，从返璞归真、回归自然出发，营造出有层次、有情趣、有历史文化内涵的农庄、古树、老井、菜园、小桥、流水、人家、原始手工作坊，凸显出中国传统的农庄文化。

3．传统农庄与现代生活巧妙结合

长鹿休闲农庄把厚重的岭南文化演绎得淋漓尽致的同时，还将临水而建的豪华超五星级客房、古朴雅致的中餐厅、浪漫温馨的水底船餐厅、茶座、歌舞厅、舞台表演、蒸汽浴、桑拿浴、水疗、游泳池、中药温泉池、多个足球场、网球场、专业训练跑道、乒乓球室、桌球室、羽毛球场、大型室内外游乐场、网吧等现代文明的一切元素恰到好处的展现出来。

案例启示

长鹿农庄深入挖掘岭南传统文化，结合周边生活习俗和经济、社会发展层次，促进传统文化内涵与现代生活方式的紧密结合，赋予传统文化以现代生命力，并根据市场的不断发展变化，及时制定相应产品开发策略和会员制市场拓展策略,从而保证企业能够长盛不衰和发展壮大。

资料来源

1. http://www.radiofoshan.com.cn/dlzz,2003-09-27
2. 广东省旅游发展研究中心. 顺德区旅游发展总体规划(2004-2015),2004.2

案例思考

请说说会员制营销模式对长鹿农庄的作用。

(欧阳昭洪 邹义荣)

6-4 通辽市大青沟自然保护区
——宽渠道、多层次推进的营销策略

案例介绍

1. 基本情况

内蒙古大青沟国家级自然保护区位于内蒙古通辽市科尔沁左翼后旗境内,面积8 183公顷,东、西两条各长10公里的大沟呈"人"字形交叉,沟宽200多米,深100余米。沟内生长着茂盛的原始次生林,繁衍、栖息着种类繁多的野生动物和森林益鸟。在沟底,有2 000多

处泉眼汇集成大、小青沟两条溪流，常年流滴。这里气候湿润，冬暖夏凉，层林叠翠，溪水淙淙，与沟外干旱少雨、气候炎热形成鲜明的对比，被人们称为"沙地九寨沟"。1980年经内蒙古自治区人民政府批准建立，1988年晋升为国家级自然保护区，主要保护对象为干旱地区珍贵阔叶林。

内蒙古大青沟国家级自然保护区距通辽市70余公里，距沈阳市220公里。旅游开发前，大青沟自然保护区以其独特的地形、地貌和丰富的动植物资源主要吸引着一些专家、学者前来从事科学研究，普通游客很少。1993年由沈阳园林国际旅行社投资近100万元进行旅游开发。1993年4月开始建设，当年8月投入运营。当时修建了青沟远眺、小青湖和三岔口等三大游览景区，每个景区又依据环境状况建有十几个自然或人工景点和游览道路，并修建了招待所、餐厅、骑马场、射箭场、蒙古名人蜡像馆、三岔口漂流等娱乐服务设施。

2. 宣传促销及成效

内蒙古大青沟国家级自然保护区的开发定位：以独特的自然景观和丰富的蒙古族文化吸引大城市游客。沈阳园林国际旅行社在沈阳市和通辽市等附近的大城市进行了大量的宣传促销活动。如邀请几个城市的旅行社总经理前来考察，并提供各旅行社以优惠门票价格，充分利用了各家旅行社在当地的宣传和带动作用；同时组织沈阳、通辽两大城市的媒体记者来内蒙古大青沟国家级自然保护区免费游览，使他们充分了解大青沟的奇特景观和道路交通、食宿等接待条件，借助媒体进行宣传，提高了内蒙古大青沟的知名度。大青沟国家级自然保护区也被评为内蒙古通辽市优秀旅游景区。2005年被国家旅游局认定为AAAA级旅游风景区。

3. 市场销售情况

内蒙古大青沟国家级自然保护区在1993年旅游开发之前，主要靠国家拨款和生产销售一些苗木维持，由于收入有限，很多职工常常半年、十个月开不出工资，靠在保护区内种地生活。当时也有一些人慕名来旅游，全年旅游收入不到 1 万元。旅游开发之后前两年，游客上升至 2～3 万人次，年旅游收入超过 20 万元，1996～1998 年更是节节攀升，很快达到年接待游客 10 万人次，年旅游收入突破了 100 万元。到 2001 年，年接待游客多达 30 万人次以上，年收入也超过 300 万元。

案例分析

内蒙古大青沟国家级自然保护区的旅游开发是一个非常成功的案例，其成功之处在于：

1. 根据市场需求设计产品

产品设计以旅游者的兴趣、爱好为出发点，以满足游客的需求、旅游消费潮流为原则，生产出具有鲜明特色的旅游时尚产品。如在风景区的开发中，紧紧地抓住了大青沟奇特地貌和自然景观以及蒙古族民族文化两大特色，较早开发了游客参与性较强的沟底溪流的漂流活动，使游客既参与了没有危险，充满趣味、刺激的漂流，又沿途观览了大青沟沟底的自然景观，取得了非常好的社会效益和经济效益。在开发蒙古族民俗文化旅游方面也做足了文章。既修建了极富民族特色的"蒙古族名人蜡像馆"、蒙古包等，又开发了骑马、射箭、滑沙等民族特色的参与性活动。每天晚上的"篝火晚会"像节日一样，游人和着蒙古族姑娘的歌声围绕篝火集体跳蒙古族"安代舞"，让旅游活动达到高潮。

2. 投资小，见效大，建设周期短

在景区的建设上因地制宜，充分利用原有的房屋设施，进行改造建设。比如在接待游客食宿的旅店和餐厅建设上，利用原有的保护区的机关食堂房屋设施改建，这样就在投入资金不大的情况下，顺利解决了游客就餐和住宿问题。从开始建设到投入运营只用了 4

个月的时间。

3. 宽渠道营销

大青沟国家级自然保护区开发设计的产品是大众旅游产品，其位置处在沈阳、大连、通辽、阜新、本溪、鞍山等大城市3～4小时可以到达的车程之内，因此这些大城市的市民成为其客源目标市场，这一目标市场非常广阔，而且内部没有区分，这就需要采用宽渠道（密集分销）策略，充分利用中间商加大市场覆盖面，增加顾客接触率。从而高效率地将产品分销至目标消费者。大青沟国家级自然保护区在上述几个城市中广泛与旅行社接触，将其一日游、两日游产品通过旅行社销售给广大消费者，与沈阳及周边地区百余家旅行社签订合作协议。

4. 多层次推进策略

第一层次：宣传造势。一个新产品上市如果没有宣传造势，不投入大力度的广告，或不采用多途径的媒体整合宣传是难以实现品牌信息全面覆盖的。这种传播活动不仅是要提高消费者对产品的认知度，而且也是对各级分销渠道成员的支持。大青沟国家级自然保护区进行旅游开发之初，沈阳园林国际旅行社在沈阳市和通辽市等附近的大城市进行了大量的宣传促销活动。如组织沈阳、通辽两大城市的媒体记者来内蒙古大青沟国家级自然保护区免费游览，使他们充分了解大青沟的奇特景观和道路交通、食宿等接待条件，借助媒体进行宣传，提高了内蒙古大青沟的知名度。

第二层次：市场的成功突破。通过从认识到现实的利益诱惑，进一步树立起分销成员对该产品的信心。如大青沟国家级自然保护区在这一过程中曾邀请沈阳及周边城市的多家旅行社总经理前往考察，并提供给各旅行社以优惠门票价格，充分利用了各家旅行社在当地的宣传和带动作用，成功实现市场突破。1995年，游客达到3万人次，1998年游客上升到10余万人次。

第三层次：分销渠道跟进及系统维护。在分销跟进中，网络得到加强，销量得到巩固，信息得到反馈，销售系统在分销跟进中得到健康发展，完成了由点到面的突破。2001年大青沟国家级自然保护区游客接待量达30余万人次，实现旅游收入300余万元。2006年6月1日至4日，大青沟国家级自然保护区在通辽市旅游局组织下赴沈阳、大连两地进一步开展宣传促销活动，进行分销渠道的跟进。在沈阳市和大连市分别举办了通辽旅游景区推介会，沈阳、大连100余家组团强社与两地的日报、晚报等新闻媒体的记者近百人参加。推介会上与各大旅行社明确了优惠政策，介绍了产品的亮点，在此基础上与沈阳及周边地区旅行社签订协议100多份，较好地实现了分销渠道的跟进和系统维护。

案例启示

（1）根据产品特征选择营销渠道。内蒙古大青沟国家级自然保护区开发设计的是生态休闲旅游产品，这是体现当代旅游消费时尚的大众旅游产品，这一旅游产品的客源市场巨大，适宜采用宽渠道营销策略。

（2）新产品进入市场需要消费者认知，在消费者认知前首先需要分销渠道成员的认知，并由此产生对该产品的信心。大青沟国家级自然保护区邀请旅行社老总考察景区，就是认知、促进销售的过程。

（3）宣传造势和利益诉求相结合。在宣传造势中要对各级分销渠道成员提供合理的价差和激励政策的利益诱惑。

资料来源

1. 沈阳园林国际旅行社
2. 杨茂2006年5月的调查、访问

案例思考

结合旅游地营销渠道策略的相关知识及大青沟国家级自然保护区旅游产品的特点，思考内蒙古大青沟国家级自然保护区应如何进行多渠道营销？

（杨茂）

6-5 舟山市朱家尖岛风景区
——主渠道营销掀起海洋旅游热潮

案例介绍

1. 基本情况

朱家尖是舟山群岛的第五大岛，全岛面积 72 平方公里，与"海天佛国"普陀山并称为普陀山国家级重点风景名胜区。朱家尖地理位置优越，交通十分便利。位于朱家尖西北部的舟山民航机场已开通北京、上海、南京、厦门、晋江、济南、汕头等 10 多条航线；北与普陀山相距 1.35 海里，从普陀山乘快艇 5 分钟就可抵达朱家尖；西与世界著名四大渔港之一沈家门渔港相距只有 1 公里，一座跨海大桥把朱家尖与沈家门（以及整个舟山本岛）连接在一起，从杭州、上海、宁波等陆路来的游客可以直接驱车进入朱家尖。朱家尖是舟山群岛核心旅游区域"普陀旅游金三角"的重要组成部分。

舟山旅游一直以来以海天佛国普陀山而闻名，普陀山也已成为国内著名的旅游目的地之一。上世纪80年代末，舟山市把旅游业发展作为海洋经济发展新的增长点，把有着得天独厚的地理和资源优势的朱家尖列为重点旅游开发区。朱家尖旅游以海岛海洋自然风光为主，受季节性影响大，淡旺季明显。1999年，为延长朱家尖景区的旅游季节，丰富旅游内容，舟山市人民政府决定利用朱家尖特有的沙滩优势，确立"以沙办节、以节促旅、以旅活市"的办节思路，由国际沙雕协会授权举办中国舟山国际沙雕节，使风靡全球的热门海滨旅游项目——沙雕在中国落地生根，确立了舟山沙雕在国内沙雕艺术领域的首创地位。

2. 宣传促销及市场销售

舟山普陀区每年投入200多万元，用于沙雕节的宣传促销，有步骤地在各地电视台、广播电台、报纸等大众传媒上进行宣传。同时，与众多旅行社合作，推出朱家尖海洋精品线路，通过旅游集散中心开发散客自助游等方式，强化公众对沙雕节及朱家尖旅游的心理定位。朱家尖旅游也借沙雕节之势迅速成长。2004年被评为浙江省"最佳旅游度假胜地"和国家AAAA级重点风景名胜区。

1998年，朱家尖旅游接待量为42.8万人次，景区收入204万元。2001年增加到92万人次，2002年朱家尖旅游人数达到106万人次，2003年旅游接待人数达120万人次，实现门票收入、经营收入1 200万元；2004年旅游接待人数139万人次，2005年旅游接待人数达147万人次，同比增长5.8%，带动以旅游业为主体的第三产业收入6.3亿元。

案例分析

朱家尖海洋旅游热潮不断升温的原因主要有：

1. 大力宣传，引导消费

高强度、多方位、大规模的媒体宣传，引起广泛的社会关注，旅游景区在借势效应作用下成为公众瞩目的焦点，由此引导消费。如朱家尖管委会积极与各长三角城市群媒体联手，制作系列的旅游专题节目，在各地电视台、广播电台、报纸等大众传媒上进行定期、定时发布、播放。此外，还制作发布户外固定的、长期的大型形象广告及流动车身广告、布幅广告等，并举办具有一定社会意义、良好时间效应的公关促销活动等。每年在北京、上海、杭州等大城市召开沙雕节新闻发布会，派大型促销团赴杭州、宁波、绍兴、温州、台州、上海、南京、合肥等地进行"沙雕故乡、度假天堂"的旅游推介，使舟山沙雕深入人心，推动了华东地区朱家尖海洋旅游热。

2. 全面构建营销网络，重点突破旅行社主渠道和长三角主客源市场

首先在舟山地接旅行社中选择 28 家作为签约旅行社，其次率团到上海、杭州、绍兴、宁波等主要旅游客源地进行面对面沟通式促销，将景点与餐馆、宾馆等旅游产品进行组合推介，采取对签订销售协议的旅行社实行门票优惠等措施，与主要旅游客源地的 150 家旅行社签约建立旅游营销合作关系，由此铺设朱家尖旅游覆盖面较大的销售网络。再次到温州、台州、宁波、杭州、上海、南京、合肥等地，专题促销沙雕节和旺季海滨旅游，向 240 家旅行社推介朱家尖旅游产品，商谈组团旅游合作意向。最后，邀请 105 名媒体记者报道沙雕节和旺季海滨旅游，推动了华东地区朱家尖海洋旅游热潮。

除了大力建设营销网络，朱家尖还积极开发散客自助游，与舟山旅游集散中心总站合作，在朱家尖大洞岙城区设立旅游服务中心，集中调配大洞岙城区的各宾馆、旅馆，组合捆绑车票、景区联票和住宿费，在上海和杭州旅游集散中心设立朱家尖旅游专线。从 5 月下旬至 10 月初，上海旅游集散中心的上海万人体育馆和黄浦集散中

心组织的散客自助游每天发车 8 班；杭州旅游集散中心的黄龙体育中心和吴山广场每天发 4 班到朱家尖的旅游专车，为朱家尖日输送游客 800 多人次。此外，还以销售促进的方式力推学生市场。以旅行社、酒店和大学团委、学生会作为朱家尖的产品咨询联系点，由此铺设一张朱家尖旅游产品的"销售网"，建立了一个覆盖面较大的销售网络。

采用全面建设、重点突破的营销渠道策略，使朱家尖客源出现了全新的变化。2005 年仅杭州、上海两市就有百余家旅行社联动推介朱家尖旅游，将朱家尖二日游和普陀山朱家尖三日游、朱家尖桃花岛二日游等列入海洋精品线路，上海大众国际旅行社推出的普陀山、宁波、朱家尖三日汽车游，在市场上十分叫座。上海热线网是上海地区最大的城域信息网，每天访问人次在 50 万，上海浩洲等 40 家主要旅行社携手在上海热线网推出上海到朱家尖四日游"散客天天接"产品。杭州各大旅行社在《青年时报》上把朱家尖二日游、朱家尖露营二日游和朱家尖·桃花岛·沈家门二日游、普陀山·朱家尖·桃花岛金三角三日游列入杭州精品线路"天天接"。不仅在华东，就连地处北京拥有 10 多个门市部的中国国际旅行社总社，从 2005 年 4 月也推出包括朱家尖在内的普陀旅游新品，北京新大都国际旅行社则开辟普陀山、朱家尖、沈家门双飞四日游。2005 年第七届沙雕节开幕以来 1 个月，旅行团组织的团队游客达 4.8 万名，团队游客占接待游客量的比重较去年同期提升了近 20 个百分点。其中 300 人以上的大型团有 50 多批次，旅行社组团购单票净增 2 万名，购联票净增 1 万名，净增门票收入达 180 万元。其中，签约旅行社占旅行社组团量 94.4%，杭州方向组团量占朱家尖团队游客的 1/3。2006 年"五一"黄金周期间，朱家尖游客量近 8 万人次，单是门票收入就达 133.52 万元，同比分别增长 11.15% 和 32.78%。

案例启示

(1) 节庆活动是旅游宣传促销的重要手段。沙雕节是中国海滨独树一帜的旅游节庆，朱家尖借助沙雕节开展的营销活动，可提高新闻媒体关注度，增强宣传的穿透力。

(2) 在广泛铺设营销网络，建立多渠道营销系统的同时要注重选择主渠道和主客源市场进行重点突破。朱家尖以旅行社作为重点突破的营销主渠道，以长三角地区作为主要客源市场，进行密集分销，利用有限资源迅速提高和扩大市场的认知度和占有率，收到良好的营销效果。

资料来源

1. 朱家尖景区简介. http://www.tourzj.com/mudidi/jingdian，2006.6
2. 点沙成金，中国舟山国际沙雕节积聚三大效应. http://www.zhujiajian.net，2005-10-18
3. 何孟辑. 朱家尖多元化整合营销，展现"沙雕故乡度假天堂"形象. http://www.putuo-tour.gov.cn，2005-12-01

案例思考

结合市场营销渠道策略的相关知识，分析旅游景区选择营销渠道时应考虑哪些因素？如何选择主渠道进行营销？

（肇博）

6-6 杭州"宋城"主题公园
——整合营销的启示

案例介绍

1. 基本情况

杭州宋城旅游景区位于西湖风景区西南,北依五云山,南濒钱塘江,是中国最大的宋文化主题公园,由杭州世界城宋城置业有限公司投资兴建。宋代(公元960—1279年)是中国封建社会发展成熟的朝代,其经济、科技、文化的发展在当时居世界领先地位。宋城就是反映两宋文化内涵的杭州第一个主题公园,它主要分为:"清明上河图"再现区、九龙广场区、宋城广场区、仙山琼阁区、南宋风情苑区等部分。

宋城是两宋文化在西子湖畔的自然融合,也使杭州宋文化旅游得到了定位。宋城旅游景区的建设运用了现实主义、浪漫主义、功能主义相结合的造园手法,源于历史、高于历史,依据宋代杰出画家张择端的"清明上河图"画卷,严格按照宋代营造法工再现了宋代都市的繁华景象。在景观上创造了一个有层次、有韵味、有节奏、有历史深沉感的游历空间。在借鉴中国传统山水园林艺术手法的基础上,吸取了西方建筑注重功能的艺术处理手法,使之既有"清明上河图"再现区的古朴、凝重、严谨,又有景观的包容性和冲击力,同时也保证了九龙广场、城楼广场、宋城广场轴线式大人流的集散功能。斗拱飞檐，车水马龙，折射出浓郁的古宋风情。规模宏大的瀛州飞瀑，营造出一个疑幻似真的传奇氛围，使悠古的宋城融进了一股生命的动感，构成了一幅宋城之水天上来的奇景。

2．营销

宋城集团的营销模式是具有现代经营理念的"整合营销"。整合营销的信息的横向传播，用"沟通"来取代"促销"，使产品反映消费者的需求。在实施过程中，注重不同传播工具及手段优势的整合，降低企业宣传成本，使企业的价值形象与信息在最短的时间内传达给消费者。

宋城的整合营销效益十分明显，宋城景区投入 4 年接待游客 700 万人次，3 年内，收回全部投资。2000 年"五一"黄金周，宋城集团所属景区接待游客 42 万人次，门票收入 2 200 万元，首次超过西湖景区，占杭州旅游总收入的 40%，开创了杭州及浙江旅游的新格局。

案例分析

文化是宋城的灵魂，它在表现自然山水美、园林建筑美、民俗风情美、社会人文美、文化艺术美上作了自己的探索。它模糊了时空概念，缩短了时空距离。宋城是我们对中国古代文化的一种追忆与表述，它应该成为一座寓教于乐的历史之城。

在国外，大型人文主题公园也属于文化娱乐业。投资文化旅游业的基础是对文化资源的开发。文化资源开发的目的是实现文化资源商品化，也就是使潜在的文化资源成为可供大众消费的文化产品。宋城的成功，关键在于用产业化的思路对文化资源进行有效的商品开发。

1．"建筑为形、文化为魂"

宋城提出"建筑为形、文化为魂"，体现了文化产品注重内在文化价值的原则。人们购买文化产品，主要是消费其蕴涵的观念形态的文化价值。"建筑为形，文化为魂"既强调了文化产品的物化形态，更重视产品的内在价值，神形兼备，是物化形态与观念形态的有机统一。

宋城景区是依据宋代著名画家张择端的《清明上河图》建成的。成千上万块青砖砌成的城墙，泛着青光的市井里弄的石板路、"巨木虚架桥无柱"的虹桥、承载情感的月老祠、仿宋的小吃一条街，都严格按图施工，把千年前宋代街市逼真地再现在游客面前。

宋城的文化是鲜活的，令人亲近的。从每天清晨，大宋皇帝在文武百官簇拥下欢迎第一批游客的入城式，到晚上的大型歌舞《宋代千古情》；从街中的打铁、刺绣、弹棉花、磨豆腐、耍猴、皮影等，到开封盘鼓、杨志卖刀、王员外招亲、水浒好汉劫法场，构成了活生生的宋代风俗场景，使《清明上河图》穿越时空，栩栩如生地展现在游客面前。

文化产业的兴起是大众文化产业化发展的结果。以人文主题公园的形式把宋城文化再现在游客面前，使历史文化以生动活泼的形式与今天的游客对话，这是文化资源商品化的产物，是符合大众文化的特点的。

2．追求个性、讲求品质

对旅游市场来说，人文主题公园就是一个商品，而品牌是一种商品的标志，品牌需要精心打造。宋城的目标是铸造中国旅游休闲业第一品牌。宋城集团在开发建设主题公园时，十分重视景区的品质。文化品格是景区品质的生命，宋城根据每个景区人文资源的不同，为每个景区确定一个明确的主题，使之具有独特的个性。如宋城的"怀古寻根"、杭州乐园的"度假休闲"、山里人家的"耕、读、渔、樵"、龙泉山公园的"生态休闲"、中国渔村的"渔村文化"。这些景区蕴涵的文化个性，成为景区文化品格的保证。

宋城集团建造杭州乐园时注重主题公园的精心设计、精心施工、精心管理。用8个月建设,而论证规划用了3年,开园后1年内,又投入2 000万元进行整改。集团要求每年用于整改的支出不得低于营业收入的10%,宋城景区开业6年经济效益良好。精心施工、精心管理体现在对细节的重视,甚至景区的每一棵树的位置、每一盏灯的摆放都要再三推敲,不能马虎。

2000年,宋城景区成为中国首批通过AAAA质量等级评定的景区,也是浙江唯一入选的人文主题公园。

3. 整合营销、集约竞争

营销是宋城集团品牌经营的重要环节。宋城的营销模式是"统一策划、统一营销、统分结合、相互分工"。

(1) 整个公司的广告策划与营销由集团公司统一管理,旅游公司、广告公司大力协作,六大景区整体推出,以提高旅游产品在市场的整体竞争力。

(2) 以鲜明的文化个性作为产品宣传口号,满足消费者需求的价值取向。"给我一天,还你千年",这个宣传口号既表达了宋城景区以千年文化为主线,怀古寻根的主题,又显示出企业的一种营销理念,即对消费者的承诺和对自己产品的信心。通过中央电视台等传媒及户外广告的整体宣传,已广为人知。

(3) 以杭州旅游市场为核心,以上海及华东地区为目标,积极扩大在"西湖一日游"市场中的占有率,在华东建立500家旅行社的委托代理网络,使长期客户占游客量的50%以上。

(4) 注重企业公共关系,组织各种有冲击力的社会公关活动。为开辟上海市场,组织"暑期乐,杭州新景亲子游",请100户上海家庭免费到杭州游宋城。该活动共收到15万封上海人来信,企业在上海产生了巨大的亲和力;与政府有关部门积极合作,举办各种大型文化艺术及会展活动,扩大影响,提升公众注意力。

(5) 把在景区举办各种大型节庆活动和文体竞赛作为营销的重

要手段。通过举办活动既更新了景区文化活动，丰富了文化内涵，活动本身也成为吸引游客的一大亮点。杭州乐园 2001 年 5 月 1 日举办的"200 万寻宝大行动"，3 天内吸引游客 20 万人次；2001 年 10 月宋城火把节、杭州乐园狂欢节，分别吸引 15 万人次和 22 万人次的游客。

案例启示

对文化资源的有效商品开发是文化产业区别主要依赖自然资源的第一、第二产业的独特之处。美国著名学者杰里米·里夫金认为，"经过了数百年将有形资源转变成财产形式的工业产品之后，如今创造财富的主要手段是将文化资源转变成需要付钱的个人经历和娱乐了"。

宋城作为文化主题公园，在"文化资源商品化"的过程中，经营者已经越来越重视"旅游者的消费需求"，利用现代化的信息技术建立游客信息管理数据库以及建立游客咨询中心，以此来与旅游者进行"一对一"的沟通，重视建立旅游地的品牌形象在经营中的重要作用。"宋城"根据自身主题公园的特点，在统一传达"千年文化，怀古寻根"这样一个形象主题的基础上，针对不同目标市场旅游者的消费特点，采取不同的媒体组合、不同的广告诉求点，将景区资源与旅游者、公园经营成本、方便和景区间的沟通进行了有效整合。以旅游者为中心，综合协调地使用各种形式的传播方式，以统一的目标和统一的传播形象，传递一致的商品信息，实现与旅游者的双向沟通，迅速树立"宋城"旅游产品品牌在旅游者心目中的地位，建立品牌与旅游者长期密切的关系。强调以"旅游者想要什么"为中心，要求主题公园内不同部门、不同人员从各自不同角度与顾客沟通时有统一口径、统一的品牌个性、统一的顾客利益点和统一的销售创意，形成集中的"宋城"品牌冲击力，通过不同的渠道进行系统的旅游者信息反馈，进而动态性调整促销。

资料来源

1. 约翰·斯沃布鲁克，张文译. 景点开发与管理. 北京：中国旅游出版社，121-124
2. 杭州宋城简介. http://www.hz-zj.com，2006-06-12
3. 杭州宋城成功剖析. http://www.ks178.com，2006-05-12
4. 杭州宋城. http://www.bjlyw.com，2006-04-10

案例思考

请谈谈如何实现文化主题公园的整合营销？

（庄大昌）

第7章

旅游景区景点安全管理

随着经济的发展，产业安全成为备受社会关注的问题。对于旅游业而言，安全是影响旅游决策和旅游发展的重要因素之一。尤其近年来，各类安全事故在不同类型的景区时有发生，随之而来的将景区推上被告席的相关诉讼也不时见诸各类媒体，景区安全成为消费者关注的焦点问题之一。对于出现安全问题的景区而言赔进去的不仅仅是金钱，还有景区的形象。因此安全管理应该是景区企业各项管理工作之中不可忽视的重点，也是其他各项管理工作开展的基础。

综合景区发生的各类安全事故，其发生的主要原因在于如下几个方面：第一，景区的旅游环境多样，既包括自然环境，也包括人文环境和人造环境，不同环境皆蕴涵着各类不安全因素，如自然灾害（地震、火山爆发、滑坡、泥石流、洪水、海啸、雷暴等）、动植物伤害、犯罪活动、火灾、旅游设施管理差错、操作失误等引起的灾难或损害。第二，近年来随着探险旅游、极限运动等项目的兴起，进行高风险活动的游客数量有所增加，也使得安全事故发生的几率提高了。第三，景区管理工作方面的失误是造成安全事故的一个相当重要的原因。发生事故的景区一般都存在着安全组织的设置、安全规章制度的制定、安全人员和安全设施的配备等方面的漏洞。第四，安全意识的薄弱。一方面是景区对安全管理工作容易松懈疏忽，另一方面是游客对自身的安全问题容易忽视，正是这种过于放松的状态导致了很多安全事故的发生。

  对景区企业而言，安全管理应致力于危机防范，减低影响旅游者信心、妨碍景区正常运转的任何不可预见的事件的发生。对于景区可能发生的各类自然灾害要建立预警系统和应对措施，并明确告知游客，减少游客因无知而造成的伤害事件。景区应将人员防范和技术防范结合起来控制盗抢等犯罪行为的发生，尤其要注意减少景区安全死角的存在，加强对游客的安全教育。景区应提高管理者和各类工作人员的安全意识，制定严格的安全规章制度，并确保其实施，以减少火灾及设施方面的安全事故。此外，加强救援组织、救援设施的配备，确保安全标志的完整等工作也不容忽视。

  景区安全管理工作内容丰富，方法多样，不同类型景区有不同的安全隐患，安全管理工作的侧重点也不同。本章选取了自然型、人文遗产型和主题乐园型三类景区的安全管理案例，有些案例旨在警示景区管理者，疏忽安全后果严重，有些案例旨在提供好的经验作为同类型景区的参考。希望通过这些案例，能引起景区企业反思，加强安全管理，实现旅游主体、客体和介体共同的安全，打造旅游产业安全的大环境。

7-1 迪斯尼世界游客猝死
——游乐项目监管体系成争议

案例介绍

1. 基本情况

美国佛罗里达州奥兰多的"迪斯尼世界"是迪斯尼建造的第二个迪斯尼乐园（第一个迪斯尼乐园位于距离洛杉矶市 27 英里的阿纳海姆）。迪斯尼世界开业于 1971 年 10 月，作为全球最大的迪斯尼公园，它每年吸引外国旅游者数量接近全美接待总数的 15%，使奥兰多不仅成为了美国第三大旅游目的地，而且成为了全球的"旅游主题公园之都"。

2. 景区发生的事件

当地时间 2005 年 6 月 13 日下午，家住宾夕法尼亚州塞勒斯维尔的 4 岁男童多迪乘迪斯尼世界的太空船后猝死。

多迪的母亲艾格尼丝·巴穆维耶在回忆事发当天情形时，她说，当太空船在空中旋转时，"多迪吓得身体都僵了，两条小腿软绵绵地垂着。我握紧他的手，让他不要害怕"。

太空船停下来后，多迪四肢瘫软。巴穆维耶把他抱下飞船。游乐园的工作人员叫来医生，但一番治疗后多迪没有多大起色，于是又被送往附近医院救治。最终，他仍不治身亡。

多迪猝死后，游乐园方面发表了一份声明，表示"将对死者家属提供帮助,并将尽已所能帮助他们度过这段艰难的日子",并关闭了太空船。

但就在14日,在迪斯尼公司的工程师做出"太空船运行正常"的结论后,太空船又恢复向游客开放。"两倍的重力并没有什么大不了,"公司顾问兰迪·金一锤定音。金在游乐场是资深人士,曾经在掌管30多家游乐场的"六旗"集团(Six Flags)担任安全部门负责人。

但司法机构却并不认同金的论断。14日进行的尸检未发现多迪有外伤,司法机构决定进行进一步的检测,以确定多迪死因。多迪的母亲说,多迪没有任何病史。

3．引发的争议

自2003年"太空任务"项目向游客开放以来,迄今已经有7人乘坐太空船后因为胸部疼痛、眩晕和恶心等不适反应入院治疗,并因此成为迪斯尼世界中导致游客入院治疗人数最多的游乐项目。

2001年,佛罗里达州内的主要游乐场达成一致,规定对于游乐场内发生的任何严重事故都必须向州政府上报。

佛罗里达州的大型游乐场并非由州政府直接监管,而是由自己麾下的专家说了算。多迪猝死一事,使得各界就游乐场的监管体系展开了新一轮争论。

即便是迪斯尼世界聘请的安全顾问兰迪·金也承认,对于导致游客死亡的游乐项目是否应该重新向游客开放这样的事情,应该由州政府或是独立监管官员——而不是由游乐场自己决定。

"没有监管体系,这是佛罗里达州游乐场业现在最大的问题",金说,"迪斯尼自己有专家,他们对游乐项目的安全问题也很在行。这些都是事实。但问题是:一旦有人受了伤甚至送了命,必须请迪斯尼以外的人介入。"

案例分析

"太空任务"项目造价1亿美元,是"迪斯尼世界"中最受游客欢迎的游乐项目。它模拟太空船发射升空以及飞抵火星的征程。升空前的倒计时、升空时的浓烈的火焰,以及飞船运行时引擎的阵阵轰鸣……所有这些,都带给游客身临其境的奇妙感觉。曾经让无数的孩子乃至成年人体会到了惊险刺激的极致感受。

从原理上讲,太空船实际上是一个巨型离心分离机,能够让游客体验到正常水平两倍重力作用的感觉。对于太空船的潜在危险,游乐园通过广播和录像提醒游客注意,并明文禁止孕妇乘坐飞船。游乐园向游客提供呕吐袋,并在去年开始张贴了这样一条警语:出于安全考虑,您必须身体健康,没有高血压、心脏、背部以及颈部没有病患。切记此游乐项目可能加重因运动产生的恶心以及其他一些不适感觉。

虽然景区就项目潜在的危险性对游客作出过警告,但刺激性娱乐设施的安全标准及其核定存在着问题。对大部分游客安全的项目可能对某些游客并不安全,但游客作为消费者并不能对此作出准确判断。因此,有必要在景区引入外来监管机制。

案例启示

(1)安全是游乐业的根本所在。电梯、锅炉以及游乐园里的大型游乐设施等器材设备,统称为特种设备,对特种设备安全的管理,我国已经制定了九个专门文件,有88个规范,上千条标准。虽然我国特种设备事故发生近年来呈下降趋势,但仍然是发达国家的5~6倍。因此,国家质检总局应加大监督检查力度,构建起特种设备法规标准体系、动态监管体系和安全评价体系。

(2) 人造景区各种电力、机械游乐设施数量众多，使用频率高，部分项目对特殊人群存在着安全隐患，因此，加强项目管理及设施管理相当重要。一般而言，除了必要的安全警示外，应配备相应的医疗服务与急救设施。大型刺激类的机械游乐设施要由相关部门定期进行检测维护维修工作，操作人员注意安全操作规程，每天开业前必须作必要的各种检测，一切指标安全后，才能投入使用。此外，景区应制定机器发生故障时的紧急救援程序，并定期进行紧急救援演习，使员工熟悉程序，以便面临事故时能顺利启动应急机制。

(3) 美国游乐设施安全管理借鉴。美国有丰富多彩、形式多样的游乐体系，包括主题公园、家庭游乐场、水公园、嘉年华会等等。每天平均约有100万人到游乐园去游玩，许多人都多次乘坐游乐设施，因而顾客的安全是最受关注的。美国游乐设施安全管理近几年有很大进展，但仍需不断完善。

美国的游乐设施安全监督管理由两个系统分别执行。首先，固定游乐设施和移动游乐设施由各州自行决定如何进行监督管理，因而各州的游乐设施监督管理各自为政，且差异较大。其次，移动游乐设施作为消费产品的一种，由美国联邦消费产品安全委员会(CPSC)行使产品缺陷投诉受理、调查鉴定和召回的管辖权。

美国游乐设施安全监管法规由联邦、州、地方法规，以及一些专门豁免条款组合而成。一般来说，移动式嘉年华会比游乐园监管更为严格，小型游乐园监管比大型游乐园更为严格。各州的法规一般授予监管机构调查事故的权力，对事故的原因提出没有偏见的结论和采取某种措施防止同类事故的发生。但一些州允许特大型游乐园自行调查其事故，由此便会出现利益冲突。还有一些州则没有监管游乐设施的法规。佛罗里达州虽然有监管游乐园游乐设施的法规，但法规对雇佣1 000位职员以上的游乐园有专门的豁免，不需要第三方机构监督检查。

游乐设施涉及公众安全，公众的微小伤害都会引起社会和媒体的广泛关注，监管机构压力很大。且游乐设施品种繁多，不断推陈出新，使游乐设施的技术法规、标准制定和监管难度加大，依靠制造商、游乐园、业主和保险公司的自觉性管理虽然是一个好办法，但是到了一定的程度后还是必须由政府来加大监管力度。

资料来源

1. 4龄童猝死"迪斯尼世界". 南方都市报，2005-06-16
2. 四岁男童猝死迪斯尼. 新浪首页，新闻中心，http://www.news.sina.com.cn/w/2005-06-16/04526184194s.shtml
3. 梁广炽. 美国如何监管游乐设施安全. 中国质量技术监督，2004(7)

案例思考

主题公园应如何做好游乐设施安全管理工作？对于刺激性游乐项目，是否应引入外来监管机制？由谁来实行？

（胡丽芳）

7-2 兴义市马岭河缆车事故
—— 缆车设计和施工隐患，事故之源

案例介绍

1. 贵州省兴义市马岭河风景区简介

马岭河风景区位于贵州省黔西南自治州，属兴义市（县级市），距兴义市区 10 公里。马岭河风景区以峡谷为特色，地貌学上属高原喀斯特地貌，峡谷长 13.8 公里，宽数十米至 200 米，深 200～400 米。马岭河沿峡谷直泻而下，河水峰回路转，滩多水急，两岸飞瀑直挂，从谷底向上仰望，崖壁几乎与谷底垂直，天空似一线天缝，峡谷两侧数千座奇峰盘绕，姿态万千。马岭河峡谷集雄、奇、秀、险于一身，1993 年被定为国家级风景名胜区。由于兴义市位于云贵高原上，从兴义市赴马岭河风景区参观，实际上是从云贵高原上面下到峡谷中去游览观光，沿马岭河向下游方向漂流，漂流观光后再从谷底上升到高原面上，被称为"上山"。

2. 贵州省兴义市马岭河缆车事故

1999 年 10 月 3 日上午 11 时 30 分，100 多名游客（以广西游客为主，少量是贵州游客）在该风景区观光、漂流后，临近中午，游客们来到缆车起点处，准备上山就餐休息。缆车规模很小，面积约 6 平方米，游客们争先恐后地往车里挤，现场管理人员虽作了一些劝阻，但未能控制局面，结果缆车挤进了 35 人（加管理人员 1 人共 36 人）。

几分钟后缆车上升到150米高的顶点，正欲打开车门，缆车突然回滑，管理员此时拼命踩刹车，企图阻止缆车下滑，缆车下滑后，突然"啪"的一声巨响，缆车的两根钢绳断了，缆车猛然加速，以巨大的冲力从空中重重摔到起点水泥平台上，在地面掀起气浪，缆车坠地时完全变形，车窗玻璃粉碎，35名乘客和1名管理员被挤压在缆车内，造成14人死亡，其中游客13人，缆车管理员1人，22人受伤，许多伤员下肢粉碎性骨折和脊椎骨折，乘当次缆车的无人幸免。

案例分析

1999年10月3日贵州省兴义市马岭河缆车事故发生的主要原因有：

（1）缆车设计与施工存在重大隐患。1994年底由马岭河风景区管理处牵头集资10余万元修建缆车，当时风景区整体规划没有完成，由兴义市建设局批准作临时性建设处理，设计者为李某，施工单位是水电九局天生桥分局机电工程队，缆车的设计者无设计资格。施工人员一直都是野外施工队伍，没有资质证书。贵州省建设厅风景名胜管理处既没有经过实地考察，也没有经过任何调查，就越权把这个缆车项目批复成了按临时设施建设。该缆车1995年3月建成使用，当时核定每次载客20人（后减为10人），其标示牌贴在车厢内。严格地说该车既不是缆车，也不是索道车，只是一种运送人员的提升机械，设计非常简陋，依靠两根钢索架住车厢，再依靠一部卷扬机和一根钢绳将车厢拉上拉下，设计与施工存在重大隐患，而且一用就是4年。

（2）缆车严重超载。从缆车建成到发生事故，贵州省黔西南州和兴义市两级劳动部门安检人员每年都对马岭河风景区的缆车进行安全检查,多次强调缆车不能超载，要求加强保养、上油，增加纯卡（一种安全防备部件）。就在1999年国庆节前几天，州、市劳动部门安检人员对包括缆车在内的风景区设施进行安全检查，检查完后该缆车每次核定人数由20人减到10人，而马岭河风景区领导和缆车管理人员对检查意见置若罔闻。在缆车约6平方米的空间里，最终挤进的人数是36人，严重超载是引发灾难的主要原因。

（3）缆车管理混乱和操作不当。该缆车并不是由风景区管理处直接管理，而是由兴义县两位农民承包，所有管理员均没有上岗证。管理员王某半个月前他还只是一个在风景区打扫卫生的临时工。学开缆车刚4天左右，在这4天当中，王某只学会了两个程序，启动和刹车。专家分析，此次事故中车厢已升到顶端，但未能卡住，造成下滑，应当按下降键，缆车就会顺利下滑，回到原处。而慌忙之中，管理员王某拼命踩住刹车，铁制刹车踏板被踩断，结果两股相反的力使卷扬机齿轮受不住而断裂，牵引钢绳也断开，同时车厢没有安全保护装置，加之严重超载，重量极大，致使车厢急剧下坠，酿成惨祸。

（4）游客管理无序。缆车升降平台的进出入口均没有设立封闭的缓冲区，各类警示标志不齐全，游客登车经常秩序混乱。马岭河风景区漂流终点处可有两种方法上山，一是乘坐缆车上山，一是沿山间小路步行上山，后者上山约需40分钟。但在缆车起点处没有标出上山小路，使游客误认为只能坐缆车上山，要么再花两三个小时原路返回。为了让漂流下来和沿途观光步行过来的人都坐缆车上山，管理处多次将上山小路封死，每到旅游旺季在缆车登车处常常游客拥挤，互不相让，管理处对此现象熟视无睹，从没有想办法改善。

（5）游客安全意识不足，自我保护意识不够。据没有挤上这趟缆车的游客说，当时为了争上缆车，游客之间发生不少的争执，管理员说缆车超载了，要求部分游客下去，天马旅行社导游劝该社的游客下车让一让，但让出来的空间又被其他旅行社游客挤满了。核定载客10人的车厢挤上了35位游客，游客安全意识不足使他们成了不幸的受害者。

案例启示

从贵州马岭河缆车事故来看主要有以下启示：

（1）各级旅游主管部门和旅游工作者必须把游客的安全放在首要地位，高标准严要求地对待旅游工作每一个环节，消除各种隐患。

（2）对于旅游设施，首先在设施的设计与施工方面，要严格把关，控制旅游设施的质量。

（3）加强对设施管理人员的教育与培训，提高管理人员的安全知识和业务水平，成为一个合格的岗位人员。

（4）加强游客管理，保证旅游秩序，严禁超载；一旦游客过多，应积极采取分流措施，保证旅游设施安全、有序、高效地使用。

（5）为旅游设施购买保险。旅游保险是一种风险转移机制，办旅游保险本身并不能消除风险，但能为遭受风险损失的游客提供经济补偿，使事故得到妥善的处理。

（6）对游客加强安全教育，提高他们的安全意识，加强自我保护意识。

资料来源

1. 新浪财经 http://www.finance.sina.com.cn，2006-02-13
2. 郝革宗．一次灾害性旅游安全事故剖析——以贵州省马岭河风景区"10·3事故"为例．灾害学．2001(3)
3. 黄群峰等．贵州马岭河风景区出惨祸，载人缆车百米砸下．南国早报，1999-10-06(1)
4. 黄群峰等．三部委联合调查组抵兴义，介入"10·3"事故调查．南国早报，1999-10-11(1)

5. 罗劲松等. 情淌深谷——广西游客马岭河事故现场自救记. 南国早报, 1999-10-07(2).

案例思考

从贵州省兴义市马岭河缆车事故来看,应如何加强旅游景区的旅游设施管理?

（肖佑兴）

7-3 武当山遇真宫火灾
——管理混乱,灾难之源

案例介绍

1. 武当山旅游区及遇真宫简介

武当山又名太和山、参上山,位于湖北省十堰市境内,是中国著名的道教圣地和首批国家级重点风景名胜区。武当山的自然风光,以雄为主,兼有险、奇、幽、秀等多重特色。主峰天柱峰海拔1 612米,环绕其周围的群山,从四面八方向主峰倾斜,形成独特的"七十二峰朝大顶,二十四涧水长流"的天然奇观,被誉为"自古无双胜境,天下第一仙山"。武当山以宏伟的建筑规模著称于世。古建筑始建于唐、宋、元、明、清均有修建,在明代达到鼎盛。共建有33个建筑群,100余万平方米;历经数百年沧桑,现仍存有近5万平方米。其整个建筑系按照"真武修仙"的道教故事，采取皇家建筑法式，统一设计布局，因山就势，错落有致，前呼后应，巧妙布局，体现了建筑与自然的高度和谐。1994年武当山古建筑群被列入"世界文化遗产名录"。

遇真宫位于武当山北麓的丹江口市武当山旅游经济特区遇真宫村。元末明初时，传奇道人张三丰曾在此筑观，故又名"会仙观馆"。遇真宫存放的张三丰铜铸鎏金像为明朝永乐皇帝御制，是一尊极为珍贵的明代艺术佳作。因张三丰是武当拳的创始人，这里自古是为武林豪杰崇拜的地方。遇真宫是世界文化遗产——武当山古建筑群重要宫庙之一，明永乐十年（1412）至十五年（1417）建成荷叶殿、山门等。嘉靖年间扩建。现存建筑多为清代重修，计有荷叶殿、龙虎殿、配殿、厢房等33间。荷叶殿为砖木结构，歇山顶，抬梁木构架，共3间，高约11米面阔20米进深约11米，建筑面积236平方米。1956年，由湖北省人民政府公布为省级文物保护单位。

2. 遇真宫火灾

2003年1月19日19时许，世界文化遗产武当山古建筑群重要组成部分之一的遇真宫主殿突发大火，直至21时30分左右方扑灭，导致最有价值的主殿已经化为灰烬，周边文物也受到不同程度的影响。

吸取了"1·19"火灾的教训，2003年4月22日武当山消防站破土动工。至此，武当山没有消防站已成为历史。

案例分析

武当山遇真宫"1·19"火灾，经过由湖北省消防、刑侦、文物等部门及丹江口市、十堰市组成的联合调查组调查，武当山遇真宫火灾发生的原因如下：

（1）起火原因：大火系因遇真宫大殿东侧厢房原住人员杨某搭设照明线路及灯具不规范，埋下事故隐患；现居住人员周某疏忽大意使用电灯不当，导致电灯烤燃他物而引发火灾事故。杨、周二人为租用遇真宫办校的武当山陈逵影视武术学校的教练和学员。

(2) 1996年，武当山特区文物局下属武当山文物管理所与陈逵影视武术学校签订了8年合同，以年租金15 000元将遇真宫使用权转交给陈逵武校，只留下一名文物管理员，使遇真宫变成了一个数百人的武术学校，埋下了消防安全隐患。此举根本没有严格遵循文物保护法所规定的法津程序，既违背了文物保护法原则，也违反了国家有关部门关于"不能以委托经营、租赁经营、经营权转让等方式，将风景名胜区规划管理和资源保护监管的职责交给企业承担"的禁令。

(3) 在安全管理上，只留下一名工作人员监督管理。并且这仅留的一人，也因有事19日事发当天没有在岗值班，埋下了消防安全隐患。

(4) 事发地丹江口市武当山旅游经济特区竟无消防站、消防车及消防人员，连消防专用的水源也没有。当时，参与灭火的消防车共9辆，消防指挥车2辆，据了解都是从十堰市和丹江口市调过去的，而武当山离十堰市最近的白浪消防中队也有30公里之遥，丹江口市则更远。十余辆消防车都是装满一车水前往，水用完了再去很远的地方汲水。这造成火灾发生后救火的困难。

(5) 火灾发生后，报警的人说是民居发生火灾，并未说是文物发生火灾。

(6) 火灾发生之前，湖北省曾组成联合检测小组，对武当山古建筑群进行了严格自查，发现武当山保护区存在一些违反世界文化遗产公约的现象。其中，检测小组向当地政府通报遇真宫的整改意见就有8条之多：严格控制临时设施；拆掉山门外左侧猪圈；制止山门外右侧的违章建房；清除山门内堆放的锯末、水泥；处理宫内西侧院的垃圾；东西配房严禁住人；要有文管人员住守管理；要做好防火工作。但是这些整改意见并未得到有效落实。

案例启示

武当山在经济利益的驱使下,违反文物保护和风景名胜区管理的有关规定,擅自将遇真宫使用权转让给一家私立武术学校,埋下安全隐患。在安全管理上,由于安全教育不足,有关人员缺乏安全意识和安全知识,未能合理设置和使用有关设施,从而引发了火灾。同时,武当山没有按照国家消防的有关规定合理设置和配备消防设施与消防管理人员,在火灾发生后未能及时扑救火灾,导致火灾带来重大损失。因此,对于旅游景区,应按照国家有关规定,合理利用和管理旅游资源;消防管理重在于防,必须建立安全教育与宣传体系,加强安全教育,提高管理人员的安全意识,普及安全知识;建立消防责任制和消防安全机构,加强消防监督和检查,一旦发现安全隐患及时处理,彻底清除消防隐患;按照国家消防有关规定,合理设置和配备消防设施和消防管理人员,如有火灾发生,能及时扑救火灾,使损失减少到最小。

资料来源

1. 方田,杨毅等. 武当山遇真宫招来大火焚身. 中国文物报, 2003-02-05
2. 崔晓林. 管理混乱,灾难之源. 时代潮, 2004(12)

案例思考

从旅游景区消防管理的各个环节来分析,武当山遇真宫火灾发生的主要原因有哪些?有哪些方面值得我们借鉴?

(肖佑兴)

7-4 崂山风景区的立体安全防护网络

案例介绍

1. 基本情况

青岛崂山风景名胜区是国务院首批审定公布的国家重点风景名胜区之一,是我国重要的海岸山岳风景胜地,地处山东半岛南部,濒临黄海,景区面积446平方公里,其中风景游览区面积161平方公里,绕山海岸线87.3公里。整个崂山风景区由巨峰、流清、太清、上清、棋盘石、仰口、北九水、华楼、登瀛等9个风景游览区和沙子口、王哥庄、北宅、夏庄、惜福镇等5个风景恢复区及外缘陆海景点三部分组成。

崂山风景区植物种类丰富,古树名木繁多,1992年被国家林业部批准为国家森林公园。它是我国海岸线上的一座名山,层峦叠嶂,深涧幽谷,山海相连,雄伟壮观。这里冬无严寒、夏无酷暑,是著名游览、避暑胜地。

崂山风景区还是道教传播要地,被称为"道教全真天下第二丛林",同时,佛教在此也曾有与道教此消彼长的传播历史,从而留下了许多知名的道教宫观及佛家寺院。

2. 景区安全管理措施

2008年,随着奥帆赛的临近,崂山风景区采取了多种措施,建立起景区立体、严密的安全防护网络。

首先，加强组织领导，确保责任落实到位。层层签订安全目标管理责任书，部署了专项行动，分解责任目标，深入景区基层，对可能存在的各种安全隐患和事故苗头进行排查，迅速制定方案进行整改，确保景区安全保卫责任制落到实处。

其次，充实应急预案，有效提高处置能力。结合景区实际，先后充实完善了景区《旅游安全事故应急处置预案》、《消防安全应急预案》和《突发地质灾害应急预案》等安全生产应急预案，并适时开展了针对性演练，有效提高应急处置能力。

第三，加大设施投入，构建综合治理网络格局。在主要景点和旅游交通要道增设电子监控设施，重点对旅游旺季期间的人流、交通情况进行适时监控；完善基层7个初级医疗救护站的医疗设施建设；增设和修缮景区安全防护栏2 000余米，更换和新增安全警示标识80余个；在水潭和危险地段增加游泳圈等急救设备。充分发挥景区管理处、景区行政执法部门、经营业户、旅行社等单位和群体的作用，对21条游览线路、9个停车场、419处景点实施全天候、无缝隙防控，提高了应急反应能力。

第四，边整改边提高，加大后勤保障力度。及时调拨、增购设备和物资，设立28万元的"奥帆安保"专项基金，用于基层单位解决安全隐患等工作，保证各项工作有条不紊地进行。

案例分析

近年来，随着旅游业发展，游客数量不断增加，游客在景区遇难的事件时有发生，这表明景区在安全管理工作中确实存在着不少漏洞。尤其对于游览观光点多、线路长、景区面积广、地形地貌条件复杂的自然型景区而言，安全管理几乎成了一大难题。

但是崂山风景区把安全视为景区文明旅游的生命线，从强化组织领导，加强景区安全执行力入手，全体总动员，投入专项基金，做到安全预案完善齐备、安全标识一目了然、视频监控全天候启用、基础医疗救护设施一应俱全，从而有力地保障了景区安全。

崂山景区管理局对安全管理工作非常重视，通过举办安全生产培训班等措施提高员工的安全意识。在培训班中，为景区干部职工、经营业户、宫观道士等组织了安全消防实战演练；邀请专人给景区干部职工上安全教育课，进行安全生产案例宣讲；组织景区负责安全生产的有关同志赴安全管理制度健全、安全措施完善的景区考察，学习这些景区安全管理工作经验。此外，崂山景区管理局还与崂山区红十字会合作，对景区的工作人员进行救护培训，向他们讲解心肺复苏、外伤止血包扎、骨折外固定和气管异物排除等急救方法以及景区内常遇到的一些虫蛇咬伤的处理办法。

可见，任何自然资源型景区都可能存在着一定的安全隐患，景区安全工作能否做好，首先在于景区对于安全问题是否足够重视。从我国景区安全管理现状来看，对安全问题重视不够，安全意识薄弱是造成安全事故的一个相当重要的原因。安全意识薄弱的景区对安全管理工作松懈疏忽，容易出现安全工作方面的失误。事实上发生安全事故的景区一般都存在着安全组织的设置、安全规章制度的制定、安全人员和安全设施的配备等方面的漏洞。

案例启示

安全是旅游的第一要务，景区的安全工作不容忽视。

游客支付规定的门票后取得进入景区游览的资格，成为景区产品的消费者。依据《消费者权益保护法》及《旅游风景名胜区管理暂行办法实施细则》的规定，游客在景区消费的过程中，景区应当履行保障游客人身财产安全、危险告知以及其他相关义务，这些义务既是法定的又是附随的。

安全是影响旅游决策的重要因素之一。景区一旦发生安全事故，一方面会因对受害者进行赔偿而蒙受经济损失，另一方面景区形象也将蒙受巨大损失。同时，相关的媒体报道必然使景区安全受到公众置疑，影响游客的选择。

我国目前基于自然景观资源的各类景区及其开发的相关项目，有必要加强安全管理，如漂流、攀岩等。而自然景区在防范游客迷路走失，防范动植物伤害事件发生，防范自然灾害对游客造成的危害等方面也需加大力度，做好如下几个方面工作：

（1）景区的秩序维护人员或保安人员配制及报警设备等硬件设施应当符合法律、规章的强制性规定；景区内的路标、指示牌、安全标志应系统完备，不可缺失；对各种硬件设施设备及指示系统应当及时维修或更换，确保其起到对游客的指示及安全保障作用。

（2）景区应有合理、完备和具有可操作性的安全规章制度，并有相应的保障制度来保障安全规范的实施执行。景区应该设立安全救援体系及应急机制。

（3）景区应当在存在安全隐患的地段安排安保人员并实行相应的巡查及重点监察制度，人员安排科学合理，安保人员尽职尽责，其巡视的时间间隔应该合理，巡视的地点应该全面且重点突出。

（4）当游客或景区主管部门对该景区安全保障的硬软件措施提出合理质疑或指出不足并责令整改后，景区应当重视并积极完善。发生了安全事故后，景区应该采取积极措施并尽力救助。

此外，尤其应该注意的是：在安全工作中不能存在侥幸心理，尽管很多可能发生的事故事实上发生的几率相当低，但景区决不能因此而松懈疏忽，因为很多安全事故就发生在松懈疏忽之时。保持对事故的防范心理，做好景区危机管理工作，有利于景区发展。重视景区安全工作，将安全工作摆到一定的高度，才能杜绝安全事故的发生，确保景区安全。

资料来源

1. 崂山风景区力保旅游安全. 青岛新闻网. 2008-08. http://caijing.qingdaonews.com/html/2008-08/06/content_893132.htm
2. 景区安全生产培训班圆满结束. 崂山风景区网页. 2008-12. http://www.qdlaoshan.cn/webmain/news/detail.asp?id=436
3. 红十字救护培训走进崂山风景区. 中国红十字会网页. 2009-3. http://www.redcross.org.cn/zx/gddt/200903/t20090302_32157.html

案例思考

自然景观型景区可能出现的安全问题有哪些？应该如何做好防范工作？你认为该案例中，最值得景区学习的安全管理工作经验是什么？

（胡丽芳）

7-5 乐山景区改造电子监控系统确保旅游安全

案例介绍

1. 基本情况

乐山大佛景区位于乐山市郊，岷江、青衣江、大渡河三江汇流处，与乐山城隔江相望。由凌云山、麻浩岩墓、乌尤山、巨形卧佛等组成，游览面积约8平方公里。

凌云山紧傍岷江，上有凌云寺，建于唐代。依山开凿大佛一座，通高71米，脚背宽8.5米，临江端坐，雍容大度，显示了古人高超的雕刻艺术。在世界各地石窟佛像中，乐山大佛系世界古代第一大石刻弥勒佛坐像，因其直接在山体上雕刻而成，故有"山是一尊佛，佛是一座山"的壮观景象。1996年被联合国教科文组织列入"世界文化遗产名录"。

大佛景区集聚了乐山山水人文景观的精华，是知名的风景旅游胜地。乐山大佛每年接待游客200多万人次，一年的旅游相关收入近7亿元人民币。

2．景区安全及综合治理措施

2004年大佛景区按照"谁主管、谁负责"的工作原则，紧紧围绕"治安秩序优良、社会风气良好、景区环境优美、社会服务完善、生产工作安全"的工作目标，积极强化工作措施，认真落实工作责任，确保了全年景区治安平稳、安全无事故。

大佛景区在健全组织机构、加强领导的前提下，加大了对景区安全、综合治理工作的经费投入。景区全年投入30余万元对景区电子监控系统进行维修改造；投入7万元对景区消防供水系统加压泵进行了更换，并配备了必要的消防器材；投入80余万元对安全设施硬件进行了改建和扩建，对危岩、道路险段进行了及时的整治，对防护栏进行了加固，确保景区安全综合治理等各项工作顺利开展。

同时，管委会还抓好了景区维护社会稳定工作、情报信息搜集工作，认真建立了纠纷排查调查处理机制，确保了景区的社会秩序安定。景区警署还先后组织开展了"打击街面违法犯罪"、"打击盗抢机动车"、"禁毒专项斗争"、"整治娱乐场所"、"命案侦破"等一系列专项行动，取得了显著的成效。

3. 大佛维修与保护

乐山大佛由于受风吹、酸雨、水渍、江水冲击和游人日增的影响，加上地处亚热带湿润区，又建在本身强度不高的红砂岩上，因而出现风化明显，大佛发髻脱落，鼻梁发黑，佛容日渐黯淡等问题。

乐山大佛景区管委会对乐山大佛进行了耗资 2.5 亿元人民币的本体维修保护工程。工程分两个阶段进行。第一阶段重在维修佛体，"洗"去了"花脸"、"黑鼻子"、"泪眼睛"。第二阶段保护工程重点完成对大佛的防风化保护、佛身排水、佛脚防水冲击等项目。如在乐山大佛脚下修建莲花型平台，这样既能防御江水的淘蚀，使佛脚岸坡的损伤减少到最小程度，又可拓宽游人的参观通道；为疏导游人，缓解压力，景区采用便于组装的轻型钢材料建了栈道。此外，景区还为大佛配备"电子保镖"。"电子保镖"是一套先进的电子网络管理监控系统，能够对大佛本体及景区进行 24 小时监控。系统主机安装在管理室里，若干个微型摄像探头安装在大佛四周合适的位置上，传输线路也进行了处理，并不影响游人的视觉及游览线路，同时又可将大佛的"健康"状况传输到管理中心。大佛景区内还安装了数十个微型摄像探头，当发现火灾、水患等灾情及人为损坏苗头时，系统将发出警告，监控人员可及时通知相关人员部门排除隐患。

案例分析

乐山大佛作为大佛景区的核心资源，其重要性不容置疑。而各种自然环境因素及人类活动的影响，使得大佛风化、老化，其保护工作刻不容缓。但是如何保护却是一个世界性难题。近年来，中外专家提出了不同的保护方案，但是对于其利害得失却存在着很大的争议。而大佛每天都在面临着风化、老化及各种各样的险情。因此，为抓紧时间保护大佛，景区配备了现代化的"电子保镖"。它是一套先进的电子网络管理监控系统，由计算机、监控器、网络系统及摄像头等仪器组成。它的配置对景区大佛保护工作起到了如下作用：

（1）便于收集资料。要保护大佛首先要时刻掌握大佛及其周边的具体状况，制定保护方案也需要大佛各方面精确、科学的参考资料。而单靠目前的人力来收集情况、进行管理，不但工作量巨大繁杂，而且不精确，容易出错。而电子监控系统可以对大佛进行24小时监控，获得相关资料。

（2）便于保护大佛及景区安全。电子监控系统可以对大佛周围的治安问题进行监控，维护景区治安、"护卫"大佛肢体健全。一旦发现大佛面临"生命威胁"，系统将发出警告，并将调动大量人力、物力及时排除隐患。系统还能及时发现并预报火灾、水患等灾情苗头，可以使管理部门及时调集人力将灾情消灭在萌芽之中。

（3）控制游客数量。作为世界上著名的风景区，乐山大佛日均游客量超过了3 000人，而旅游旺季日均更高达3万人次左右。游客量的增加给大佛本身带来了极大的压力和不良影响。经过专家测定，大佛周边客流量以1万人左右为宜。电子监控系统可以精确地测出游客人数，在游客量达到警戒线时通知管理人员采取限制措施，分流游客，达到保护大佛的目的。

此外，景区也在整个景区内建设管道网络系统，通过这套系统把下游的江水引到山上，不仅使山上的树木都有了水喝，更重要的是，它成了景区内火灾隐患的最大"克星"。

案例启示

对于大多数人文类，尤其遗产类景区而言，保护资源都是一项重要而又相对困难的工作。在我国的景区当中，既存在因为无知而导致文物资源严重毁损的行为，也有因保护不当而使资源遭到破坏的现象。部分景区的保护工作还只局限于如何进行维修等方面。事实上维修工作只能对景区的损坏部分加以修复，只能解决一时之需，并不能从根本上保证景区的安全。

对于人文类景区而言，常见安全隐患主要在于火灾、水患、人为破坏。如果只是按照传统方式投入人力管理，难免有疏漏之处，加大景区安全投入，将人力监察与高科技安全保护措施结合在一起，有利于搞好景区安全管理工作。

总体上而言，遗产类景区的安全管理是一项综合的、生态的、科学的系统管理工程。它不仅包括景区游客的安全（旅游主体安全），景区员工的安全（旅游介体的安全），也包括景区资源和景区财产的安全（旅游客体的安全）。它不仅要求景区安排人员开展安全工作（人防），还要结合技术进行安全防护（技防）；它不仅要求景区从硬件设施上保障旅游安全的实现，还要求完善安全制度和相关组织机构。只有把各方面工作做好，景区才是一个游客放心、员工安全、可持续发展的景区。

资料来源

1. 乐山景区改造电子监控系统确保旅游安全慧聪网. http://www.info.secu.hc360.com/2005/01

2. 新华网. 乐山大佛将配身价400万人民币的"电子保镖", 2002-06-18

案例思考

人文类景区主要面临哪些安全问题？景区应该采取哪些措施做好安全管理工作？大佛景区安全工作有哪些值得借鉴的地方？

（胡丽芳）

第8章

旅游景区景点持续发展

"可持续发展"是在当今世界上资源危机、人口爆炸和环境恶化等全球性问题日益严重的情况下，由第42届联合国大会在1987年提出来的。这一理论已深得世界各国的共同关注。可持续发展已成为当今与人类社会相关的一切发展所应追求的根本目标。

旅游景区景点都是优美的天然风光或价值重大的人类文化等珍贵的特种资源，是国之瑰宝。同时，绝大多数天然美景和名胜古迹又都是不可再生的资源，而且经较脆弱，一旦毁损，难以挽回，滇池因电影摄制遭受旅游污染就是一例。正因如此，旅游景区景点的可持续发展问题越来越受到世界各地和社会各界广泛关注。然而，不可否认和难以回避的是，目前大多数景区景点都面临着资源和环境保护与开发利用的矛盾，或出现了开发利用水平与游客需求之间的越来越大的差距，或受到了旅游地生命周期的不同程度的制约——一句话，或多或少地陷入了可持续发展的困境或存在阻碍其持续发展的隐患。从世界范围来看，可以说，可持续发展问题也是国内外景区景点共同面临的棘手问题。

影响景区景点持续发展的因素既有天灾（自然灾害），更有人祸（多数景区景点都是由于开发建设不当或经营管理不善而断送前景的），二者相比，后者才是更主要的因素。景区景点持续发展受阻的最直观表现主要是旅游吸引力下降，而吸引力下降背后的人为因素又主要有旅游资源破坏、环境质量破坏、旅游氛围破坏、生命周期制约、服务质量影响，以及未根据变化了的外部形势及时调整自身策略等。

总之，由于景区景点的情况不同，其可持续发展问题的具体表现、原因及解决对策也复杂多样。本章研究了国内与国外、自然风景与历史古迹、城郊与乡村、正面与反面等多个案例，旨在以有限的篇幅达到较理想的覆盖面，并力争从纷繁复杂的景区景点可持续发展问题中探究出一定的规律性。

8-1 深圳华侨城主题公园群
——创新不断，傲视群雄

案例介绍

1. 基本情况

深圳华侨城主题公园群由"锦绣中华"、"中国民俗文化村"、"世界之窗"和"欢乐谷"四个主题公园组成。2007年5月，华侨城旅游度假区（含主题公园群）被评为国家首批"AAAAA"级旅游景区。

"锦绣中华"微缩景区于1989年9月开业，占地30万平方米，是中国五千年历史文化和九百六十万平方公里锦绣河山的荟萃和缩影，也是目前世界上面积最大的实景微缩景区，82个景点均按中国版图位置分布，比例大部分按1:15复制。该景区以"花的世界，绿的世界，美的世界"为目标，将中国传统盆景工艺与现代园林艺术完美地结合起来，堪称中国园林艺术的典范，以"一步迈进历史，一日锦绣中华"为主题，被誉为"开中国人造景观杰作之先河"。

"中国民俗文化村"于1991年10月开业，占地20多万平方米，是中国第一个荟萃各民族民间艺术、民俗风情和民居建筑于一园的大型文化旅游景区，内含22个民族的25个村寨，均按1:1的比例建成。通过民族风情表演、民间手工艺展示、定期举办大型民间节庆活动——如华夏民族大庙会、泼水节、火把节、西双版纳风情月、内蒙古风情周等多种方式，多角度、多侧面地展示出我国各民族原汁原味、丰富多彩的民风民情和民俗文化,让游客充分感受中华民族的文化灵魂和魅力。"中国民俗文化村"以"二十五个村寨,五十六族风情"的丰厚意蕴赢得了"中国民俗博物馆"的美誉。

"世界之窗"于1994年6月开业,占地面积48万平方米,景区按世界地域结构和游览活动内容分为世界广场、亚洲区、大洋洲区、欧洲区、非洲区、美洲区、世界雕塑园和国际街八大区域,荟萃了世界几千年来人类文明的精华,有历史遗迹、名胜、自然风光、世界奇观、民居、雕塑等130多个景点,其中包括园林艺术、民俗风情、民间歌舞、大型演出以及高科技参与性娱乐项目等。"世界之窗"以其丰富的文化内涵、雍容恢弘的规划设计、精美绝伦的景观项目、不同凡响的艺术演出、动感刺激的娱乐项目,为中外游客再现了一个美妙精彩的世界。

深圳"欢乐谷"总占地面积35万平方米,总投资17亿元人民币,是一座融参与性、观赏性、娱乐性、趣味性于一体的大型现代主题乐园。1998年开业以来,深圳"欢乐谷"经过一期、二期、三期的滚动发展,已成为国内投资规模最大、设施最先进的现代主题乐园。全园共分九大主题区:西班牙广场、魔幻城堡、冒险山、欢乐时光、金矿镇、香格里拉森林、飓风湾、阳光海岸、玛雅水公园和高空单轨列车"欢乐干线",有100多个老少皆宜、丰富多彩的游乐项目。

2. 旅游业发展状况

1989年9月,"锦绣中华"景区建成并试营业,第一年入园游客就超过了300万人次,仅仅9个月就收回了1亿元的投资,创造了中国旅游主题公园的开门红。两年后的1991年10月,"中国民俗文化村"开业,再掀热潮,一年半后又收回了1.1亿元的投资。2003年"锦绣中华"与"民俗文化村"两园合二为一,进一步拓展了"锦绣中华"的客源市场,到2006年接待海内外游客超过5 000万人次,营业总收入26亿元。"世界之窗"经营业绩更加不俗,开业四年便收回全部投资。1994年开业当年曾创造出一天接待游客7.6万人次、一天收入700多万元的全国最高纪录；在仅仅营业半年就接待了入园游客320万人次，营业收入3.5亿元。到2006年，"世界之窗"已接待中外游客3 150万人次，接待国家领导人和外国政要400余人次，营业收入35.6亿元，实现利润11.5亿元。深圳"欢乐谷"开业10年内，共接待2 250万游客。2006年、2007年，深圳"欢乐谷"游客接待量连续两年跻身亚太主题公园十强，成为内地唯一入选亚太十大主题公园的旅游景区。截至2006年，华侨城主题公园群累计接待游客9 000多万人次，实现营业收入近80亿元。

案例分析

华侨城主题公园群之所以能"傲视群雄"，很大部分原因在于其不断创新的经营发展策略，主要体现在以下几个方面：

1. 品牌形象不断创新

1989年，华侨城从展现中国锦绣河山的微缩景观——"锦绣中华"开始其主题公园的开发。"一步迈进历史，一日锦绣中华"的主题形象体现了华侨城"中国心"的中华民族情结。这一主题形象不论是对国内游客了解祖国历史与整体风貌，提升荣誉感与自豪感，还是对于渴望了解中国的外国游客来讲，都有非常大的吸引力。两年后开业的"中华民俗文化村"以"二十五个村寨，五十六族风情"的主题形象使中华民族大家庭的文化底蕴被充分地表现了出来，是对"中国心"主题的进一步展现。1994年以"世界与你同欢乐。你给我一天，我给你一个世界"为主题形象的"世界之窗"主题公园的开业，很好地诠释了华侨城"世界情"的主题形象。世界渴望了解中国，中国同样也渴望了解世界。作为一个"旅游城"，华侨城主题公园群不但让游客观赏、品味，还更加让游客"参与其中，乐在其中"，1998年开业的"欢乐谷"秉承"奇妙的欢乐之旅"理念，为游客打造了一种不同于以往的游乐园,并在"建不完的欢乐谷,玩不尽的欢乐谷"理念引导下,相继开发了"欢乐谷"二期、三期工程。

由此可以看出,深圳华侨城旅游主题公园群所构架的主题,是一个战略性主题"中国心,世界情,华侨城"和战术性副主题"华侨城,旅游城"。这种主题形象的创新是经过专业策划的,而不是"随意创造"的。

2.产品及产品组合不断创新

华侨城主题公园群在其产品开发上采取的是"静态陈列—动态表演—参与体验"的创新形式。

主题公园产品的创意、设计和开发是主题公园与竞争对手形成差别的重要环节。华侨城开发的第一个主题公园——"锦绣中华"是以静态景观为主,很难吸引回头客,因此华侨城相继开发了"民俗文化村"和"世界之窗",将动态活动融入进来,提升了娱乐性与艺术性。一般来说,主题公园的客源市场具有本地化特点,只有那些拥有较高重游率的景点,才可能有持续的发展潜力,因此,1998年华侨城又投资兴建了以青少年和中青年家庭为目标市场的"欢乐谷"主题乐园,旨在推出参与性、刺激性更强的旅游产品。2002年以及2005年开发"欢乐谷"二期、三期项目,2008年"欢乐谷"再次创新升级,投资2亿人民币打造全新项目"魔幻主题",继续打造华侨城主题公园群"日不落"的神话。

2003年"锦绣中华"与"民俗文化村"的合并,可以说是华侨城产品组合创新的成功典范。"锦绣中华"是世界上最大的反映中国历史文化、艺术、古代建筑实景的微缩景区,像一部凝固了的中华史诗。"民俗文化村"是国内第一个荟萃各民族的民间艺术、民俗风情和民居建筑于一体的主题公园。这两个公园组合产生的正的聚集效应,增强了吸引力,拓展了华侨城的客源市场。另外,"中国民俗文化村"是民族大团结的真实写照,而"世界之窗"是世界多元文化的融合,三大景点在文化主题的组合下,催发了巨大的经济效益。

3. 各主题公园内改造升级及表演活动不断创新

主题公园要想长盛不衰,必须不断保持它的吸引力,持续给游客带来新鲜与刺激。一直以来,华侨城各主题公园几乎每年都在不断更新调整各园内项目和设施,增强主题公园对游客的吸引力,使游客不断有新的乐趣和体验。为了克服景点缺乏游客参与的弱点,"世界之窗"于1999年7月推出科罗拉多峡谷探险漂流,深受游客欢迎,不到半年便收回全部投资。以后,"世界之窗"又兴建了金字塔幻想馆、阿尔卑斯冰雪之旅——室内滑雪馆等,并对广场舞台实施全面改造,推出新的广场歌舞表演节目。"欢乐谷"一期的建成,开创了体验参与型的产品模式;2002年"欢乐谷"二期建成,公园的面积和项目翻倍,升级创新了多元丰富的产品体系。2005年"欢乐谷"三期开放,打造了永不落幕的嘉年华,塑造了阳光都市娱乐形象。2008年,魔幻城堡盛装亮相,为广大游客开辟了一处其乐融融的亲情乐园,进一步提升"欢乐谷"为"所有人的欢乐谷"。

表演活动是华侨城主题公园群的一大特色。对于华侨城来说,最重要和最有优势的旅游表演产品是其经过多年探索、创造、发展和积累起来的荟萃性、晚会式、广场型、音乐和歌舞史诗形式的旅游演艺节目,这种大型旅游演艺表演已变成一种独特而专门的演出艺术门类。可以说,如果没有"世界之窗"的大型广场表演《创世纪》和《跨世纪》,没有"锦绣中华"和"民俗村"的《龙凤舞中华》与《中华霓裳》,没有"欢乐谷"的《地道战》和《欢乐水世界》等令人印象深刻的演出,华侨城的亮点、动感和冲击力将大打折扣。

4. 营销策略不断创新

华侨城主题公园群每年投入大量的宣传费用进行营销活动。积极与政府、媒体合作,承办多种公益性活动和庆祝活动(比如深圳市妇联每年在"锦绣中华"举办两次大型"集体婚礼")来扩大影响力；根据客源分布压缩境外广告投入，加大对周边市场的促销力度，重点选择各地进入深圳的海陆空交通工具和站口投放广告；积极参加相关旅游展销会，展示公司形象和产品，提高声誉。

在品牌营销创新上，1989年创建了里程碑式的"锦绣中华"品牌及其"中华腾飞龙"的品牌标志；1991年培植了"中国民俗文化村"品牌；1994年推出"世界之窗"品牌及其"五洲同庆"标志；1998年开发了"欢乐谷"品牌及"皮皮王"吉祥物；形成了具有群落意义的旅游主题公园品牌系列。

5. 盈利模式不断创新

华侨城主题公园群针对游客门票等刚性支出比例偏高，容易造成景区消费结构失衡的现象，不断创新思路，探索多种盈利方式。比如：旅游表演的版权产品开发和销售——演出结束但旅游演艺产业的价值链并未完结，通过申请知识产权保护，开发旅游演出衍生产品，如音像制品、大型画册、旅游纪念品等，可以创造新的盈利空间，扩大旅游演出市场的影响面。一些不再上演的节目，例如《东方霓裳》、《龙凤舞中华》、《绿宝石》、《创世纪》、《拥抱未来》、《旷世迷情》等都已制作发行了VCD，而已出版的大型画册和摄影集达数十种；旅游纪念品则通过价格差异创造了"文化附加值"，例如，在景区及周边超市与商店中出售印有不同主题标志的产品和其他以演艺节目的卡通形象制成的玩偶和工艺品。

当然，华侨城主题公园群也有不少需改善与加强的方面，为了给华侨城主题公园群进一步发展提供借鉴素材，我们将其与世界主题公园最成功的代表——迪斯尼乐园做一比较，这并不是"吹毛求疵"，而是希望华侨城主题公园群在发挥既有优势和成功经验的基础上，能借鉴迪斯尼乐园的成功经验，真正实现经久不衰。

第一，在促进混合消费方面，迪斯尼主题公园里处处都是商店和餐厅，但这些商店和餐厅是与游乐完美融合的。在众多游乐点，游客们只有穿过一家出售相关商品的商店才能退出，这样既可以让游客"趁热打铁"购买纪念商品，又不会破坏主题氛围；而华侨城在游客购物方面虽然已经取得一定成绩，但没有形成规模。

第二，在打造完美服务体验方面，迪斯尼乐园高质量的服务水准有口皆碑，其打造服务神话的奥秘在于"SCSE"，即安全（safe）、礼貌（civility）、表演（show）、效率（efficiency）。其内涵可以理解为：首先保证客人舒适安全；其次保证职员彬彬有礼；第三是保证演出充满神奇；最后是在满足以上三项准则的前提下保证工作具有高效率。而华侨城主题公园群在服务方面并未形成特色及良好口碑。

第三，在品牌经营方面，迪斯尼总公司通过管理模式、经营理念、商标品牌等无形资产的转让和特许使用这一方式迅速实现集团扩张。当然，在这一点上，我们并不是说华侨城"旅游＋地产"实现集团扩张的方式不好，而是对其主题公园的扩张提供模式上的借鉴。

第四，在产品定价策略方面，主题公园的价格策略一般分为单一票价、优质高价、低门票多服务和廉价策略。单一票价是那些缺乏设施与服务、活动单一的主题公园常用的价格策略；对于高投资、综合性、高科技的主题公园普遍采用优质高价策略；低门票多服务策略是未来综合性主题公园的定价趋势，它强调主题公园应以低门票来吸引游客，以相关服务来增加利润；廉价策略适合在度假区附近的主题公园。迪斯尼乐园在定价策略上十分灵活，它根据产品种类、销售时间和地点等因素的不同采取差别定价、地区性定价、价格调整等措施来保证乐园的门票价格对大多数目标市场而言是可以接受的；而华侨城主题公园目前收入绝大部分仍依赖于门票等刚性支出，造成景区消费结构失衡，不利于公园消费结构升级及持续发展。

第五，在主题公园形象宣传方面，迪斯尼的"米奇"形象鲜明突出，在世界任何一个地方只要提到迪斯尼乐园，人们首先会想到这只"米老鼠"，只要提到"米奇"，人们也会联想到迪斯尼乐园；而华侨城主题公园群虽然也开发出欢乐谷的"皮皮王"等卡通形象，但宣传力度不够，知名度不高。

案例启示

主题公园同其他旅游产品一样也具有生命周期，即经过探查、参与、发展、巩固、停滞和衰落或复苏六个阶段，而且相对于基于自然资源景观的景区来说，"人造"主题公园的生命周期更为短暂，因此如何不断吸引游客目光，有效延长主题公园的生命周期是管理者不得不面对的一个首要而又棘手的问题。

事实上，华侨城各主题公园开业前几年也不同程度地面临游客数量下降的问题，但华侨城很好地抓住时机，采取一系列创新措施，使得其生命周期不断延长。第一，在快速发展期开发新产品。在"锦绣中华"的发展期开发"民俗文化村"，利用两园的动静互补适时延长了华侨城主题公园群的生命周期。第二，在巩固、停滞期再次开发新产品。1993年"锦绣中华"（含民俗文化村）游客量下降到589万人次，比1992年下降21%，这说明"锦绣中华"（含民俗文化村）已经过了发展期，开始进入巩固、停滞期，如不采取措施，可能不久将会进入衰退期。1994年6月18日，华侨城投资8亿元兴建的"世界之窗"开业，再掀热潮。"世界之窗"的成功开发，又一次适时延长了华侨城主题公园群的生命周期。

在华侨城于1989年开发出第一个主题公园"锦绣中华"以后，我国出现了数十个形式各异的主题公园，但经过将近20年的发展，关停者居多。华侨城主题公园的发展轨迹表明，主题公园的生命之源在于不断创新，只有在管理、产品、服务等各方面的不断创新，跟上目标市场的需求变化，才能实现企业的持续发展。

资料来源

1. http://www.cn5000.com.cn，2009-3-11
2. http://www.szwwco.com/about.jsp，2009-3-11
3. http://www.happyvalley.com.cn/survey/info.htm，2009-3-11
4. 张凌云. 旅游景区景点管理. 旅游教育出版社，2005
5. 李蕾蕾等. 旅游表演的文化产业生产模式：深圳华侨城主题公园个案研究. 旅游科学，2005(6)
6. 王镜. 旅游产品创新系统的研究——以深圳华侨城为例. 陕西师范大学，2001

案例思考

1. 迪斯尼乐园与华侨城主题公园（尤其是"欢乐谷"）分别作为世界和中国主题公园的成功代表，以2005年香港迪斯尼的开业为导火索，在争夺粤港澳客源上的竞争有所加剧。而随着华侨城大力发展国内市场并先后在北京、上海、成都等地建立主题公园，迪斯尼也在上海建立迪斯尼乐园，两大主题公园争夺国内市场的竞争愈发凸显。你认为在开发中国内地市场上，迪斯尼与华侨城各自的优势与不足在哪里？

2. "锦绣中华"、"世界之窗"尤其是"欢乐谷"三个主题公园在全国很多地方可谓"家喻户晓"，却很少有人知道这三个主题公园同属于华侨城集团。你认为华侨城在其主题公园统一形象宣传以及三个主题公园优势互补、合作发展方面还需要做好哪些工作？

（赵翠霞　禹贡）

8-2 禅宗六祖故里旅游区
——团结一心求发展，铸成大器方能腾飞

案例介绍

1. 六祖故里龙山旅游区

"东土小释迦"禅宗六祖惠能大师道布四海、名扬天下，而其故里却鲜为人知，少人问津。六祖生于广东新兴县龙山，今为新兴县集成镇，于2004年被广东省定为重点建设的"中心镇"之一，并改名为六祖镇。随着珠三角地区快速路网的发展，龙山已进入了以广州为中心的"2小时半经济圈"范围。

生养一代宗师之龙山，风水宝地自不言表。龙山山体酷似"盘龙"，名寺国恩寺坐落于"龙头"。六祖故居位于山前，大师圆寂圣迹——藏佛坑及化身岩在山后。此外，尚有六祖双亲坟、求拜石、别母亭、香灯岗、六祖手植佛荔等一批十分珍贵的遗址、遗物。"六祖圣水"龙山温泉含氡含硫，疗效神奇。如此之佛门宝地、禅宗圣境，中国佛教文化研究所所长吴立民先生欣然提笔为之题写了吟颂之词——"禅源"。

2. 旅游业困境

龙山旅游业起步较早，1994年就建成了省级龙山温泉旅游度假区，国恩寺旅游开放则更早。六祖圆寂时的肉身隐藏之地藏佛坑景区1998年初见雏形，龙山露天温泉浴场于2001年建成营业。然而，

龙山旅游业水平低下，境况不佳，发展低迷。

旅游区的游客构成中，国内客源市场份额占到93%，其中本县高达29.2%，省外仅有6.6%，客源地结构与六祖影响力极不相称。虽然接待游客总量并不少，但人均消费低，营业额少。2002年接待游客达70万人次，但人均消费才65.5元，营业额仅有4 500万余元。2003年还略有下降，人均消费仅61.86元。

面对如此境况，六祖乡人不禁感慨：广州、韶关、怀集、四会、德庆等其他一些有六祖史迹之地皆大做六祖文章，成效斐然，而六祖故里却平平淡淡；龙山温泉水质一流，省级老牌，而"温泉之乡"牌匾却被邻县恩平扛走了，好不气人！……的确，旅游资源如此高品位且结构状况优良、地处珠三角边缘的六祖故里，在改革开放已走过了几十年和宗教信仰自由的今天，理当能"广招八方客，笑纳四海财"。然则世上却偏有那么些"不理当"之事，问题恐怕主要还是出在了当代六祖乡人的身上。

案例分析

1. 可持续发展受阻的主要表现

龙山旅游区可持续发展已严重受阻，其表现是多方面的：一是旅游资源、生态环境及宗教环境破坏正在加剧；二是客源结构和旅游收入不理想的状况长期以来无多大改善；三是在外界的形象和口碑不好；四是地方政府、有关部门、投资者及龙门区居民仍未警醒，思想麻痹，不以为然。

龙山旅游区的持续发展障碍，是多个因素综合作用和长时间积累的恶果。

2. 障碍因素剖析

（1）没有总体规划做统帅，开发随意盲目

该旅游区从自发萌芽开始至今，可以说压根儿就没有总体规划的概念，差不多完全听任自由开发：只要有人愿意投资就立马"开发"一块，想干啥就干啥，只需老板自己有计划，哪管整个景区有没有规划！

2003年冬，广东省旅游局扶贫帮其做总体规划并委托广州大学旅游学院承担此项工作。专家们此时才发现，此前该景区几乎没有任何规划性质的文献和资料可提供。专家组实地考察调研时更感到吃惊的是，这块地也已经开工了，那块地也已经有主了，有的还是多年以前的烂尾工程……总之是这里已经不能动，那里也不能再改变了——原来人家早就"规划"好了！生米已成熟饭，整个一烂摊子，专家们几乎没法再去收拾。

(2) 争吃"六祖饭"，钩心斗角事难办

龙山旅游区内部业主成分复杂，有方丈，有私营企业主，有村委，有本地企业，有外地企业，有石化企业，有旅行社，有银行，有铁路……反正没有规划的限制，买下一块地的使用权，打起"旅游"旗号搞项目。

区内已有名胜古迹国恩寺，而龙山文化景区发展有限公司又在其背后仅200余米之隔以"恢复古迹"为名兴建争高比大的龙潭寺。藏佛坑和六祖出生地遗址分别由当地村委组织村民进行开发，还是建寺庙。国恩寺门前仅隔约50米远的地方，由县旅游局策划兴建商业娱乐广场。甲说乙不该在此再修庙，乙说丙不该在那建铺位，明争暗斗、各显神通，谁也说服不了谁，谁也制止不了谁。大家都打着六祖旗号，大家都认为自己是在搞旅游开发。而这种各自为政的无政府行为其实是严重的"破坏性建设"。

(3) 条块分割严重，缺乏统一领导，内部无法协调

一般地，较正式的旅游景区都设立专门的管理处（局）（如白云山）甚至相应的一级人民政府（如武夷山）加以管理，这样便于全面协调内部各种事务。而龙山景区则没有一个拥有足够权限、能全面管

理协调的管理机构,龙山温泉度假区那一块(约2平方公里)由县旅游局管理,而国恩寺则似乎只认得宗教局,其余都是六祖镇的地盘。再说,度假区这一块,地皮卖光,各自建起招待所式的所谓"度假村"并环以围墙,楚河汉界,自成一体,似乎无须他人多事。因此,作为政府主管部门的旅游局,自称他们除了卖温泉水给各家宾馆以外,什么也管不了。六祖镇政府也面临同样的困境。国恩寺与旅游局有矛盾,旅游局与六祖镇也有冲突,龙山文化景区发展有限公司与国恩寺积怨颇深,诸如此类。利益面前矛盾重重,难以调和。例如,温泉眼地段,旅游局欲开发为一个观光休闲景点,但地皮是六祖镇的,他们才有决定权,却已卖给了一家公司新修一个度假宾馆。

条块分割和缺乏强有力的统一领导,是产生阻碍龙山景区所有可持续发展问题的根源。

(4) 景区不成大器,对外竞争乏力

由于"蚂蚁啃骨头"式的小资本分散开发经营,"分田到户",散兵游勇各自为战,一盘散沙,公共部分无人顾及,大环境大气候营造不起来,最终结果是旅游景区搞的不像景区,无论是"景区人"还是游客,都毫无身在旅游景区的感觉。没有景区大门,没有接待中心,没有游览图,没有内部交通。由于龙山度假区是由一家家小招待所式的度假旅店生硬拼凑而成的,缺乏统筹安排,所以没有整体感,在考察清新温泉、从化碧水湾温泉、龙门亚洲第一泉以及海南岛的许多度假区之后,总经理们都感悟出了自己的龙山不像度假区,难怪游客不来。然而,从酒店到六祖镇再到旅游局甚至县政府又全都束手无策,一时拿不出解决问题的好办法。可见,龙山的旅游开发由于采用小股资本运作,加之缺乏有效组织,没有形成大手笔,不能铸成大器,最终难成大气候。

案例启示

没有强有力的统一领导和缺乏通盘考虑,景区就会失去可持续发展的根基。古人云:兵马未动,粮草先行。旅游景区的开发建设也必须做到"土木未动,规划先行"。

资料来源

广州大学旅游学院. 龙山旅游度假区总体规划(2004—2015). 2004

案例思考

1. 禅宗六祖故里旅游区本该出名而不出名,除了文中分析的原因以外,你认为还有其他什么重要的原因吗?如果有,那请你想想从中又说明了些什么问题?

2. 景点景区开发与经营中,如何有效解决投资主体多元化与统一领导和规划之间的矛盾?

(蓝力民)

8-3 平遥古城
——另辟新城，保护旧城

案例介绍

1. 基本情况

平遥古城是我国的世界文化遗产之一，它地处黄河中游、太原盆地西南端、泰岳北麓。古城距山西省会太原100公里，面积2.25平方公里。

平遥古城有2 700多年的历史，它完整地保留了明清时期的城墙、街道、店铺、庙宇和民居，文物古迹布局严谨，其古城墙全长6.4公里，墙高约12米，墙身以素土夯实，外抱青砖，筑有瓮城6座，城楼6座，角楼4座，敌楼72座，垛口3 000个。因整座城市是仿灵龟样式而设计，平遥古城又称"龟城"。鸟瞰古城，南门似龟头，面向中都河，可谓"龟前戏水，山水朝阳"，城外原有水井两眼，喻为龟之双目，北城门拱极门为龟尾，东西4座城门和瓮城双双相对，形似龟的四足。古城的布局完全秉承了中国封建的"礼制"和"习俗"，县城由四大街、八小街、七十二条蚰蜒巷组成一个庞大的八卦图案；全城以南大街为中轴线，以古市楼为中心，形成左城隍（庙）、右县衙，左文庙、右武庙，左道观、右寺庙相互对称的格局。充分体现了中国汉民族文化左祖右社、人神共治、文上武下、佛道相容的思想内涵和古代礼制规范。黄色和绿色的琉璃瓦铺顶的官衙、寺庙建筑，在大片青堂瓦舍的民居店铺烘托下形成了强烈的色彩对比，显示出封建礼制的威严。平遥有驰名中外的中国第一家票号"日升昌"等20多家票号，具有保护价值的民宅3 000多处，现已登记在册的地上、地下文物遗存有287处。1997年12月3日，在意大利那不勒斯城，平遥古城被联合国教科文组织正式确定为"世界文化遗产"，列入"世界遗产名录"，联合国教科文组织世界遗产委员会给出的评语是："平遥古城是中国汉民族城市在明清时期的杰出范例，平遥古城保存了其所有特征，而且在中国历史的发展中为人们展示了一幅非同寻常的文化、社会、经济及宗教发展的完整画卷。"1997年，平遥古城内的居住人口为4.5万人。

平遥古城西南6公里处的双林寺的唐槐、宋碑、明钟、古建、彩塑、壁画都十分珍贵，但尤以2 000多尊彩绘泥塑为稀世珍宝，被称为"东方彩塑艺术宝库"。平遥城外的镇国寺创建于唐末五代的北汉时期，它与双林寺一同被列入世界文化遗产的名录之中。

2．旅游业发展状况

在较好地保留了明清古城的原貌的基础上，平遥旅游业从无到有，从小到大，旅游的六要素吃、住、行、游、购、娱不断完善，1992年平遥旅游接待人数15万人次，直接经济收入20万元，申遗前即1996年平遥古城门票收入为82万元，2004年，来平遥旅游的中外游客突破60万人次，门票收入达到4 760万元，是1996年的58倍，旅游综合收入达到5亿元。到2005年平遥接待国内外游客73万人次，海外游客人数占到了20%，实现门票收入5 730万元，旅游综合收入5.03亿元；平遥直接或间接从事旅游业的人数近5万人次。

案例分析

从平遥古城的保护、申报世界遗产的成功到旅游业的全面发展并非一帆风顺。这座古城得以保留并成为全人类共同的文化财富，是因为遵循了可持续发展原则。平遥从山西走向世界，得益于各级政府、平遥人民以及专家学者的不懈努力。

（1）1982年，由上海同济大学、山西省建设厅建筑规划设计院与平遥县共同编制的《平遥县城总体规划》，确立了全面保护平遥古城的总体思想。当初和平遥一样的古城还有太谷、祁县、忻县、介休，太谷城的规模比平遥还大，有完整的城墙，完整的钟鼓楼，完整的孔庙，完整的各种各样的坛庙，很多很好的民居。1980年，各地按照新规划，拆掉旧城建新城，这种"建设性的破坏"使这些古城原貌不复存在。而平遥因为经济发展缓慢而较少建设，工程进度慢了一点，在县政府送交《平遥县城市总体规划》给山西省建设委员会并准备挖开城墙拆掉大量房屋时，由于听取了同济大学建筑系专家阮仪三教授的建议才得以"刀下留城"，随后制定了平遥县新规划。新编规划提出保护古城的历史文化遗产，明确了在古城西面和南面开辟新城，"新旧绝然分开，确保老城，发展新城"的总体战略思路。1982年平遥县人大常委会通过了总体规划，重点强调对旧城全面保护，即：县城中心地区和县级以上文物古迹附近，定为一级保护区，建筑高度在保持地方风格的前提下，不超过7米，城墙内外确定10米和30米为绝对保护区，视线控制区为40米和150米，建筑高度在保持地方风格前提下不超过7米，其他地区为二、三级保护区。这个总体规划为保护古城奠定了基础。

（2）1986年，平遥被国务院公布为国家历史文化名城后，根据新的标准和要求又在1989年重新编制了《平遥县历史文化名城保护规划》，1994年又做了部分内容的调整规划，使之不断完善，保护古城有了较完善的法规保障，并步入系统操作的历史阶段。

（3）1994年全国历史名城二届三次常务理事会在平遥召开，平遥县邀请国内外知名专家学者，对古城的全面保护进行了详细的论证，征集了大量的富有建设性的意见，并且提出了按世界文化遗产标准完善古城保护的思路。这次会议根据全国历史文化名城保护专家委员会副主任委员、著名高级建筑师郑孝燮、罗哲文的提议,一致通过了呈请国家建设部、国家文物局把平遥列为我国第一个文化名城向联合国申报世界文化遗产的倡议书,并建议山西省人民政府抓紧申报工作。至此,平遥对古城保护形成了一套整体思路。

平遥县按世界文化遗产标准完善古城保护的思路和以后的实施状况主要体现在:

第一,建规立制,依法保护古城。在县政府出台一系列的行政法规之后,在城市规划方面实施了"四集中"的规定,在房地产市场和环境保护方面实行"四不准"政策。城市管理的"四集中"指古城内、城区范围5公里、文物古迹周围建设控制地带、公路沿线1公里和重点区域的规划审批权限实行高度集中,须经县政府审签。房地产管理上的"四不准"是指在古城规划区内一律不准单位、个人零星建房占地;新城区一律不准建设低层房屋,农民建房不得修一层房屋,逐步推行以村为单位按规划实行统筹或统建;古城区内一律不准修建超高建筑和与原有风貌不协调的建筑;不准在单位和院内的空地上修建住宅。环境保护上的"四不准"是指古城3公里范围内不准兴建带污染性的企业设施,已经开办的要逐步改造搬迁,不准在文物古迹周围控制带、城市水源地尹回水库周围控制带及公路沿线1公里内兴建带污染性的企业设施。

第二,着力开发新城区,减轻古城保护压力。为了加快古城复原和改造步伐,平遥县政府机关和企事业单位带头迁出城外。1997年以来,平遥县投资2亿多元,完成了县四套班子机关、县直机关、平遥中学、中医院等80余家机关、企事业单位的搬迁。从1997年到2004年古城的人口外迁数量达1.8万,古城内人口由1997年的4.5万人减少到目前的2.7万人,古城内人口压力得到了有效缓解,对于平遥古城景区建设和保护有着重要意义。

第三，加强古城保护，改善环境质量。平遥每年从地方财政拨出专款用于完善配套给排水、道路建设。同时，采用多种形式集资筹资，改造了古城内大小街巷，硬化路面，构筑下水道，铺设供水主干道，新建供水处理厂，坚持每年改造6条以上中小街巷，稳步改造城内道路。截至2005年，景区对古城内67%的道路进行了石板硬化和电缆入地强化管理，严格按规划保护古城。近年来，景区着力加强改造建设，对主要街区、铺面、民宅的维修改造，实行严格控制，建筑维修一律采取"修旧如旧"的复原技术措施，先后对南大街、西大街两侧铺面进行了重点维修，有效地保护了古城的整体风格。与此同时，加大搬迁、拆迁和整顿力度，对影响古城风貌的行政企事业单位，尤其是一些超高建筑和污染性设施统一搬迁。先后拆除遍布沿街的违章建筑3万平方米，拆除遍布古城的无线电视天线，清除"马路"摊点，不规范牌匾和标语。根据平遥文物多、分布广的特点，县政府制定一系列符合县情的保护措施。

第四，健全保护机构，落实保护资金。平遥最早的文物保护机构是始建于20世纪60年代的"文物管理所"，1989年组建了文物管理局，20世纪80年代末县政府成立了"平遥县历史文化名城保护委员会"，将县政府、文物局、城建局、环境保护局、公安局、交警、土地局等单位的管理职能统筹化。古城的保护资金依靠各级地方财政拨款、景点门票收入和企事业单位及部分社会集资捐助等多元化渠道落实。平遥从2000年启动了包括8大类46项工程的古城旅游综合开发项目，截至2004年累计完成投资31亿元，完成古城中小街巷硬化74条，完成南门瓮城综合整治，在11条旅游主干线修建星级旅游厕所7处，两年投入600万元在古城内新建了10个旅游厕所及34个水冲式厕所，投入200万元对3 000余个旱厕进行了改造。已投入使用的丽泽苑国际酒店和多处民俗客栈也为旅游提升档次奠定了基础。

(4) 1997年2月22日,联合国世界文化遗产委员会专家田中淡(日本国)先生来到中国历史文化名城山西平遥,考察这座建城2 700多年的古城申报世界文化遗产项目。田中淡先生赞叹"平遥古城甲天下",并写出了考察评估报告,6月份在世界文化遗产委员会主席团审议通过,12月份在意大利那不勒斯召开21届全委会最后通过:平遥成为中国第一个列入"世界遗产名录"的城市。

(5) 2000年,平遥县委、县政府坚定了发展旅游业的信心,确定"政府主导,行业主管,民间主投"的旅游开发思路,民间资本大量涌入旅游业,平遥旅游开发进入了活跃期。古城内的景点当年就发展到16个,旅行社也由1997年的一家发展到10余家,民俗客栈、餐饮等行业也得到了较快发展,平遥牛肉、推光漆器等特色产品销量也随之剧增。但是,此期间无规划的开发也导致一些雷同景点出现,古城内有数家类似的镖局、票号,不仅浪费资源,还不利于形成合力。2003年,平遥对已开发的景点进行整合,同时控制景点开发,使得景点规模控制在20个。2004年,依据山西省旅游、质监部门联合颁布的《平遥古城民俗客栈质量等级的划分》,平遥又对古城80余家民俗客栈评定了星级;平遥还下大力气解决脏乱差和黑导黑社黑店的问题,旅游环境大为改观。2005年底,日升昌、双林寺、县衙、文庙通过国家AAAA景区验收,平遥成为国内拥有AAAA景区最多的县。

(6) 平遥县为协调好保护与开发的关系,邀请旅游界权威魏小安牵头编制了《平遥旅游目的地发展规划》。根据规划,古城保护将坚持国际化标准,"少开发多利用,注重软开发,适度硬开发,形成良性循环格局",发掘传统文化中的时代内涵和世界价值,使古城保护达到世界一流水准。同时,规划还针对平遥旅游开发中的现实问题提出"36计",促使平遥完善旅游六要素,从门票经济走向旅游经济。在打文化牌方面,最吸引海内外目光的当数成功举办5届的平遥国际摄影大展。据统计，自 2001 年到 2005 年，平遥先后吸引了 88 国 920 人次外国摄影家和 1.4 万人次国内摄影人士，以及 90 余家中外媒体记者参加摄影大展。2005 年 11 月 29 日，平遥国际摄影大展荣获"IFFA 中国最具国际影响力的 10 大节庆活动"奖，成为公认的国际文化品牌。平遥的魅力也吸引了同为世界文化遗产的法国普罗万市的目光。2005 年 9 月 15 日双方在北京缔结友好城市，其后发表了保护文化遗产联合宣言，双方将在世界文化遗产保护、旅游产业开发等诸多领域进行实质性合作。现在在平遥大戏堂内，观看原生态、具有本地特色的《晋商乡音》艺术表演，也成为游客夜生活的重要组成部分。

（7）平遥加快了古城人文资源由实物、精神形态向经济形态转化的步伐。在 2010 年，平遥将建成摄影会展、艺术采风创作、影视拍摄、金融管理培训和民间传统工艺品生产 5 大基地；同时将建成一城（古城）、一寺（双林寺）、一水（汾河三坝温泉）、一山（孟良山）和一线（镇国寺、慈相寺、金庄文庙、毛家大院、尹回水库、白云寺）的大旅游区域发展框架，覆盖全县 11 个乡镇近 90% 人口，使旅游成为农民增收的重要来源，在国内外树立起"唯一完整古城，全面明清文化"的强势旅游品牌，旅游接待人数达到 200 万人次，门票收入 2 亿元，旅游综合收入 20 亿元，基本实现"山西观光休闲旅游最佳城市，国际更具知名度、国内最具影响力的晋商文化旅游中心城市"的发展目标。

案例启示

平遥旅游景区的发展，经历了一个艰难的历程。从 20 世纪 80 年代的"建设性的破坏"到明确保护明清古城原貌，再到成功申请世界文化遗产，最终实现了人文旅游资源由实物、精神形态向经济形态转化的战略思想的转变。这是我国许多颇具价值的人文旅游资源开发中具有共性的发展过程,也是平遥古城从资源开发到产品形成的曲折道路的探寻过程,更是旅游资源开发者逐步认识怎样合理保护资源,如何使资源最终形成旅游产品并不断使其增值的渐进过程。

平遥在20世纪80年代以前只是一个默默无闻经济落后的小县城,古城珍贵的历史资源和人文景观所具有的价值并没有被旅游目的地政府和居民所认识,甚至险些在所谓"新城改造"的浪潮中毁于一旦。20世纪80年代以后,在专家的指导下,在各级政府正确决策下,在目的地居民的配合下,平遥最终以"中国汉民族城市在明清时期的杰出范例"的独特性、唯一性、代表性成为闻名中外的世界文化遗产。正是旅游业的兴盛提升了平遥的知名度和影响力,也带动了平遥一、二、三产业的发展,如今旅游业已成为平遥全县经济社会发展的龙头和支柱,它使一个经济落后的县城焕发了勃勃生机。由此看来旅游景区的开发建设,专家指导、政府宏观协调管理和目的地居民的共同建设这"三位一体"不可或缺。

然而平遥古城的开发和保护并非从此就一帆风顺,现如今世界文化遗产这块"金字招牌"在给平遥带来盛名的同时,也给平遥带来诸多压力。2004年10月、2005年9月、2006年3月平遥古城城墙三次自然坍塌、城市搬迁等事件让平遥屡次成为媒体关注的焦点,让平遥景区的开发者如坐针毡。协调古城保护与旅游开发的关系,解决好古城保护的技术支持、资金投入的难题又成为平遥面临的现实和紧迫的课题。

资料来源

1. 史忠新主编. 世界名城平遥览要(内部使用图书). 1998年平遥县政府旅游办公室
2. 梁晓丽,张云. 平遥古城:因为旅游 从山西走向世界. 山西新闻网,2006-01-25

3. 王秀峰. 旅游盛百业兴. 晋中日报，2005-08-12
4. 张正明，高春平. 平遥. 旅游教育出版社，2001

案例思考

阮仪三先生是平遥保护的功臣，他认为"遗产保护"就是"四性"：第一个，是原真性。就是保护它原来真实的东西；第二个，是整体性。就是不光是修一个房子的本身，还有它周围的环境；第三个，是可读性。就是你这个遗产反映的信息是可以读取的，不是按现在人的眼光乱理解；第四个，可持续性。不是今天保了明天不保了，要保的话一直保下去。针对平遥古城，你如何理解阮仪三先生关于"遗产保护"的"四性"原则？你认为采取哪些必要措施才能实现平遥古城的旅游可持续发展？

（刘海鸿）

8-4 广州芙蓉嶂风景区
—— 景区城市化结恶果

案例介绍

1. 基本情况

芙蓉嶂风景区位于距广州市区47公里的花都区北部的芙蓉镇，紧邻省级森林公园王子山，占地面积约22平方公里，是具有优美的山、林、湖、泉等自然风光、动人的神话传说以及丰富的人文古迹的旅游胜地。

芙蓉嶂风景区1983年开始作为旅游度假村开发,1993年被批准设立为广东省省级风景名胜区,1998年被评为省级旅游度假区,是国家AA级旅游景区。

芙蓉嶂风景区以海拔360米的芙蓉山为主体,层峦叠嶂,连绵数十里。山上的石头无论大小,表面均有烟墨色的芙蓉花图形,故称芙蓉山。山上名胜古迹荟萃,林木葱郁。山南有花都古八景的西山瀑布,落差90米。瀑布下面是能同时容纳万人游泳的人工游泳池。游泳池旁是芙蓉嶂水库,水域面积2.2平方公里,水深达24米,湖水清澈。风景区所在地是北回归线经过之处,树木覆盖率89%,负离子含量高,空气清新。风景区内水库边、山丘上分布着众多度假设施,其中,尤以直属于广东省、广州市有关单位部门的培训中心、疗养院、招待所居多。风景区内还有水上世界、阳光滑草场、小型高尔夫球场、网球场、足球场、温泉区、烧烤区、垂钓区、果园等休闲娱乐场所。风景区已成为辐射珠江三角洲的一个重要观光游览地和休闲度假区。

2. 市场情况

在20世纪90年代初,随着风景区内山水资源的不断开发和被命名为省级风景名胜区,芙蓉嶂曾火暴空前,风光无限,吸引了大量游客,也吸引了大量投资,成为广州旅游景区的一大"明星"。但是,到90年代中后期后,由于旅游区开发过度,环境恶化,逐步走向了下坡路。直至2000年后随着花都成为广州的一个区,才逐步复苏,但是,境况已大不如前。2001年接待游客59.6万人次,收入7 167万元,上缴税费358.35万元;2002年接待游客60.8万人次,收入7 295万元,上缴税费364.75万元;2003年接待游客68万人次,收入5 577万元,上缴税费278.85万元;2004年接待游客70万人次,收入 4 217 万元。近年来,在相关部门的大力帮助下,芙蓉嶂风景区已认识到了存在的问题,正抓紧解决,风景区重新焕发了生机。

案例分析

芙蓉嶂风景区有着难得的山、水旅游资源,加之其地处华南中心城市、现代大都市——广州市的远郊区,区位佳,交通条件好,旅游市场大,旅游投资渠道广,因此,旅游业发展有着非常优越的条件。然而,芙蓉嶂风景区的发展也曾走过了一段不堪回首的弯路。主要表现在:一是风景区的城市化、商业化、人工化现象较为严重。"城市化"是我国风景名胜区发展普遍存在的一个问题,该风景区也没有避免这一问题。区内环水库地段建筑密集、大体量建筑普遍,到处都是培训中心、招待所、酒店、商店等度假娱乐设施,活生生一个繁荣的小城镇。二是区内生态环境受到破坏。由于环水库地区高强度的开发,建筑密集,节假日期间车流、人流量大,从而使得风景区污染物排放多,湖水污染严重,对生态环境破坏很大。三是风景区内还有不少"烂尾楼",有些"烂尾楼"甚至位于水库中的湖心岛上,它们占据了非常优越的位置、位于视线走廊上、体量大,对整个风景区的环境景观带来了非常恶劣的负面影响。

芙蓉嶂风景区存在的这些问题,根源在于:一是对风景名胜区的开发缺乏有力的监管。一切唯利是图,对旅游开发过于热衷,而对于风景旅游资源的保护则缺乏足够的重视;某些省市部门直属的培训中心、疗养院"来头很大",风景名胜区无法有效对他们进行监管;二是缺乏有效的规划,规划水平不高,规划实施力度不大,规划监督不强;三是缺乏可持续发展意识,只重视短期经济利益,忽视了长远的社会环境利益;四是旅游项目的开发随意性较大。该风景区在 2002 年曾开发漂流项目,但风景区内并无适宜于漂流的河流,只能依靠一个山塘开闸放水以满足需要,而且河道状况也不合适。但是,在行政干预之下，这个项目还是上马了。结果，在2004年就停业了，不但没有取得预期的经济效益，而且还因为不适当的建设，破坏了风景区内的环境。五是管理体制存在问题。由于这些方面的问题，芙蓉嶂风景区的可持续发展受到严重威胁。

可喜的是，近来广州市及花都有关部门已经认识到了芙蓉嶂风景区存在的问题，正在大力采取措施加以解决，如重新编制规划，加快处理"烂尾楼"问题，治理环境污染，加快邻近的王子山森林公园开发，风景名胜区因此正在逐步重新走上正轨。

案例启示

芙蓉嶂风景名胜区的发展历程代表了我国相当部分风景名胜区的发展道路。在我国，风景名胜区不但是一种非常重要的旅游资源，而且还是一种非常重要的、需要加以严格保护的自然与历史、文化遗产资源，因此，风景名胜区的旅游开发不能只考虑经济利益，而忽视社会、生态环境利益。在风景名胜区的规划、开发、管理过程中一定要树立起可持续发展意识，一定要严格遵照《风景名胜区规划规范》及其他法规、规范，做好规划编制，做好规划实施，加强和完善风景区的监督、管理，其中的关键是一要科学评估风景区的环境容量，严格控制风景区开发建设的强度，严格控制旅游接待的规模；二是要科学规划，合理划定功能分区，将旅游服务设施尽可能布局在风景区外围地带；三是对风景名胜区的开发保护绩效，有关部门一定要建立起严格、规范、透明的考核与监督机制。

资料来源

广州旅游规划研究中心编. 广州市花都区旅游业发展总体规划（2002—2010），2002

案例思考

从芙蓉嶂风景名胜区发展的经验教训来看,我国的风景名胜区怎样才能避免过度的旅游开发?避免"城市化"、"商业化"现象出现?怎样才能既满足游客需要、促进旅游业发展,又保护好风景区内稀缺的自然生态与历史人文资源?

(谢涤湘)

8-5 西班牙巴利阿里群岛
——世界滨海度假胜地的持续发展

案例介绍

巴利阿里群岛是旅游王国西班牙驰名世界的三大滨海旅游度假胜地之一。位于欧洲南部、地中海中心偏西的位置,20世纪中期即发展为世界瞩目的滨海旅游目的地,被誉为"地中海浴池"。巴利阿里群岛总面积为4 992平方公里,海岸线的长度为1 239公里,由马略卡(MALLORCA)、梅诺卡(MENORCA)、伊比萨(IBIZA)和福门特拉(FORMENTERA)等四个岛屿和许多小岛屿组成。群岛有着典型的地中海气候,气候温和,具有明显的岛屿气候特征。巴利阿里群岛春季的平均气温约为19.5℃,夏季27℃,秋季20.5℃,冬季15℃,全年平均气温为17℃,年日照时间为300天左右。

巴利阿里群岛的总人口超过 70 万，其中近一半的人口居住在帕尔马。帕尔马是巴利阿里群岛的首府城市，坐落在群岛中最大的岛屿马略卡岛上，位于东经 2°39′03″，北纬 39°34′14″，居民约 38 万。

巴利阿里群岛有着 5 000 年悠久的人类活动历史。早在公元前 1300～公元前 1000 年，便有人在这里集体居住。公元前 123 年巴利阿里群岛并入罗马帝国，帕尔马城建于公元前 1 世纪。在 9 世纪至 13 世纪阿拉伯人占领期间，帕尔马市基本形成了现在的城市规模。1229 年，阿拉贡国王海梅一世从阿拉伯人手里得到该城，此后便以哥特式风格对城市建筑进行了大规模的改造。在加泰罗尼亚人统治期间，这座城镇被称做"马略卡城"。中世纪，随着海上贸易的发展，在城市老区又兴建了不少宫殿。1715 年，马略卡失去了王国的地位，"马略卡人的城市"从此被称为帕尔马。现市内保存的教堂、寺院、城堡等文物古迹众多，保留有不同时期风格的建筑。市区东南近郊海滩平缓干净，海水清洁；西南港湾条件优良。

以帕尔马为起点，修建的公路网络辐射到全岛；岛上还铺设了铁路，专供观光列车行走。马略卡岛西部地区，是海拔 400 米的丘陵地带。这里从中世纪起就居住着修道士和朝圣者。马略卡岛的东北部是世界上最重要的史前遗址高度集中的地区之一，巨石遗址多达 1 600 处。北部索列尔谷地的名字来源于阿拉伯语"苏利亚尔"，意思是"金色的山谷"——大片柑橘林的累累果实使山谷变成了金色。岛上田园风光秀丽，农业灌溉区内，一架架风车为秀丽的田园风光增添了特殊的韵味。物产丰富，大量种植橙子、橄榄等农作物。周边海域有丰富的渔业资源。

19 世纪时，以乡村小说而闻名的法国女小说家乔治·桑（George Sand）、肖邦（Chopin）和奥地利大公路易斯·萨尔瓦多（Luis Salvador）游历了马略卡岛，并在其文艺作品中对这座岛屿的美景称颂有加，"诗人和艺术家所梦想的一切，造物主都在这里创造了出来"，使马略卡的美名得以在外界广泛传扬。现在肖邦和女作家乔治·桑居住过的寓所已经成为了一间博物馆,博物馆内至今保留着他们住在巴尔德莫萨时使用的钢琴。肖邦住过的修道士房间里挂着钢琴家拉威尔和作曲家曼努埃尔·德·法利亚的画像。每年8月份,世界上的音乐家都会来到这里参加音乐界的重大节庆纪念活动——"肖邦节"。

20世纪50年代开始,巴利阿里群岛迎来了旅游业的繁荣。20世纪50年代中期,法国有100对男女青年曾在此举行集体婚礼,他们久慕马略卡岛迷人的景色,相约到这里一起欢度蜜月。事后,欧洲许多新婚青年都视此地为美好的去处。久而久之,该岛便被人称为"蜜月岛"。60年代,巴利阿里群岛成为欧洲人心目中的"欧洲天堂"也因此有无数的欧洲人把他的第二住家买在岛上。1960年有500 000人次访问了巴利阿里群岛,到1997年,该数字已经提升为6 739 700人次。至今,每年接待的游客人数为1 200万人次,是欧洲著名的度假中心。

20世纪,马略卡接待了数百位来自世界各地的知名人士,有国王和王室成员、国家元首、艺术家、作家、科学家、工商业巨子等,如英国女王伊丽莎白二世、美国前总统乔治·布什和克林顿、英国前总理丘吉尔和梅杰、德国前总理科尔、奥地利茜茜公主等。马略卡岛是查尔斯王子与黛安娜的度假地,也是比利时国王阿尔伯特二世的结婚蜜月度假地。众多诺贝尔奖获得者、奥斯卡奖获得者曾在岛上留下他们的足迹和活动印记。美国前总统克林顿在岛上参观时发出这样的感叹:"我从未看见过这么美丽的建筑!"

作为著名的度假中心,巴利阿里群岛拥有优越的度假资源和良好的交通、服务设施。岛上小海湾和海滩相辅相成,形成了一处处迷人的度假中心。马略卡岛海岸边,到处是美丽的园林、游泳场、游轮港湾。每个岛上都有旅游问询中心,而马略卡岛上就有40处,遍布全岛,其中仅帕尔马就有9处,游客能方便地获取相关旅游信息。虽然近几十年来巴利阿里群岛为接纳全年络绎不绝的游客兴建了大量房屋，但仍保留了过去遗留下来的优美的传统建筑。马略卡、梅诺卡和伊比萨的建筑分别根植于不同的文化传统，马略卡岛的建筑风格威严壮观，住宅的空间更为宽敞宏大，令人联想起古典的罗马建筑；伊比萨岛以石灰粉刷的立方体住宅与非洲北部村镇的城区有着相类似的异域风情，令人联想起当年迦太基人在这里留下的房舍；而梅诺卡岛则完全保留了英国统治时期（公元 1713～1782 年）的风貌。岛上保留着独特的文化传统，广泛使用加泰罗尼亚语言，在市政厅有穿着传统服饰的巨型塑像，当地的舞蹈和音乐热情奔放，让人陶醉。在这里有着众多的旅游酒店集团，共有 1 554 家酒店、36 788 家公寓式酒店，共约 400 000 间客房。除了拥有一般性住宿设施之外，群岛还拥有大小齐全的会议设施，有典型地中海风情的商业购物中心，有高品质的娱乐场所，诸如体育馆、高尔夫球场、主题公园和乡村旅游农庄等，让来访的游客有机会在现代化的舒适度假生活与安静的古朴生活方式中作出选择。

旅游业现已成为巴利阿里群岛的主要经济支柱。其主要特点有：

1. 旅游季节性强

游客量全年分布不均匀，游客主要集中在 5～10 月份（见图 1），这使得部分旅游接待设施不能全年营业。如一些酒店、酒吧会在旅游淡季关闭，来往于各岛屿间的渡船会在淡季减少航次。

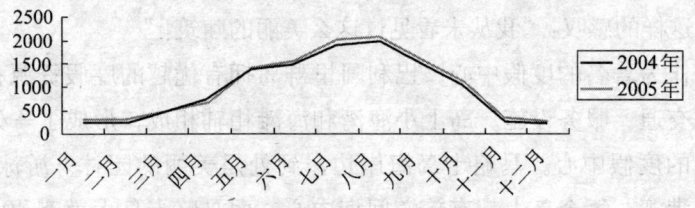

图 1 2004、2005 年各月份接待旅游者情况（单位：千人）

资料来源：Illes Balears 2005, 12. Edited and created by Conselleria de Turisme CITTIB

2. 旅游者多选择乘飞机进入群岛

旅游者多选择乘飞机进入群岛（见图2）。即便是来自西班牙本土的游客，也有92%的游客是通过乘飞机进入群岛的。

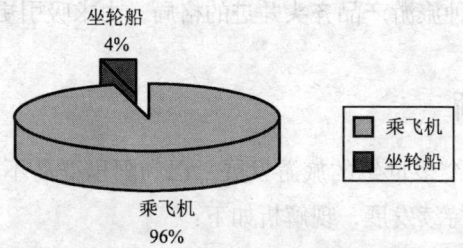

图2 2005年12月游客选择交通工具比例

3. 客源地集中

客源地主要集中在德国、英国和西班牙本土（见图3）。2005年来自德国的游客有3 757 957人，来自英国的游客有3 333 871人，来自西班牙本土的有1 916 984人。也有来自于欧洲其他国家的游客。来自美洲和亚洲国家的游客数量还很小。

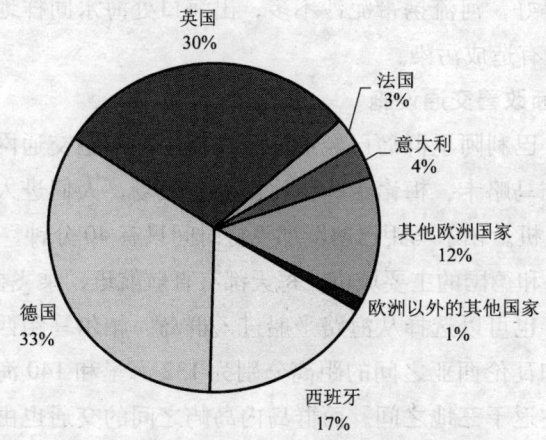

图3 2005年乘飞机到达的旅游者客源国

资料来源：Illes Balears 2005, 12. Edited and created by Conselleria de Turisme CITTIB

4. 旅游产品丰富

除了传统的滨海度假旅游产品外，巴利阿里群岛近年已经形成了以滨海度假旅游为龙头，辅以会议旅游、乡村旅游、城市旅游、体育旅游等多种旅游产品齐头并进的格局，力求吸引更多的旅游者。

案例分析

经历了半个多世纪的旅游发展，巴利阿里群岛不断焕发青春活力，实现了可持续发展，现解析如下：

1. 得力的环境保护措施是巴利阿里群岛得以持续发展的基础

巴利阿里群岛虽然早已成为地中海最发达的旅游目的地之一，但它的自然美景大部分仍完好地保存着，这归功于其出色的环境保护工作。岛上生活垃圾和污水有专门的地下管道收集，在街头不会看到成堆的垃圾，也不会看到污水流向大海；收集后的垃圾集中运到岛中央填埋，而垃圾填埋区是经过精心选择的，确保不会造成对岛上河流、乡村井水的污染。由于岛上河流流量不大，加上两岸植被保护做得好，河流携带泥沙不多，出海口处海水同样地干净，对周边浴场没有造成污染。

2. 不断改善交通设施

目前，巴利阿里群岛已经形成了便捷的海陆空交通网络。群岛的三大岛屿马略卡、梅诺卡和伊比萨均有机场，人们进入该度假区可以首选飞机。帕尔马距巴塞罗那飞行时间只有 40 分钟，而到伦敦、巴黎、罗马和德国的主要城市，每天都有直航航班，乘飞机都只在 3 小时以内。也可以选择从海路坐船进入群岛。帕尔马距西班牙重镇巴塞罗那和瓦伦西亚之间的距离分别为 132 海里和 140 海里，每天都有渡船往返于三地之间。而群岛内岛屿之间的交通也由飞机和轮船承担。以马略卡为中心，乘飞机到梅诺卡和伊比萨仅需 35 分钟。如果选择渡轮，则马略卡到梅诺卡需 1 小时 15 分，马略卡到伊比萨需 2 小时 15 分。各个岛屿公路网络发达，相应的长途汽车服务也很发达，人们可以借助公共交通工具到达岛上的每一村落。

3. 开发多种旅游产品，改变单一的季节性滨海度假地形象，提高市场竞争力

在经历了 20 世纪中期的发展辉煌时期后，与世界其他旅游度假区一样，巴利阿里群岛面临着新的挑战：其一，不断地有更多的同质旅游目的地崛起，与其争夺客源，周边如法国的戛纳、西班牙的巴塞罗那等地中海沿岸城市，远处有美洲、亚洲、大洋洲等新兴旅游度假地。如何保持自身的市场竞争力？其二，传统滨海度假地的旅游接待季节性强，客源高度集中在某些月份，一方面导致旅游旺季服务接待设施不足、客人度假质量下降，另一方面又使服务供应单位在淡季无法正常营业，全年经营收益受到极大影响，降低了商业投资的回报率。如何将季节性度假地打造为四季特色各异的度假地？

近年来巴利阿里群岛政府采取了一系列措施，充分利用自然资源优势，加强旅游产品深度开发，通过大力发展会议、体育、娱乐设施，开展各类文化活动，把巴利阿里群岛打造成为"地中海会议旅游度假中心"、"地中海购物中心"、"地中海体育休闲中心"，变单一的滨海度假产品为内涵丰富多样的商务旅游与休闲旅游度假产品。高尔夫运动、航海活动、自行车旅游、徒步旅游等在岛上发展迅速。岛上现有 25 个世界顶尖的高尔夫俱乐部。玻璃工艺品、陶瓷、刺绣、织物、鞋、皮革、银器、首饰等商品既时尚又充满传统文化特色。除了保留传统节庆活动如嘉年华等外，当地政府、各种机构还不遗余力地开展各类文化活动，使一年四季节事活动不断。2005 年，会议旅游比 2004 年增长了 36%，带来了 3 300 万欧元的收入。相关预测表明，一旦帕尔马会议中心落成，会议旅游的收益将是 2005 年的 3 倍。会议旅游在巴利阿里群岛发展前景良好。

4. 充分发挥政府在旅游推广与市场规制方面的作用

2004年10月，国际象棋奥林匹克团体赛首次在岛上举行，为此，巴利阿里自治区政府特别组织了一支由区长豪梅·马塔斯亲自率领的代表团，远赴俄罗斯参加"2004年国际象棋奥林匹克团体赛暨巴利阿里群岛旅游推广活动"。近年，为开发中国市场，该区政府组团到中国访问，开展了系列市场推广活动。政府还组织出版了《20世纪的马略卡：一个重要的目的地》，书中收集了20世纪以来访问过马略卡岛的世界各界要人在岛中活动的图片及文字资料，成为极好的旅游宣传材料。

21世纪初，受竞争对手的强劲挑战影响，巴利阿里群岛旅游业一度处于发展的低迷时期。为保护现有投资者的利益，同时要使帕尔马保持具有影响力的世界度假中心的地位，当地政府曾限制一般住宿业的发展，只审批兴建豪华酒店。这种市场准入制度使得帕尔马的住宿设施规模在本世纪的头几年只有约2%的增长，基本与游客数量增长幅度相符合。实现了既保持旅游目的地持续发展、与世界同步发展的形象，又在一定程度上调整了旅游接待设施的发展速度，优化了住宿业的结构，更有利于市场的长远发展。

案例启示

巴利阿里群岛是典型的资源型旅游目的地。要使旅游业持续发展，一方面要做好资源的保护工作，另一方面要充分利用自身的优势资源，不断开发新的旅游产品。巴利阿里群岛在半个世纪前仅仅是以滨海旅游被世人所认识，而岛上各类资源丰富，正是由于把握住自身资源的特点，在市场上不断推出如体育旅游、商务旅游、文化旅游、城市旅游、乡村旅游等多种旅游产品，巴利阿里群岛得以使自己与众多的滨海旅游目的地区别出来，吸引更广阔的客源，保持市场的竞争优势。

一个健康的、充满活力而蕴涵无穷魅力的旅游目的地,巴利阿里群岛旅游业正努力树立这种形象。

资料来源

1. Illes Balears 2005,12. Edited and created by Conselleria de Turisme CITTIB
2. www.visitbalears.com
3. www.illesbalears.es
4. www.europetour.gogocn.com/313
5. http://www.tpbjc.gov.cn/Article_Print.asp?ArticleID=12139
6. 马洁. 帕尔马调查、访谈,2006.3

案例思考

巴利阿里群岛旅游业可持续发展事例对我国旅游景区有何启示?

(马洁)

第 9 章

旅游景区景点竞争、联合与整合

人类的 21 世纪是竞争的时代,是规模经济的时代,是品牌效应的时代。从企业收购、兼并、融资、协作到战略联盟,从产业合作到区域合作,无不体现出资源共享、互利互惠、取长补短、做强做大、形成品牌以增强竞争力的时代潮流。在这样的新形势下,突破自我封闭、跳出狭小圈子,积极参与外界经济联合、加入经济大循环成为企业和地区发展的必然选择。

旅游景区景点作为一类经济实体,和其他企业、部门一样受到新的竞争规律的支配。随着过去那种"酒好不怕巷子深"的年代逐渐远去,景区景点依靠孤军奋战打出一片天下的道路越来越艰难,而开展各种形式的实质性联合、实行有效整合越来越成为塑造品牌或强化品牌、形成规模、提高竞争力的捷径和重要手段。河南三市景区联合,共演"水墨故事"就是成功的一例。

景区景点实行联合、整合的依据、方法和途径又是多种多样的,可以凭借地缘优势与区位条件,可以出于旅游资源特点和地方文脉,可能因为旅游功能互补、相得益彰,可能为了"成行成市"谋取集聚效益，也可能是因为产业链等其他方面的密切关系。以强带弱、以特色带一般、强强联手、合小成大、并弱为强是较常见的方法和途径。我国已有不少景区景点在这方面开展了有益的实践，并取得了明显效果，积累了宝贵经验。当然，也有的留下了深刻教训，成为警世之鉴。本章案例当能使读者在这方面大受裨益。

9-1 河南三市景区联合共演"水墨故事"

🥤 案例介绍

2006年3月18日由河南省驻马店市旅游局发起"水墨故事"大型旅游推介会，驻马店市（遂平县）嵖岈山景区和南海禅寺（汝南县）、信阳市南湾湖景区与漯河市（临颍县）南街村景区共同打造出了跨区域联合、主题品牌鲜明的旅游新产品，四个景区景点组成的精品旅游线路，突破了区域屏障，实现了无障碍旅游，受到了与会代表和旅行社的欢迎。这也是迄今为止河南省首次跨区域的大规模无障碍旅游景区合作的大胆尝试。而今这一主题旅游线路已在2006年"五一"黄金周中崭露锋芒，成为河南省知名旅游新品牌、豫南大地闪亮的旅游精品新线路。

1."水墨故事"各成员景区的概况

"红色南街村"位于漯河市临颍县，总面积1.78平方公里。南街村村企业组织——河南省南街村（集团）有限公司是一国家大型企业，下属工厂26家，该村是富庶的社会主义文明社区的浓缩展现：农村集体经济繁荣昌盛，倡导"傻子精神"的集体主义。南街村村风正、民风好、党风廉，社会治安秩序井然，获得了"全国先进基层党组织"、"全国模范村民委员会"、"全国文明村"、"全国优秀乡镇企业"等诸多殊荣。因此，南街村吸引了不少参观学习、交流经验的访问团体，这使临颍县领导看到了大力发展旅游的商机。而今"南街村特色旅游"也已成为河南省临颍县旅游业的支柱龙头。南街村景区主要景点有文化园、东方红广场、革命传统教育区、农业观光园区以及植物园、游泳馆等旅游景点。

驻马店市嵖岈山景区，位于遂平县内，总面积50多平方公里，是《西游记》外景拍摄地，也是全国生态旅游示范区、河南省级风景名胜区、河南省的十八个重点风景区和十大热点景区之一。嵖岈山景区的花岗岩造型奇特，素有"天下第一奇山"、"中原盆景"美誉，主要由蜜蜡山、南山、北山、六蜂山、花果山和天磨山等八个亚区组成。2005年"十一"黄金周期间，嵖岈山景区接待游客3.68万人次，景区内两个大型生态停车场、三个备用停车场全部爆满。

南海禅寺，位于驻马店市的汝南县城关东南，始建于明朝嘉靖年间（公元1545年），因处于小城辽阔的小南海，故称"南海禅寺"，历史上被誉为"蔡州八景之一"。寺院几经战乱，几度修缮，解放前被拆毁。1994年以来由台湾著名的高僧——明乘法师（祖籍汝南县）筹集资金重建，寺院几经复修和扩建，现已成为目前中国最大、亚洲屈指可数的佛教寺院。目前建成的南海禅寺总建筑面积5万平方米，主要以寺院建筑和浮雕为载体，展现佛教文化内涵。从北到南依次是：山门；刻有12菩萨、12生肖、12姻缘的12座花岗岩牌坊；之后是该寺的主体建筑，正方形的大雄宝殿和四大配殿，其中大雄宝殿超过了故宫太和殿和山东曲阜孔庙大成殿的建筑规模；以及台北白圣法师的舍利塔。

南湾湖景区位于信阳市城市规划区内，景区面积190平方公里。这里交通便利，风光秀美，南湾湖素有"中原第一湖"、"水墨南湾湖"、"中原千岛湖"之称，南湾湖风景旅游区先后被命名为"国家水利风景区"、"国家森林公园"、"河南省风景名胜区"。经过多年的发展，南湾湖风景区已形成景区大坝、西山景区、仰天湖、水族馆、库面观赏和鸟岛、猴岛、消夏岛等 12 个景区的旅游布局。

"水墨故事"的旅游品牌内涵丰富，涵盖了这条旅游线路的各个景（区）点。其中"水"意指南湾湖，"墨"字取意源于嵖岈山形似巨大的墨砚，被评为"中国十大名村"的南街村由于红色文化旅游较为突出而取意"故"，规模宏大的南海禅寺则被称之为"事"。最终，"水墨故事"品牌线路形成了"一山、一水、一村、一寺"的跨区域联合景观格局，今后对游客的整体吸引力将会日益显现。

2. "水墨故事"各成员景区原有的竞争状态

南街村景区是近两三年里刚刚成长起来的旅游景点，但在河南省的传统旅游经典线路之中却没有该景区的发展位置，而且也不是 2006～2025 年的河南省旅游发展总体规划中重点发展的支柱景点，因此，该景区在未加入"水墨故事"品牌组合之前，其旅游发展尚处于凭借着单一旅游资源的吸引力，经营区域性旅游品牌状态。

嵖岈山景区是河南省较为知名的老景区，只是在 2004 年景区经营权出让之前面临了越来越多的发展障碍，如建设资金匮乏、产品项目单一、基础设施老化等问题，这使得它在与焦作云台山景区、嵩县白云山景区等后起之秀的激烈竞争之中败下阵来；景区改制之后的管理企业通过注资开发等实际手段才使得嵖岈山景区在近三年来的发展中重新焕发活力。

与嵖岈山景区发展历程相似的南海禅寺景点，在重修之前没有很强的市场吸引力，经历复兴之后的单独发展也只是增强了对宗教朝拜游客的吸引力，其景点规模及内涵还不足以吸引更加多元化的游客群体，只有参与到"水墨故事"的品牌合作之中才能有利于增加、扩大其游客市场的类型及规模。

南湾湖景区是河南省发展时间较长、知名度较高的景区，并且在未来的旅游发展规划中还被定位为豫南旅游板块中的战略支点，因而它作为河南省十大度假旅游景区的竞争优势将会日益凸显。但由于近几年来河南省的景区景点开发经营行为的迅猛发展，如驻马店市确山县薄山湖景区的发展，使得南湾湖景区的特色产品"南湾肥鱼"受到了薄山湖景区的"松针湖鱼"的挑战。

因此，各个景区在积极应对当前所处的竞争状态时，都有必要进行跨区域的联合经营。

3. "水墨故事"各成员景区实施的联合行为及其效果

驻马店市从 2006 年初就开始在省内外积极推介"水墨故事"品牌。例如，2006 年 3 月 4 日，驻马店市旅游局邀请石家庄 36 家旅行社一行赶赴"豫南水墨故事之旅"，进行了盛大的踩线活动，其中嵖岈山、南湾湖、南街村三景区还分别借此次推介活动介绍了各自的新变化及对旅行社的优惠措施；之后，还联合邀请了河北省邢台市、邯郸市的多家旅行社老总来豫南踩线，以及专赴湖北省"江城"武汉作热情促销。此外，还在 3 月 17 日举办的首届中国中部六省旅游交易会（郑州）上搭建水墨山水实景展台，重点推介该品牌线路。至此，了解到"水墨故事"品牌的旅行社中间商及游客无不对这条精品线路好评如潮。

通过驻马店市旅游局与各景区及其当地旅游主管部门的协同努力，在"水墨故事"的合作景区内，实现了客源地的组团社在这些跨区域景区之间的通畅统一的带团经营，大大降低了客源地组团社的经营成本，打破了以往必须由旅游目的地地接旅行社负责在景区带团讲解的地方保护性关卡，真正实现了由客源地到目的地景区之间的无障碍旅游，实现了"水墨故事"成员景区与客源地旅行社企业之间的"共赢"。

另外，在实现"水墨故事"品牌合作之前，南街村自 2004 年起开始收取门票，而门票的具体形式是售价 50 元的导游服务器，这是比较有特色的门票形式，还能给游客留下纪念意义；嵖岈山景区在实现景区经营权成功转让之后的这三年里一直执行 45 元的门票价格；南湾湖景区在经历改制之后制定的通票价格是 40 元；南海禅寺景点在旅游旺季时也要收取适当的门票。游客想要逐一游览这些景区时仅总和门票这一项花费都要接近 200 元，它们的门票总和逼近全国很多传统知名的景区门票价格，但它们的知名度及资源吸引力却不能与全国传统知名景区相比。因此，原有的门票价格并不能给四大景区景点带来组合竞争的价格优势，反而是它们发展旅游的障碍。而在当前推出的豫南"水墨故事"旅游品牌线路中，来自客源地的旅行社中间商在串联各旅游景点时可以获得较为低廉的门票价格，而且还可以与这四大景区之间签订多种景区组合搭配协议，进而制定灵活的组合报价，而不至于造成成本、价格偏高的结果。例如石家庄的"水墨故事"三日游，包含食、宿、行及景区综合门票在内的全部报价才 300 多元，对于游客而言是相当实惠的。

驻马店市旅游局在推进跨区域联合的"水墨故事"品牌的过程中起到了至关重要的作用。在它组织的嵖岈山、南街村、南海禅寺、南湾湖三日游线路之中，各景区景点串联的食宿中转中心都是驻马店市。因此，驻马店市在推进这一旅游品牌合作的同时，增加了该市综合的旅游收益，也增强了它作为豫南区域的旅游经济增长极的辐射能力。

案例分析

1. 景区间的区位组合优势，便于打造"水墨故事"的整体竞争力

南街村、嵖岈山、南湾湖三个景区形成由北向南相互呼应的区位组合状态，贯穿河南省的两条纵向交通干线——京广铁路和京珠高速都经过这三个景区，而南海禅寺景点虽不在这一主轴线上，但其与嵖岈山景区同在驻马店市内的交通横轴，因此，四大景区景点的客观分布条件，有利于形成跨区域联合战略。当前的"水墨故事"三日游的时空组合尺度，较好地利用了景区景点之间交通便利的组合优势，对周边省份的各类游客市场产生了较强的吸引力，如客源地旅行社的组团游客以及自驾车游客、背包旅游者等多类型的散客旅游者。这样的区位组合优势使得驻马店市旅游局携"水墨故事"各景区积极实施的市场开拓行为取得了事半功倍的效果。例如，2005 年至 2006 年间驻马店市旅游局积极倡导的南拓北进大旅游市场拓展战略，使得河北（石家庄）、湖北（武汉）等呈现纵向轴线分布的潜在旅游客源市场转变成为景区的现实市场，增强了"水墨故事"品牌的整体竞争力。

2. "水墨故事"成员景区之间的旅游资源属性差异，便于实现差异化合作

南街村景区拥有强大的集体主义经济实力和浓厚的红色革命思想教育氛围，是该景区最大的特色吸引物。嵖岈山景区，即花果山，依托《西游记》品牌中孙悟空化身——"石猴"的特色形象，积极营造该景区以象形花岗岩景观为代表的山体旅游。南湾湖景区则以湖泊度假旅游资源为特色，开发谷雨新茶、南湾肥鱼、荡舟碧波、戏猴逗鸟等知名旅游项目。南海禅寺景点作为整体品牌中独特的宗教旅游产品，也以其宏大规模和影响力增强了"水墨故事"品牌的市场号召力。因此，四个景区景点间的联合，能够在不同角度满足游客的多维度旅游需求，确实起到互补合作的效用。

3. "水墨故事"成员景区具有创新发展活力及竞争潜力，便于实现强强联合效应

南街村景区的旅游发展起步较晚，于 2004 年 4 月 10 日开始收费试运行。但南街村景区在一系列宣传推介带动下，不仅迎来了大批国内游客，也吸引了众多国际旅游团队。《人民日报》、《光明日报》、《中国青年报》、中央电视台、《朝日新闻》、美国之音等众多国内外新闻媒体对南街村作了大量报道；美、英、法、德、日等 20 多个国家的数十家新闻单位也都到南街村作过实地采访。南街村景区推行的特色门票就是导游服务器,这种替代游览门票的导游服务器售价50元,具有像收音机一样接收信号的能力,可以收听南街村的情况介绍,可以当小手电筒用,也可以当做来南街村的旅游纪念品。游客自愿购买这种导游服务器后,便可以免费游览8个景点中的7个,同时可以享受一顿自助餐、乘坐观光车、导游服务、游小商桥旅游区等项的免费,并赠送纪念品一份。

2004年嵖岈山风景区经营权实现成功转让之后,现在的企业经营实体——河南省嵖岈山旅游发展实业有限公司立即投入巨资编制多项科学合理的开发规划,并于2005年末开始积极实施旅游产业的项目规划和产品开发,安排启动了天磨湖景区表演广场、西游文化广场等10个精品项目建设,策划推出了休闲度假游、宗教朝圣游、西游文化游、地质科普游和梦幻夜色游等10多种旅游产品。在原有景点的基础上,新近推出了北山、六峰山、琵琶湖等新景点,游览面积比以前扩大了3倍。此外,景区举行了"首届嵖岈山登高节",内含"北狮登高、品嵖岈山菊花茶、百猴献技、嵖岈山书画比赛、祈福树下祈福"等一系列活动。景区各种特色假日旅游项目的增加,既给外地游客增添了新的感受,同时使经营旅游项目的企业普遍获得较好收益。近年来,南海禅寺在台湾明乘法师的积极奔走之下实现复兴,并以其规模优势、影响力而逐渐成为在全国宗教旅游项目之中极具竞争力的品牌。

南湾湖景区自2005年理顺管理体制之后,在当地水利部门的支持之下,以加强基础设施建设作为提升景区品位的突破口,毅然拿出近亿元的资金用于对景区内的各主次干道建设改造:改造了南湾街,拆除了花坛、更新了路灯、铺设了彩砖等,使主体路面宽度由原来的11米增加到23.4米;高标准新建了建材路、信随路南湾乡政府大门至军分区训练基地路段、景区大门至旅游码头路、景区门前和码头停车场等;对景区内的各主干道实施了绿化、美化、亮化改造。

第9章 旅游景区景点竞争、联合与整合

针对景区游客参与性不强、文化含量不高的状况，建设了集鸟类观赏、鸟艺表演、科普教育为一体的大型主题公园"鸟语林"景点以及水上游乐园项目等，改造了鸟岛、消夏岛等景点。与此同时，景区还进一步完善区内公共服务设施，新建了游客服务中心，制作了统一宣传指示系统，建成改造了各类公厕8座，在南湾景区内各主干道每隔100米放置1个垃圾箱；完善景区服务功能，全面提升南湾湖景区的品位。2006年南湾湖景区刚刚在武汉国际会展中心结束的第三届华中旅游博览会上，成功进入"中部旅游胜地三十佳"评选之列，这是中部六省的旅游局联合评选的。

可见，这四个景区景点都有强劲的发展潜力，也都不断开发自己的特色产品和创新产品，这更便于今后的强强联合、共赢发展。

案例启示

"水墨故事"中的各成员景区在实现跨区域无障碍合作后，分别得到了较好的发展，这种景区间的合作还能起到整合区域内的旅游资源，带动周边景区共同发展的作用：

漯河市临颍县以南街村景区为中心，正在大力开发繁城镇受禅台和三绝碑旅游点、巨陵镇国家级高科技农业园旅游点、商桥村杨再兴墓旅游点等。

驻马店市遂平县着力构建精品旅游工程。该县在传统旅游观光和现代休闲旅游的基础上，重新整合了县内自然生态优势，把凤鸣谷森林公园、人民公社旧址、红石崖风景区、槐树龙天沟自然景观、下宋水上乐园及嵖岈山大道、遂张公路等沿线观光农业带结合起来，形成了以嵖岈山风景区为中心，辐射方圆50公里的黄金旅游度假圈。

南湾湖景区位于河南省信阳市郊，具有较强的区位优势与客源优势，而与其同时获得"AAAA级旅游景区"称号的鸡公山景区，便成为南湾湖景区在临近区域内的整合发展对象。

跨区域联合的"水墨故事"产品在不断发展的基础上，由线状联合向面状合作辐射，起到整合区域旅游资源、带动辐射景区共同发展的效果。但也不否认这些被辐射景区的特色旅游资源存在与"水墨故事"成员景区之间的形象重叠、内部竞争的问题，那么如何实现这个发展时期的大区域合作竞争问题，便值得慎重考虑了。

资料来源

1. 刘广超. 临颍县选准角度大力挖掘旅游潜力，去年直接收入近亿元. www.sina.com，2001-08-15
2. 彦民. 漯河："十一"旅游黄金周旅游市场火爆. www.LUOHE.com.cn，2005-10-09
3. 南街村旅游局. 南街村旅游 今年五一仍火爆. www.LUOHE.com.cn，2006-05-08-09
4. 胡金岭. 嵖岈山风景区积极备战"五一"旅游黄金周. www.dahew.com，2006-04-14
5. 驻马店市旅游局. 首届中部(河南)旅交会我市取得丰硕成果. www.zmdly.gov.cn，2006-03-22
6. 天天游. 南街村、南湾湖、嵖岈山水墨故事三日游. www.ue365.com，2006-05-18
7. 水利部综合事业局多种经营管理处. 理顺管理体制，发展水利旅游——信阳南湾湖国家水利风景区. www.zhsyj.org.cn，2005-10-27
8. 河南省旅游局. 中部旅游胜地三十佳评选 河南五景区入选. www.zhengzhou.org.cn，2006-04-01

案例思考

1. 跨区域联合的"水墨故事"品牌还处于松散联合的状态，其成员景区如何有效地实现在未来发展中的跨区域客源市场协作和旅游服务流程协作？

2. "水墨故事"各成员景区如何实现在推进各自的小区域内整合战略时，不与线状联合的景区构成过度的内部竞争？如何保持跨区域整体利益的协调？

（程珂　龙京红）

9-2 "广之旅"与封开县旅游合作
——旅游产业整合的有力突破

案例介绍

封开县位于广东省西北部，居西江上游，毗邻广西梧州市，是"西江走廊"经济区域的重要组成部分，又是"珠三角"与大西南的交会点，更是一块诱人开发的宝地。总面积 2 723 平方公里，人口 46 万多。

封开县作为省级风景名胜区和岭南古文明重要发祥地，旅游资源十分丰富。境内山川秀丽、人杰地灵。1993 年，广东省人民政府批准封开县龙山风景区为省级风景名胜区，目前正朝着国家级风景名胜区目标迈进。龙山溶洞、斑石、千层峰、十里画廊、贺江风光、金装淘金等景点驰名中外。县内集中了石灰岩、沙页岩、花岗岩三种地质地貌，构成各具特点的巨石、奇峰、幽洞、秀水、林海等自然景观。人文景观也非常丰富，历史悠久，品类齐全的古人类文化遗址及古墓葬、古建筑、古窑址遍布全县。此外，在封开县历史上还有一批出类拔萃的人物，如汉代开岭南经学之先的陈钦、陈元父子，扬名中外的士燮和中国历史上最年轻的岭南第一个状元莫宣卿，以及万人武装的缔造者刘谦，南汉开国之君刘隐，天才军事家苏章和嘉庆皇帝的老师钱鸿施等历史名人。

  2005年5月28日上午，广东广之旅国际旅行社股份有限公司与广东省封开县人民政府在广州东方宾馆隆重举行了"岭南奇境在封开"推介会暨封开旅游资源合作开发签约仪式。封开县和"广之旅"旅游开发合作期限为25年，从2005年6月1日至2030年5月31日。这次合作开发项目涉及大斑石、千层峰、龙山、黑石顶、莲都十里画廊、贺江、杨池古村、莫宣卿状元草堂、黄岩洞古人类陈列馆、泰新桥等多个景区、景点和一批综合配套服务设施，计划分期分批投资3亿多元，双方制订出了近期、中期、远期开发目标。在合作项目建设中，广之旅首先推出多条封开乡土奇境二日游、三日游新线路，以及长者团、自驾车团等系列产品，为全面开发建设封开旅游业奠定基础。此后，广之旅还将陆续推出不同主题的旅游产品，如暑假亲子团、农家乐、野外露营活动等，逐步将封开打造成为广东2小时经济圈范围内最大的旅游目的地，年接待人数达到60万人次以上。2005年封开县接待旅游人数47万人次，旅游收入17 012万元，较去年同期分别增长18%和12%。2006年春节黄金周，封开旅游实现了与"广之旅"合作的大丰收，出现了前所未有的火暴场面，各大景点游客如潮，餐饮、住宿爆满，名优农产品购销两旺，全县旅游接待人数、旅游总收入均比去年同期翻了一番。

案例分析

广东旅游业发展至今,价格战、佣金黑洞、企业经营管理分散,这些已成为目前旅行社的棘手之事。低水平的价格竞争使旅行社利润水平逐年下降,目前利润一般只在2%～10%,上升的空间更是基本没有。据业内人士透露,在整个旅游产业链整体利润上,省内游线路旅行社的利润还不到整体利润的10%,其中多数利润为酒店、景区、餐饮、交通瓜分,其中景区由于具有自然资源垄断、无法替代的优势,能带来稳定的经营收入,其经营利润率平均可高达20%以上,远高于同期旅行社和旅游酒店行业利润率。

旅游产业链涉及到吃、住、行、游、购、娱及其相关的衍生物(见"旅游产业价值链示意图"),而传统做法是旅行社只承担组团的单一

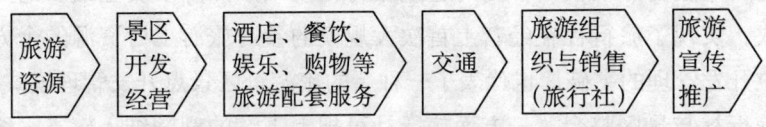

旅游产业价值链示意图

职能,在竞争激烈、利润下降的情况下,旅行社直接投资景区建设,意图在旅游产业链上获取更多的利润,以发展成一种新的盈利模式,应该说是一种理性的选择。旅行社通过投资进入旅游产业链的其他经营环节,仍是在旅游产业范围内经营,属于相关多元化。与景区占有自然资源相比,旅行社拥有更有实际意义的客户资源,旅行社作为旅游的组织者,直接面对客户,能更快地对市场需求作出反应;而且旅行社了解旅游的各个环节,掌握的信息更为全面,因此也更具有管理优势。旅行社由单纯的旅游服务商角色转变为综合性旅游集团,打通了旅游产业链上下游,有利于加快行业的整合速度。

"广之旅"在与封开县的旅游合作中，也不是单纯地对景区投资，而是整合了旅游电子商务公司、景点景区有多年管理开发经验的公司、旅行社三家公司的资源，专门于 2005 年 7 月成立一家旅游发展公司——封开县岭南奇境旅游有限公司，全面负责封开境内旅游资源的经营管理、策划宣传和营销管理，通过引入新的管理模式与理念，对封开全县的旅游资源进行全方位重新包装与推介，收到了极好的市场效果，从而为这个项目进一步成功发展奠定了基础。

案例启示

在当前旅游景区、资源多为政府掌握，市场化程度不高的情况下，"广之旅"与封开县的旅游合作是广东有史以来旅行社与拥有丰富旅游资源的地方政府合作开发项目最多、规模最大、影响最广泛的一个旅游开发活动，同时也是旅行社投入景点开发资金最多的一次，实现了旅行社在经营上首次大规模的参与旅游上游资源的全方位开发管理的突破，也代表了一种新的旅游景区景点开发管理模式。旅行社与景区整合，一方面旅行社可把上下游的利润纳入旗下，增加盈利能力；另一方面景区可以借助旅行社强大的平台推销上下游资源，提高景区客流量，形成双赢局面。

在成功入主怀集燕子岩景区，继"广之旅"之后，广东另一家大型旅游企业"南湖国旅"在 2005 年又先后进入广东德庆县的盘龙峡、金林水乡景区，并与四会县合作开发奇石河景区。广东中旅也在 2005 年 5 月份频频与两家海外战略投资方接触后，一个共同投资 10 亿元涉及景区、交通领域的产业多元化经营实体也逐步浮出水面。广东旅游业大型旅行社之间的新一轮竞争已悄然而至。

资料来源

1. 封开县政府网站. http://www.fengkai.gov.cn，2006-05-12
2. 封开县政府. 封开县2005年国民经济和社会发展执行情况与2006年计划安排. 封开县政府网，2006-04-25
3. 谢辉，郑君，仇文确. 肇庆"千里旅游走廊"走出新路 全市景区引入旅行社共同经营. 南方日报，2006-02-23
4. 曾淑芬，韦石明. 广之旅与封开合作开发旅游 粤旅游业三大突破. 西江日报，2005-06-03
5. 周文. 广东旅行社大肆多元化圈地. 信息时报，2005-11-08

案例思考

1. 在以后的发展中，"广之旅"与封开旅游合作可能会遇到哪些问题与挑战？
2. 在全球"归核化"趋势的同时，广之旅们的"多元化"发展有何积极意义与风险？
3. 与旅行社的"前向多元化"相对应，景区企业是否也可向下游扩展，实施"后向多元化"战略？

（欧阳昭洪　肖立斌）

9-3 沈阳陨石山满族民俗村
——孤军奋战，难圆整合梦

案例介绍

1. 基本情况

（1）沈阳陨石山满族民俗村位于沈阳市东南郊区的李相镇化石台村，距市中心约30公里。毗邻世界最大的古陨石科普基地，占地约20公顷。

（2）沈阳陨石山满族民俗村是在1998年由沈阳园林国际旅行社、沈阳市满族联谊会、沈阳市东陵区李相镇政府联合投资总计260万元兴建的。

（3）产品生产：开业前及近几年陆续建成的旅游景点主要有满族石牌坊、荷花湖、沙滩浴场、高粱迷宫、农业科普园、养鱼池、满族民俗博物馆、满族民居、满族风味食街、图腾谷、小木屋、满族书法石碑林和满族萨满面具、萨满神偶、满族剪纸展览馆等，另外还有参与性娱乐项目骑马场和射箭场。预建项目如用做钓鱼与休闲度假的养鱼塘、度假村、网球场等，由于资金的原因，只修了一半，始终没能完工。

2. 宣传促销及成效

经过几年的努力，沈阳陨石山满族民俗村在沈阳的知名度逐渐提高。1999年至2002年期间，随着沈阳市委宣传部主持下的"百万市民看沈阳"活动的开展,沈阳陨石山满族民俗村和沈阳古陨石科普基地、白清寨沈阳水洞整合成沈阳南部一日游线路,大受游客欢迎,期间接待国内游客数十万及海外游客数千名。2002 年,沈阳市文化局正式批准沈阳陨石山满族民俗村为"沈阳满族民俗博物馆"。2004 年 5 月 16 日,数千名沈阳满族同胞来到沈阳陨石山满族民俗村,度过一个盛大的满族"踏青节"。沈阳陨石山满族民俗村还建立了自己的网站,通过互联网向全国、全世界宣传沈阳的满族民俗村。

3. 市场销售情况

1998 年开业当年就有 2 万多游客参观游览了沈阳满族民俗村,收入近 20 万元;1999 年至 2002 年每年游客都在 6 万~8 万人次之间,年收入在 30 万元以上;2003 年全国发生"非典",游客大幅下降,只有 2 万多人次,年收入也仅为 18 万元;2004 年至 2005 年游客为 5 万人次,收入为 20 多万元,勉强维持日常开支。

案例分析

沈阳是一个历史文化名城,曾是清朝都城,有保留完好的清朝故宫和努尔哈赤、皇太极的陵寝。沈阳有满族人口 40 余万人,为全国之最。民间保留有大量的满族民风民俗,是非常值得开发的旅游资源。辽宁省、沈阳市两级政府都已确定以清文化(满族文化)作为旅游主线。沈阳陨石山满族民俗村就是在这样的背景下规划建设的。其目的不仅在于为沈阳打造一个清文化旅游景点,更在于通过该景点的开发建设和经营,保留和传播那些正在渐渐失去的满族民俗文化资源。应该说这是一个既可以丰富沈阳旅游产品,又具有独特文化魅力的好项目,但是从几年的经营状况看,沈阳陨石山满族民俗村除 1999~2002 年间稍现红火之外,一直处于勉强维持其日常开支状态。由于受到开发资金的限制,导致后续景点的开发和产品创新跟不上,景点较少,设施简单,景点重游率低,进入恶性循环。

原因之一在于沈阳满族民俗村落户于古老的陨石山脚下，其选址很大程度上受到了政府的政策引导。1997年，沈阳市政府在陨石山召开"开发沈阳南部古陨石旅游资源"现场会，由市政府主持。这次会议确定："抓住时机，尽快开发陨石山；马上成立"沈阳古陨石研究所"，由陨石发现者张海亭任所长；以古陨石群为龙头，建成集天文、科技、观光、度假、健身、娱乐于一体的旅游观光区"。沈阳满族民俗村在这一政策引导下，不失时机地在陨石山附近占据了有利地形修建工程。设想与政府大力支持建设的陨石山项目形成整合之势，在突出陨石山自然、科技资源的基础上，丰富其人文旅游资源，与陨石山共同打造成沈阳南部科技文化教育基地和观光度假区。而且，沈阳市政府在2002年旅游工作会议上承诺，专门修建一条旅游公路到陨石山、满族民俗村。但随后，市政府改变了沈阳旅游开发的方向，由"南下"变为"东进"。陨石山失去了昔日的光彩，沈阳陨石山满族民俗村失去了"沈阳古陨石"开发做依靠，势单力薄，孤军奋战，在宣传广告上、道路交通上、配套开发上、产品组合及景区整合上都失去了优势。因此，沈阳陨石山满族民俗村从开发建设至今，一直未能实现其与陨石山的良好整合，致使当初的设计构想落空，经营举步维艰。

原因之二，沈阳陨石山满族民俗村是一个股份制企业，初期投资100余万元，采用梯级开发的模式，设想通过与沈阳陨石山整合的优势，迅速收回成本，获得后续开发资金，梯级滚动开发。但由于整合迟迟未能实现，后续资金跟不上，影响了产品的进一步开发，甚至一些为游客服务的设施至今仍未完工和投入使用。

案例启示

（1）一个小型的旅游景区尤其是小型的人造旅游景区能够顺利进入市场，被市场所认可，除在产品设计上要特色鲜明外，更重要的是与周边景区的整合，尤其是在进入市场初期，与强势旅游项目联合，可以在短期内，获得良好的市场份额。沈阳陨石山满族民俗村就是基于这样的设计，但由于种种原因，一直未能实现与沈阳古陨石科普基地良好的整合，使其发展受到了制约。

（2）地方政府的政策稳定性和持续性对旅游开发影响巨大。沈阳陨石山满族民俗村在旅游开发的选址上，受到当时地方政府的政策引导，原本设想与沈阳古陨石科普基地整合成沈阳南部极具文化、科学特征和吸引力的强势一日游旅游产品，却因政府政策的转变，陷入了尴尬的境地，甚至有可能葬送了一个极具前途的旅游开发项目。

资料来源

1. 沈阳园林国际旅行社，2006-05-12
2. 杨茂. 沈阳陨石山满族民俗村调查、访问，2004

案例思考

在目前的基础上，你认为沈阳陨石山满族民俗村将如何进一步发展？

（杨茂）

第 10 章

旅游景区景点改造与转型

20世纪90年代是我国旅游主题公园诞生的高峰期，随着时间的推移，主题公园"老龄化"阶段已悄然来临。深圳锦绣中华的每况愈下，广东番禺飞龙世界的"英年早逝"，广州世界大观的闭门谢客，特别是我国旅游主题公园"长兄"广州东方乐园的"与世长辞"，在告诫人们对我国主题公园要实行"计划生育"和"优生优育"的同时，更是严正地向我们发出了另一个警报：对我国一些"老、弱、病、残"主题公园的改造或转型必须尽早提上研究日程！

与此同时，由于对原赋旅游资源开发深度、广度和力度的加大，旅游地开发建设后浪推前浪，致使一部分早期景区景点已黯然失色，门庭冷落，在"与狼共舞"的残酷竞争逆境中举步维艰，甚至苟延残喘。此外，还由于旅游资源特点和生命周期规律的制约等原因，也使得一些景区景点复苏基本无望，风光不再，如广东肇庆七星岩和云南建水燕子洞。可见，旅游主题公园以外其他类型的景区景点亦有不少已面临改造或转型的现实问题。

然而，目前人们在理论上的研究重点仍然主要集中在新旅游地的开发建设上，对问题景区景点的改造与转型还没有给予足够重视。可喜的是已经有了一些景区景点不甘坐以待毙而积极探索自身的出路，在改造与转型实践方面迈出了崭新的步伐，郑州黄河大观主题公园转向旅游地产就是一例。带着对景区景点改造与转型重大问题的有益探讨，本章择若干典型案例以飨读者。

10-1 广州东方乐园转型的思考

案例介绍

1. 背景资料

广州东方乐园是1985年7月1日正式开业的中国第一家游乐园,国际旅游协会的第一个中国会员。总占地面积24万平方米(折合360亩),有摩天轮、双环过山车等50多个(早期)机械游乐项目和水上世界、中国历史人物塑像馆、歌舞厅、东方电影世界实景拍摄现场等。开业当年所创下的一天10万游客的"天文数字"纪录,至今没有为国内所突破。

东方乐园于2004年9月7日宣告结束合作经营并歇业调整,可是,从此"一调不振",大门永闭。

2. 沉浮掠影

东方乐园是由东方宾馆兴建并经营的大型现代游乐场。前10年尽显辉煌,1992年曾欲建100公顷迪斯尼世界,据统计,当时其年接待量已达500多万人次,国外游客占到20%。广州南湖国家级度假区的建立都与此有重大关系。1993年12月成立了中外合作公司——广州新穗旅游中心有限公司,由该公司进行经营管理。本应为再度辉煌注入新的动力,可谁知却成为了没落的开始!痛苦而漫长的滑坡是1994年,年接待量仅有142万人次,营业收入3 614万元。1995年126万人次,营业收入4 466万元。1996年109万人次,营业收入 4 455 万元。1997 年经新穗公司引入"东方电影世界"改造后，营业收入上升到 7 620.6 万元，但 1998 年却急转直下，1～10 月接待量及营业收入均同比下降 35%。之后，一蹶不振，2003 年接待量仅有 30 万人次，营业收入仅为 3 000 万元。

案例分析

1. 败因浅析

东方乐园倒闭的真实原因或许永远只有少数内部人士知晓，但外界对此争鸣诸多，可谓仁者见仁，智者见智。

其中最普遍的一种意见认为：设施老化、缺乏创新、吸引力丧失是致命伤。持该观点人士认为，主题公园必须不断创新才有持续生命力，而东方乐园开始走下坡路时，由于缺乏资金投入，游乐项目几乎没有创新，游乐设备没有装修更新，游乐环境没有改造，破旧过山车、摩天轮吸引力丧失殆尽，经营日益惨淡。

第二种意见认为：主题公园无序开发、恶性竞争是根本原因。抛开省外主题公园带来的压力不说，光是珠江三角洲地区的竞争就足以打垮东方乐园。继东方乐园之后，广州白云区在方圆不出 10 余公里范围又建成了南湖乐园、太阳岛乐园。上世纪 90 年代中末期，广州再度雨后春笋般涌现了各种以科学、科幻、机械游乐、动植物观赏等为主题的新一批主题公园，有世界大观、航天奇观、番禺飞图梦幻影城、飞龙世界、香江野生动物园、长隆夜间动物世界、香江鳄鱼公园、番禺百万葵园，等等。目前，包含各种现代山庄在内，广州大小主题公园共 40 余处。有相关旅游分析显示，人口 1 000 万的城市有 40 个主题公园已属过多。加之深圳、珠海等珠三角其他地区的竞争，香港自由行的开通，以及 SARS 的影响，等等，东方乐园岂有挺而不倒之理？！

第三种意见认为：主要原因在于合作的港方动机不良。港方参入东方乐园的最终目的不是想搞旅游业,而是看中那块地,想转而搞房地产,不过最终还是没有达到目的。

2. 转型思考

主题公园难长盛,持续发展难度高,这已是不争的事实。其最终归属,要么像深圳欢乐谷那样锦上添花,要么像东方乐园那样关门了之,要么改造转型另辟生路。

曾为内地游客趋之若鹜的东方乐园,扭转了广州地区长期以来旅游资源单一、可游不可玩的局面。东方乐园是中国旅游主题公园之长兄,挖掘了行业"第一桶金",其摩天轮十几年来一直是广州重要的地标。东方乐园对广州内外都产生了巨大的震撼力,留下了深刻的印象,塑造了美好的形象,知名度高、影响力大,无形资产价值重大,不可丢失。它的倒闭及后果,如果从区域旅游业的角度来认识,不能简单地看作为"老板问题"和"公司问题",而是"广州问题"。

如果说世界大观是有意造月月不明,那么,东方乐园却是无心插柳柳成荫,得来全不费工夫。作为经营东方乐园的实业公司,广州新穗旅游中心有限公司可能因为经营不善而难免倒闭,但作为广州知名品牌的旅游景区,东方乐园却实在不应该倒牌。公司倒闭与乐园关门之间不应该画上必然的等号。

东方乐园如果想要维续生命,有两条路供选择:一是迎难而上,不惜重金,求异创新,依托广州区位优势,与深圳欢乐谷齐头并进,结果或许你死我活,或许共同成为珠三角耀眼的双星。但这条路风险太大,难度也高。第二条路是激流勇退,转型改造,定位转移,这不失为一条可行策略,我们试分析如下。

(1) 东方乐园起初是高消费奢侈品,面向的是"高端"市场,但随着吸引力的下降,应适时进行市场定位转移:向大众化普通游客招手——改造成为"第一次来穗游客必游(名园效应)、外地'低端'

游客必游(大观园刘姥姥效应)、市民近郊消遣休闲游(环境氛围效应)的介于主题公园与城市公益公园之间的另类公园"。改过去高消费高利润为薄利多销,保证接待量,以接待量促收益;扩大创收的门路、途径和渠道,一改过去卖通票、以门票为主,仅仅依靠设施运转赚钱而吊死在一棵树上的做法。设施能用的沿用,无用的照丢,增添新的能耗低、成本低而又不乏一定乐趣和情趣的设备设施,分别开辟成人游乐区、少儿娱乐区、亲子娱乐区、亲朋好友同乐区等不同的个性化空间,反正不离"乐"的主题就行了。

(2) 对于地方政府来说,哪怕其他一些一般性的城市公园不建、少建或合并迁建,也要考虑腾出地盘和资金来把东方乐园救活,因其意义要比一般性的城市公园大得多。例如,可将新建于人民南路弹丸之地而不伦不类的儿童公园迁并于此。广州作为华南第一城、省城、旅游名城,根本不存在还需不需要大型游乐场所的争议和论证。由于白云山多年来早已严重超负荷运转,"第二白云山"——帽峰山的开发又没能起到应有的分流作用,因此,东方乐园应改造成为与白云山相映衬的景区,一自然生态,一娱乐休闲,组成为广州城市旅游自然和人文景观的双星。

如此转型改造的东方乐园,并非没有生存空间。深圳欢乐谷着着领先,玩的是新奇、刺激、高档、时尚;东方乐园"以民为本",玩的是经典、大众、轻松、愉悦。二者市场相互错开,各有侧重,互为补充。

东方乐园的最佳日容量为 10 000 人次,全年接待量可在 360 万人次以上,如此巨大容量必须充分利用。正当少数人极力埋怨过山车陈旧不堪、摩天轮早已过时的同时,我们又是否想到过究竟还有多少人还没有玩过这陈旧的过山车?他们是否想玩?他们是因为什么原因而没能来玩?难道他们也跟在"玩家"后面随声附和"陈旧"、"过时"、"没意思"?!在东方乐园已少人问津的同时,而广州市区内越秀公园、流花湖公园、广州动物园、东山湖公园等的飞椅、过山车、美人鱼、旋转马、小火车、碰碰车、自控飞机、林中飞鼠却转得欢快，而且收入颇丰，这难道对东方乐园的转型改造没有一点启迪?!

案例启示

像东方乐园这样区位条件好的老化名园，其转型改造一要放下宁可倒闭、不肯便宜而将有可能争取到的客源市场拒之门外的主题公园大老爷架子；二要综合发展，多条腿走路；三是销售上灵活多变，增加自由度，宜化整为零、分开卖票；四是变高消费高利润为薄利多销，旺盛期的主题公园重点打利润率的算盘，而转型的主题公园可主要考虑做接待量的文章。

资料来源

1. 恩怨情仇20年，谁打垮了东方乐园？. 华夏经纬网. http://www.huaxia.com/ly/lyxx, 2004-09-09

2. 广州东方乐园歇业，20年欢乐成追忆. http://www.1life.com.cn/travel/travel18, 2004-09-08

3. 走过19年风雨，东方乐园歇业调整发展定位. 南方都市报，2006-01-26

4. 东方乐园要拆，广州还需不需要大型游乐场？. 深圳新闻网. http://www.paper.sznews.com, 2006-01-26

5. 谁来为主题公园埋单？. 工人日报天讯在线，2006-01-26

案例思考

1. 广州东方乐园歇业后，是否还有可能起死回生？

2. 从彩电大战、空调大战、手机大战、电脑大战、汽车大战到航空客运大战……人们说生产力发展和社会进步使得各行各业的暴利时代都已基本宣告结束。那么，主题公园"高消费高利润"的经营管理信条还能抱多久？

（蓝力民）

10-2 广州从化北回归线标志塔景点的改造
——从标志物走向大型综合性科学公园

案例介绍

北回归线标志塔坐落在广州市郊县从化境内的太平镇，位于广州市区东北面，距离广州中心城区约40公里，从化市区20公里，交通十分便利。

该塔竣工于1985年12月17日，塔高30.35米，占地1024平方米，为迄今世界最高的回归线标志塔。目前景点总面积只有1.87公顷，仅塔一景，项目单调。游客平均逗留不足20分钟，多为团体参观，以学生为主，年接待量约8万人，收入难抵维护费开支。

案例分析

1. 转型的必要性

北回归线穿过我国台湾、广东、广西、云南四省区，人们在各地建起了不少标示该特殊纬度线所在地面实际位置的塔形标志物，仅广东境内就有汕头、从化、封开 3 处。它们所具有的天文意义和地理内涵十分深刻，是不可缺少的重要景点。然而，由于真正激动人心的只有每年夏至日地方时正午 12 点钟形成"立竿不见影"天象奇观这一刻，这又致使它们在其余时间里都少有魅力。因此，它们似乎成了一类食之无味、弃之不能的"鸡肋"景点。

这些标志塔，由于它们所处的宏观区位条件不同，所起到的作用和重要性程度也有差别。由于我国真正位于北回归线上的特大城市只有广州，因此，从化标志塔依托广州、傍珠三角，其旅游开发意义更加重大。该塔除了高度在世界上有突出地位以外，塔身设计亦别出心裁，寓意深刻：塔身净高 23.5 米，暗喻北回归线纬度值，塔身造型为直立火箭并通过筒管顶托一圆球，寓意火箭飞向太阳。

2. 转型思路

该景点转型改造关键在于要以"北回归线"主题为中心进行挖潜与扩充，同时向内涵和外延两个方向拓展。构建起一个与主题密切相关且涵盖天文与地理、自然与人文、古代与现代、中国与外国、北半球与南半球等多方位多层面的庞大内容体系，并且用多种环境、多种形式、多种手段把这些抽象、深奥、庞杂且较远离我们身边的内容加以具体化、直观化、形象化、生动化。将它打造成一个知识性、趣味性、娱乐性兼备，以学生为主体目标客源市场，并能面向社会各界人士，以教育旅游为主要功能、具有明显第二课堂性质的大型科学乐园。而且一定要上规模、上档次，营造中国甚至世界之最，使之产生强大旅游吸引力，以成为广州旅游拳头景点之一。这种饱含着丰富科学文化内涵和有着深刻地理背景的主题公园，其生命力无疑要胜于一般性的旅游主题公园。

关于较具体的规划设计，1994 年制定的《广东从化市旅游发展总体规划》（由华南师范大学区域与城镇规划研究中心承担）能提供较好的参考借鉴作用。该规划当年曾策划了一个北回归线科学公园，但至今一直没能建成。规划面积扩大到 78 公顷，以营建北回归线所穿过地区的世界自然与人文微缩景观为重要线索，拟构建 13 大片景区：

（1）太空馆景区：建半球状馆体，内设天象仪、天文望远镜等设备，展出太空知识、航天技术知识等，并进行模拟操作。露天展出西昌航天基地模型及部分实物，是重点景区。

（2）北回归线标志塔景区：以标志塔为主景，辅以绿地，是标志性景区。

（3）天文地理学家雕塑群景区：精选世界各国历代有杰出贡献的天文、地理学家及其所发明的仪器、设备雕塑成像，错落有致地分布在景区内。

（4）地球科学馆景区：设置地球发展史和航海史展览；地震和火山形成、分布及喷发的活动模型；气候带形成的直观解释；恐龙世界；世界各地民俗风情与自然景观影视展。

（5）墨西哥高原景区：包括古金字塔、墨西哥民族建筑、稀树草原、疏林景观微缩景，营造世界仙人掌观赏园，并以墨西哥国徽雕塑作本景区的标志。

（6）广州景区：主要由岭南园林建筑、岭南文化展、广州地区典型常绿植被景观等构成，以"五羊雕塑"为标志性建筑。

（7）滇南谷地景区：由高原和山间谷地地貌横纵剖面模型、热带季雨林代表树种、傣家竹楼、泼水节与火把节场景雕塑、动态民族风情等组成。

（8）印度德干高原景区：有热带季风常绿林景观、代表树种及动物模型、圣城、民居建筑等，配以动态民族风情及印度国情介绍等。

（9）撒哈拉沙漠景区：包括玄武岩柱状体、绿洲、游牧人与阿拉伯民族建筑、沙漠景观展览室、石油开采设备模型等，营建金字塔和狮身人面像。

（10）夏威夷和台湾阿里山景区：设置海滩、草坪、草地球场、棕榈树下露天茶座、情人岛、人造火山岛、阿里山神木、高山族木楼等。

（11）北极村景区：设置真冰溜冰场、爱斯基摩人冰天雪地住房仿建及生活展。开设一座具有150张床位的中档"北极村"宾馆。

（12）夏令营景区：设置300张普通床位，并开设活动帐篷区和民族风味美食街。

（13）名花荟萃园：培植世界各地适宜于本区生长的名贵花卉，集花卉生产、观赏、出售于一体。

另外，还建一座以青少年为对象、参与性和娱乐性较强的小型游乐园。

不难看出，上述方案主要还是以深圳锦绣中华和民俗文化村为原型的，随着岁月的推移，已变得不太适用和颇为落后了，必须在此基础上进一步扩展和深化，增强其综合性功能。例如，增建展览场地和会议、活动场所，以承办或接待有关单位、部门、学校等到此举办相关的展出（如航展）、竞赛、会议及其他形式的科技活动；策划制作和出售有特色、有意义、有科技含量的艺术作品、纪念品等；提供有关资料和信息服务；等等。

实际上，该景点改造的关键就是充实内容、体现内容和展示内容，重点把握其教育基地的性质与功能，不能按照一般性观赏娱乐景点的思维去策划。由于场地条件、投资能力、利用率和效益以及研发力量等等的制约，各个中、小学校自身的标本室、演示室、气象园、生物园等第二课堂教育资源都十分有限，甚至还是空白，因此，该"科学乐园"的打造就是要提供一种源于学校而又远远高于学校、能为全市甚至全省、全国共享的教育资源。要做学校自己想做却又无法做得成的事，填补这样一项空白。它不是学校标本室、演示室及地理园的重复和简单合并，也不能类似于锦绣中华和民俗村那样搞一些较简单、较低层次的展现，而必须充分利用现代多媒体手段，以人机对话、人机互动、科幻动画、自动模拟、自动控制、自动运行、虚拟场景、虚拟旅游等多种生动活泼的形式来开展。除了静态的模拟环境和微缩景观外，还必须在声像影视、动态演示模型、动态图片资料方面有重大突破。例如，开发一个自动控制和运行、并能调节参数的现代化模拟太阳系，即太阳系结构及运动演示观摩系统，让学生模拟分别从北极上空和天赤道上等几个不同的关键位置俯瞰整个太阳系运动的情景，那么，天文学上的很多问题就能迎刃而解了。难就难在这样的系统和设施都必须自主研发，不像公园游乐设施那样有现成的可以购买，这也正是景点改造能否成功的关键之所在。此外，可考虑将航天奇观、世界大观的有关内容合并到这里，并且在某种程度上使公园成为珠海航展的扩散、延续和日常化。

作为华南地区中心城市和区域性国际城市的广州，也是我国重要的教育中心、科技中心和文化中心，客源市场异常广泛，北回归线科学公园应该建设成为广州地区最大、最有技术含量的学生科技活动中心，成为广州以外其他地区的学生进行广州旅游（城市夏令营、冬令营、科技赛事、友好往来等）的必选目的地和接待基地，成为教育系统有组织开展学生活动的全国性大本营。

案例启示

有些景点，其外在形式的确只是一个"点"而已，然而，基于其科学、文化、社会、历史、经济、政治等某一方面的特殊性意义，又很有旅游价值。但由于其位置、规模、宜逗留时间、适游期等因素的制约，其实际旅游吸引力并不大，如亚欧大陆地理中心、广州三元里抗英纪念碑、四川黄龙地区的红军长征纪念碑、唐山大地震废墟遗址、鸿门宴旧址，等等。旅游开发中，这类景点大多数都似乎成为了用弃两难的"鸡肋"景点，通常来看好像很难成大气候，但少了它却又十分不妥。对于类似的景点，不能一概而论，宜根据它所处的区位特征和市场前景来决定其开发力度和功能组合，有的实际上很有条件做强、做大。

资料来源

1. 广东省从化市人民政府，华南师范大学区域与城镇规划研究中心. 广东省从化市旅游发展总体规划. 广东科技出版社，1994
2. 蓝力民. 教育旅游——广东从化科技与环境教育旅游实证研究. 国土与自然资源研究，2005(4)

案例思考

1. 北回归线标志塔这类景点，其开发利用难度主要在哪里？
2. 你能否设计一项北回归线标志塔景点改造的另外一个全新方案？

（蓝力民）

10-3 郑州黄河大观
——主题公园转向旅游地产

🥤 案例介绍

1. 景区基本情况

郑州黄河大观位于郑州市北郊郑邙公路23公里处，占地5 400亩，1992年经国家旅游局批准立项，计划投资8 000万元人民币，建设成以黄河文化为背景，以黄河流域的人文景观为表现形式，融国内外高新技术和建筑艺术于一体的现代化大型主题公园。

1993年由国家旅游局、河南省旅游局和郑州市政府共同投资近4 000万元开始兴建。1995年12月由郑州市旅游资源开发总公司联合新加坡科技工业集团、星雅投资公司、河南豫新公司、保利科技有限公司等合资成立郑州黄河大观有限公司，注册资本500万美元。由于没有产生预期的市场效应，再加上股权发生频繁变更，市场经营失策致使景区经营每况愈下。2004年，河南思念食品股份有限公司及其关联企业香港恒盛国际集团成为黄河大观的新主人，计划投资14亿元，经过8年左右的持续开发，把黄河大观建成社会高端客户群的最高时尚生活社区，成为旅游地产企业的典范。

2. 景区产品

（1）以3.7公里模拟小黄河为轴线，将景区分为"六区两线"：两线为小黄河南岸黄河文化线和北岸黄河文化时间隧道线，两条文化线在小黄河南北两岸遥相呼应,突出表现黄河大观主题;六区为售票综合服务区、中心文化广场、儿童天地、高科广场、黄河渔村、四大风情——青海风情、蒙古风情、宁夏风情、黄土风情。(2) 主要景点36个,包括:长3.7公里的模拟小黄河、高30米的鹳雀楼、黄河风景线、丝绸古道线、草原风景区、中央娱乐区和水上娱乐项目。(3) 南岸文化风情区由黄河流域代表性的19处人文微缩景观组成:包括泰山、龙亭、龙门石窟、大雁塔、兵马俑、长城等。北岸高科技游乐区建有亚洲最大最先进的动感影院,还包括绿色迷宫、水上世界、儿童林中乐园、恐龙展馆等旅游项目,上演由国内外文艺团体编排的民族歌舞,千人餐厅为游客提供精美的中西式食品。

3. 投资效果及市场运营状况

1996年9月7日,新加坡内阁咨政李光耀先生在中共中央政治局常委、河南省委书记李长春、河南省政协副主席、郑州市市长陈义初等领导同志的陪同下,参加了黄河大观主题建筑之一鹳雀楼的奠基仪式。

1997年9月1日,郑州国际少林武术节开幕式在园区举行,黄河大观借此举行了试开园活动。之后又举办了"黄河大观首届烟花爆竹节"、"99纪念植树节"、"首届中原文化节"等大型活动,使黄河大观具有了一定的知名度。2002年是黄河大观开园后效益较好的年份,但仅收入63万元,利润为负33万元。因投资商无利可图,纷纷撤资抽股。郑州市某旅游开发公司投资建园当年出资100万美元,占总出资额的20%,而2004年转让时,经评估后其转让价格仅为578.34万元人民币,远低于当时的出资额。开园经营几年来,除个别时候外,基本上是冷冷清清、门可罗雀,园区内的大部分面积还属于原始风貌:荒草遍地,野树峥嵘。一期工程尚未完成,拖欠员工工资有时竟达两年之久。

4. 旅游地产转型初见曙光

2003年10月河南思念食品有限公司携其关联企业香港恒盛国际集团有限公司、河南瀚海投资有限公司全资收购黄河大观股权后，根据园区丰厚的不可复制的植被资源、水资源、土地资源和文化资源，把自己定位为混合地产企业，坚持市场领导策略，以"思念·果岭山水"为品牌名称，以高尔夫、酒店、房地产三大产业作支撑，整合资源形成唯一性的产品差异，力争通过8年左右的持续开发，把"思念·果岭山水"建成高端客户群的最高尚生活社区，成为综合性旅游房地产开发企业的典范。

立足于宏大的愿景，黄河大观聘请全球知名的澳大利亚五合国际建筑设计集团对项目进行了总规划设计，规划突出"以人为本，注重环境，强调特色，重视效益"的原则，整体设计以"阳光水岸、生活乐章"为基本理念，以原生态、欧洲乡镇风情为艺术风格，通过阳光、清风、自然山水、运动休闲等环境的持续营造，实现"绿色、生态、休闲、健身、度假"的开发目标。

目前，黄河大观整体规划涵盖健身运动、休闲度假、会议中心、商业服务、老年公寓、医院、学校等十大体系。从项目开发的战略布局出发，黄河大观把"思念·果岭山水"作为品牌名称，以高尔夫、度假酒店和房地产作为构建核心竞争力的三大产业同步运作，并辅之园林景观打造和商业、医院、邮政、通讯、银行等生活设施的配套。经过两年的努力，国际标准18洞高尔夫球场前9洞已建成，思念高尔夫俱乐部接纳会员近百名；思念瀛洲度假酒店落成并投入运营；房产项目一期6万平方米销售告罄，2005年前两个月经营收入和所纳税额超过黄河大观建立以来的总和。其开发的"思念·果岭山水"项目是目前河南省最大的旅游地产项目，2005年不仅荣获由新华社《人居》杂志社主持评选的"十佳人居设计奖"，而且当之无愧地入选"2004—2005年度河南最具知名度的100个品牌"，2005年

8月又荣膺联合国环境规划署评定的中国区"国际花园社区金奖"。

案例分析

1. 前期策划失误，项目定位偏差，选址不当

景区定位黄河文化主题应当说并不错误。但是，在景区选址和项目设计上则出现了严重偏差，致使项目一开始就带有致命硬伤。(1) 黄河大观离郑州市23公里，离黄河不足10公里，郑州市距离真正的黄河仅26公里。不选真黄河作背景，而以距离真黄河为背景的黄河游览区仅几公里来建假黄河旅游项目，显然是决策的失误。虽然有黄河汛期影响景点开放问题，但游客仅几步之遥就可以看到真黄河，为什么还会去看假黄河呢？游客无论如何也不会从3.7公里模拟的小黄河领悟到黄河的雄浑、咆哮、恣肆，以黄河为主题的公园在这里不可能对游人产生很强的吸引力。(2) 在园内景观设计上，在南岸黄河文化园区已建成的有山东泰山、开封龙亭、洛阳龙门石窟、西安大雁塔、兵马俑、鹳雀楼、长城、蒙古包、成吉思汗陵等。这其中龙亭、龙门石窟距郑州近在咫尺，游客对这些水泥微缩景观不屑一顾；长城、泰山的微缩意义不是很大，兵马俑在没有兵马俑阵容的背景下显得形影孤单，没了军营的阵式；蒙古包多数人也见过，游客对成吉思汗陵向往也看不出什么特别之处，而且成吉思汗代表的游牧民族文化和黄河文化存在一定的差异，很难统一在一个主题中。鹳雀楼倒是按1:1建设的，但大量使用水泥，使得游人难以从中体味到古人高超的建筑艺术。尤其是在北岸高科技游乐区建有据称是亚洲最大、最先进的动感影院。在一个渲染黄河文化的主题公园内搞这样的高科技产品，不知道是让人领略文化呢？还是体验高科技产品呢？

2. 股权变更频繁，投资者失去信心

作为一个政府投资的项目，在国家金融政策和体制改革后，走

向以招商引资建设和经营为主这本无可非议。但是，过于频繁地变更股权使投资者不能真正对项目负责任，从而也反映了投资者信心的不足。1995年引入新加坡及国内几家公司开始合资经营后，1998年5月，保利科技有限公司将其在黄河大观15%的股权转让给中国保利集团，从而使得股东开始纷纷撤股。此后又经过了多次变更，终于在2004年香港恒盛集团全面接手黄河大观，开始打造旅游地产业，从而也宣告了黄河大观的关门谢客。频繁的股权变更使投资者越发失去信心，让黄河大观日显败落。

3. 贪大求全，一哄而上，不切实际

黄河大观立项之初的设想是：搞一个黄河沿岸的大型文化主题广场，把沿黄九省的文化精粹汇聚在园中，叫做"一日游大观，看遍华夏史"。在争取国家旅游局同意立项后，选址时正值神州大地"人造景观"四处开花、一哄而上的20世纪90年代中后期。有关省市领导也十分重视，并提出了要求。结果项目由主题广场变为了主题公园，面积也由当初国家旅游局设想的五六百亩扩大到七八百亩、一千来亩……一直扩建到5 400亩。过度的扩张，偏离了实际需要与可能，从而为后来的发展埋下隐患。

4. 后续资金不到位，项目建设半途而废

1995年经招商引资进行资本重组后，董事会聘请国外某公司对黄河大观重新进行了整体规划设计。重新设计后，把"黄河大观"分三期建设，第一期计划投资3 000万美元。1996年下半年开始运作，原有的人造景观予以保留，并重点新建娱乐设施。在建造过程中，各位股东注入资金及银行贷款总共投资1 600万美元，缺口1 400万美元，造成硬件上不够配套，只建成了初具规模的一个"黄河大观"。造成了原规划设计的很多项目半途而废，不能充分发挥作用。在此情况下，仓促开园迎客也给游人留下了不良的第一印象。

5. 果岭山水"点石成金",黄河大观脱胎换骨

河南思念食品有限公司携其关联企业香港恒盛国际集团有限公司、河南瀚海投资有限公司,从旅游业发展趋势及城市部分富裕居民追求生活品质的现实需求考虑,毅然投入郑州地产业,在原来文化公园的基础上,开发集度假、休闲、运动于一体的"思念·果岭山水",打造郑州市"新旅游地产",实现"绿色、生态、休闲、健身、度假"的开发目标。经过一年多的开发后,5 400亩的原生态王国,40万平方米的壮阔湖面,一排排依山傍水而建的别墅,依照世界级别打造的高尔夫球场、酒店,使"思念·果岭山水"荣膺联合国环境规划署2005(中国地区)国际花园社区金奖。"思念·果岭山水"在注重休闲、运动、商务等度假元素存在的同时,相继开发出了酒店、餐厅、温泉养生、滑雪等项目,加大旅游文化在地产中的比重,并进而向各种档次的会议接待、培训等领域发展,将目标定位于"超级休闲商务度假"新型旅游地产业。

案例启示

(1) 主题策划的失误是黄河大观文化主题公园最终走向失败的最根本原因。脱离实际,凭主观愿望和长官意志行事,缺乏科学的市场分析和预测,是典型的吃计划经济饭、不适应市场经济发展要求的案例。由于先天不足,在市场经济条件下,显得极为不适应,盲目引资,饥不择食,再加上市场经营失策,最终不得已走向转型的道路。其教训不可谓不深刻。

(2) 经营思想和理念落后于时代的发展,用过去的眼光来看待今天的社会和市场,不了解客源市场,不了解市场需求的变化趋向,产品缺乏特色和吸引力,档次低,无创新性,只是照抄照搬别人的经验,必然被市场和游客所抛弃。

(3) "旅游地产"是近年来一些景区经营中很有特点的新现象,

适应了人们追求休闲、度假、养生、健身、运动与商务结合的要求。在一定条件下，对一些难以维系的景区进行转型和改造也是市场经济规律发展的必然要求，同时，也为旅游业的发展提出了一个新的思路，是一种新的探索。

资料来源

1. 思念用地产拯救黄河大观？. http://www.dahehouse.com/housenews，2005-03-23
2. 黄河大观为何停滞不前. http://www.travel.21cn.com/libary/scenery，2001-05-31
3. 黄河大观怎么了？. http://www.c-cmag.com/shshshow，2003-03-28
4. 果岭山水攻略. http://www.news.soufun.com，2006-04-20
5. 黄河大观的呻吟与呐喊. http://www.cddaily.com.cn/lydk，2001-12-27

案例思考

1. 黄河大观失败的主、客观原因在哪里？
2. 从黄河大观到"思念·果岭山水"的转型是否是黄河大观的最好选择？
3. "思念·果岭山水"的"新旅游地产"是否可以代表着我国旅游业发展的一个方向？

（龙京红）

10-4 中英街的起落

案例介绍

1. 基本情况

"中英街"是1898年中英《展拓香港界址专条》签订后具体划界的产物。1899年3月19日，清政府道台王存善与港府辅政司洛克签订《香港英新租界合同》。根据附件在沙头角边界竖了20块界碑，其中有8块在沙头角老镇，等距竖立在桐芜墟侧面的一条小沙石河（沙头角河）中央。后来，这条小沙石河因改道而干涸，当地群众在旧河道两侧填土建房做生意，在旧河道的中间，便形成了一条街，即中英街。街长约250米，宽3~4米，香港、深圳各管辖一半，距今已100余年。

改革开放之初，中英街的货物品种多样，并实行免关税政策，港币、人民币可以通用，使得中英街一度成为内地游客心目中的购物天堂和去深圳必游之地，在当时流传着这样一句话："不去中英街，枉到深圳游"。20世纪80年代每天有超过1万人次的游客，在高峰节日高达10万人次，年游人量1 500万，店铺300多间，是全国知名度极高的旅游目的地。

2. 目前存在问题

（1）商业不再繁华

上世纪90年代中后期，随着内地商品的日趋丰富，中英街的商业也由盛转衰。沙头角税收资料显示，1998年沙头角国税和地税收入总和为1 350多万元，到2000年就下降到了990多万元。随着港澳游的启动，特别是港澳自由行的开放，中英街引以为傲的"香港货"没有了竞争力。

(2) 商业欺诈盛行

伴随着商业市场萎缩的是商业欺诈。如今的中英街已经从"购物天堂"沦为"购物陷阱"。在众多到过中英街的游客心中，中英街之旅成为心中一道抹不去的阴影，其名字与欺诈、"黑马"旅行社、黑导游联系在一起。如商家与导游勾结宰客，商品以次充好，虚报价格等问题较突出，且因涉及港方，难以管理，使中英街购物秩序混乱。商业欺诈导致口碑不佳，是中英街商业不振的原因，在一定程度上也是中英街商业不振的一个结果，形成一个恶性循环。

2006年"3·15"前后，深圳市民抽样调查中，中英街被评为消费环境最差的地方。2006年4月3日，深方商铺一夜之间关闭了九成以上。这个最高峰时一天曾经有10万游客的中英街，在2006年的"五一"黄金周，一天竟然不足1 000人！

案例分析

中英街得以闻名全国，主要受益于它自20世纪70年代末以后成为著名的"购物天堂"，是在特殊的历史条件下形成的，是与中英街的"一街两制"特殊地位紧密联系的，是凭借特殊的关税政策而形成的一种商业形式。这种商业形式，对政策及经济走势比较敏感。在内地生产能力不断增强，进口商品越来越普遍，尤其是《内地与香港关于建立更紧密经贸关系的安排》(CEPA)的签订、中国加入WTO，以及内地赴港个人游的开放等新形势下，使中英街的购物优势不断丧失，中英街曾有的神秘感不断减少。在新形势下，中英街不可能再继续以商贸为中心，走商业区的道路。

中英街因划界而生，故而自1899年划界树碑起，在这条街上一直是两种制度并存。在这条长250米，宽3～4米的街道上，一边是香港，一边是深圳，1997年前中、英并存，1997年后则是深圳与香港、社会主义与资本主义制度相对。

中英街保存了较多的关于一街两制的历史痕迹，除了界碑、旧海关、回归广场等物质载体外，"一街两制"更多更生动地体现于中英街上的生活场景。例如深方商铺招牌较整齐，多采用简体字，港方招牌较混乱，采用繁体字等；又如深方的边防警察与港方警察穿着不同的制服在街道巡视，各自守卫自己的关口；以及一些相关的警示标语，如深方沙头角的"凡持特许证人员不许越界，违者按章处罚。沙头角公安分局示"，港方沙头角的"你已进入香港区域，如无合法理由进入或逗留香港，你可能会被拘控。警务处处长示"等警示牌。这些生活场景才是游客最感兴趣的内容。

"一街两制"是中英街文脉的主线索，也将是中英街至少未来较长时间内，其最重要的意义与价值所在。因此，未来中英街的发展，必须突出"一街两制"的历史脉络，从单一的商业功能发展到以"一街两制"为主题的文化旅游区，以文化发展旅游，以旅游带旺商业。

案例启示

中英街因特定的历史条件下具有了特定的商业形态而得以兴旺，同样也是因为随着社会形势的改变使其商业优势不断丧失而走向衰落，真可谓"成也萧何,败也萧何"。中英街的未来发展,必须具有"二次开发"的理念，必须根据不同历史时期的特征，以及面临的新的发展形势，深入挖掘景区文脉，进行合理准确定位，唯有如此，才能重新焕发勃勃生机。

资料来源

1. 冯霖, 周敏. 深圳中英街九成商铺 "一夜" 关门. 羊城晚报, 2006-04-07
2. 杨兴云. 消逝的中英街. 经济观察报, 2006-04-15
3. 佘锦. 中英街：落寞中期待重生. 南方日报, 2006-04-27
4. 何涛. 1 天 1 000 人, 黄金周难救中英街. 广州日报, 2006-05-10
5. 广东省旅游发展研究中心. 中英街主题文化旅游区概念性规划. 2004.2
6. 陈南江. 中英街旅游发展的问题分析与对策研究. 世界地理研究, 2005(1)
7. 高爽. 中英街, 尴尬转身. 南方新闻网, 2006-05-09

案例思考

中英街的兴衰过程能够给我们什么启示？如何才能实现景区的二次开发？

（周志红）

第11章

乡村旅游

　　乡村旅游是一种主要按目的地性质与特征划分出来的旅游类型，是最近几十年来才出现并迅猛发展、异军突起的一种新兴旅游活动。上世纪六十年代初，西班牙的一些农场把屋舍改造成为旅馆，接待城市游客前来观光和休闲度假，被普遍认为是乡村旅游的起源。目前，发达国家的乡村旅游已在旅游产业中占据了非常重要的地位，譬如，法国乡村旅游收益要占到全国旅游业总收入的 1/4。

　　乡村和城市是人类集居地域的两种不同类型，"乡村"是与"城市"相对而言的一个概念，在目前还没有统一公认的"乡村旅游"具体定义的情况下，人们主要据此大致地界定其范围——乡村旅游是城市人口变换生活环境与工作场景、暂时性躲避喧嚣、污染和压力的旅游，是人类社会工业化、城市化高度发展和城市病加剧所带来的结果。在乡村旅游中，旅游者们首先向往和关注的已不再是奇山异水、名胜古迹或游乐设施，而是清新的空气、恬静的环境、开敞的空间、绿色的产品、原本的生态、天然的格调、纯朴的民风、和谐的氛围、放松的心情。需要指出和强调的是，乡村旅游所利用的是遍在性的天然山水和大众性的人文风光，很多风景名胜，如九寨沟、黄龙、张家界虽然也都是地处偏远的乡村，但我们应该把它们从乡村旅游中明确地分离出来。

我国正处于工业化、城市化高速发展时期，乡村旅游方兴未艾、势头强劲。加之我国现阶段建设社会主义新农村、平衡城乡差异，乡村旅游又任重道远、大有可为。我国幅员辽阔、民族众多、历史悠久，各地适合发展乡村旅游的特色乡村类型多样、数量庞大。我国城市人口数量大、出游率上升快，乡村旅游客源市场潜力巨大、商机无限。但我国尚处在乡村旅游的起步阶段，适合自身的、具有中国特色的乡村旅游之路正在摸索探讨之中。目前我国遍地开花的乡村旅游之中，不乏成功典范，也有不少败笔之作，我们优中选优，于本章同广大读者共享三个著名的乡村旅游案例。

11-1 黔东南从江县岜沙村
——主题鲜明的原生态乡村旅游开发

案例介绍

岜沙村位于贵州东南部苗族侗族自治州从江县丙妹镇，距县城7.5公里、距贵阳市450余公里。从江位于黔桂湘三省交界处，是贵州最偏远的县份之一。岜沙村是一个纯苗族聚居村寨，为海拔550米左右的山区，由大寨、大融坡新寨、宰戈新寨、王家寨、宰庄等五个自然寨组成。全村16个村民小组，人口（2007年）472户、共2 221人，土地面积18.28平方公里，人均耕地仅0.72亩，但户均果园高达4.4亩，森林覆盖率在95%以上。

1999年，岜沙被列为从江县首批开发的旅游景区之一，2002年被列为贵州省重点保护的民族村寨，是广为传颂的乡村旅游典范之一。目前，该村直接参与乡村旅游接待的有近300人，"农家乐"接待、苗族风情演出、民族工艺品生产销售已成为大部分村民增收的主要途径。2007年接待游客6.62万人次，旅游综合收入1 582.87万元、门票收入28.53万元；全年演出320余场次，表演费收入达到19.2万元。

案例分析

1. 鲜明、十足的原生态个性特征：岜沙村旅游生命力之源

"岜沙"系侗族地名，"岜"译成汉语是"巴芒草多"之意，"沙"即"杉树多"，后人将"杉"写成"沙"（侗语译音），因初建村寨时这里巴芒草和杉树多而得名。

岜沙村没有"桂林山水"，也没有"故宫、长城"，其强大的旅游吸引力完全来自于"原生态"的自然环境和乡村文化，来自于"活化石"般的苗家村寨整体风貌——这也正是社会高速发展、传统文化不断丧失的今天越来越稀有的一项珍贵旅游资源。这里的村民相传为蚩尤第三个儿子的后裔，在享受现代文明的同时，他们却依旧保留着原生态环境和一两千年前的古朴文化，以"中国最后一个枪手部落"和"苗族原生文化的天然博物馆"而闻名。踏上进村的石板路，人们便立刻来到一个时光倒转的宁静世界：房前屋后古木参天、藤蔓连连，漫山遍野苍翠欲滴，箐黑林密、鸟道蚕丛的幽雅环境具有很强的隐蔽性，千百年来极少有外人进入。依坡就势的传统吊脚楼层层叠叠，长满青苔的树皮房顶鳞次栉比。村间空地及山坡上，或疏或密地竖立着高大的木排——村民们的晒谷架。每当收割季节，捆好的稻谷被一束束挂在木排上，处处展开稻谷的栅墙，你无须担心稻谷会丢失，因为这里约定俗成的淳朴民风确保不会发生那样的事。寨角的水碾、水车悠然转动，织布声、舂米声、鸡鸣声此起彼伏，为游客勾画着陶渊明笔下的诗境。岜沙人至今过着原始古朴的生活，着装依旧保持着强烈的原始独特色彩，发式古老奇特，赤脚劳作生息。岜沙男性剃掉四周大部分的头发，仅留中部盘发为鬏髻，并终生保持这种据说是从蚩尤老祖时代传下来的、也是今天我国所能见到的最古老男性发式。青壮年男子出门均"枪不离手、刀不离腰"，成群结队、威武彪悍，构成了罕见的风景线。曾有日本民俗学家寻根到此，

对岜沙人产生了浓厚的兴趣：日本的武士装束和岜沙人几乎没有两样，所以有人认为日本人的祖先就是岜沙人。在艺术家和游客看来，岜沙是文化"异类"的典型。村中一排排原始得不能再原始的高耸的禾晾架，却是美术家、摄影家们关注的对象，而那些按传统方式劳作的妇女及留着"鸡键"毛发的孩子们的游戏，带给游人无比新鲜的感受。

岜沙乡村旅游的开发定位正因抓住了这一原生态特征而大获成功。他们以民族村寨为载体，以生态文化为内容，以原汁原味为卖点，以开发保护并举为手段，走了一条挖掘原生态、展现原生态、演绎原生态的乡村旅游之路，打造的是一个鲜明独特的"中国部落文化第一村"的旅游目的地形象。其旅游活动项目的策划也可谓恰如其分地实现了对这种形象的物化：

● 原生态环境旅游——古木巨树、古香樟林、密林漫游、四季花果赏摘、苗寨山林田园风光与村民农作观赏。

● 原生文化聚落与建筑旅游——古朴的吊脚楼群及树皮屋民居、禾晾架群、晒谷场、苗家粮仓、古芦笙堂、山林情歌广场。

● 原生文化工艺与物产旅游——银饰手镯、竹编饭盒、刺绣猎袋、土法染布、工艺葫芦、牛角火药筒等的制作观赏与选购；苗家饭菜、烤鱼、蒸米酒、鲜果时蔬及山货等的品尝与购买。

● 原始习俗风情探秘及参与旅游——枪手寨门迎宾、枪手巡山观摩、古老祭拜仪式、鬼师镰刀剃头、徒手捕鱼、斗牛拉牯、围猎、苗家芦笙舞、鸣枪送客礼仪，等等。

2．居民的重视与支持：原生态乡村旅游持续发展的重要根基

现代文明对古老文化的冲击是原生态不断丧失的主要原因，岜沙人不是没有看到现代物质的诱惑，而是为保护原生文化尽责，在古朴与现代之间站在了平衡点上。正是岜沙人对维护原生态面貌的重视、支持与配合，才使该地的乡村旅游扫除了持续发展的障碍。

这里也曾出现过诸如由于现代观念冲击,个别外出回村的男人不愿再捆发髻的情况。但,一方面从江县政府拨专款和粮食动员村民保护原始的男人发髻,并采取措施保护文化遗产,把岜沙古老的习俗纳入《村规民约》加以管理,严格执行奖惩制度,力保岜沙原汁原味的民族风情不变调。另一方面就要归功于居民的严格自律:早些时候,年轻人从外地打工回来时,必须要在村外换上本族的衣服才允许进村,这是几千年来的规矩,任何人不得破坏,否则将会受到村人的处罚。

岜沙人严格地贯彻着保护原生态的原则,他们说:"人来源于自然,归于自然;生不带来一根丝,死不带走一寸木。"岜沙人崇拜树木,与森林为伴,方圆几公里的地方看不见坟冢,小孩生下来就种上一棵树,待死后将树砍掉,埋在树下,然后又种上一棵树。村民们一直恪守从古代沿袭而来的禁止乱砍滥伐的良好民间习俗,使之成为必须遵守的不成文的村规民约。村里有一规定:如果有人盗伐古树,一经发现,要罚120斤米、120斤猪肉、120斤酒,让全寨人吃,以示警告。旅游业带来的实惠,又进一步坚定了岜沙人持续发展办旅游的信心和决心。不少外出打工的青年都积极返乡加入表演队伍,接过弘扬传统文化的重担。正是因为有思想观念上提供的源头保障,才使得尽管现代化的传播工具和正规教育已在岜沙普及,但生活在这里的苗族乡民却仍然能保留和沿袭传统的服饰、建筑、音乐和习俗等,从而滋润着这方原生态的乐土。

案例启示

乡村旅游的吸引力来自于现代城乡差异对比,尤其是乡村的自然个性与文化特征。乡村的原汁原味、原生态与现代城市的日新月异、彻头彻尾的人工环境形成鲜明的反差。但原汁原味、原生态应该是朴实、本底的体现,而不是脏、乱、差和贫困落后的代名词。乡村旅游开发要善于在原生态与现代化之间"走钢丝",乡民的支持、配合是乡村旅游持续发展的最重要条件。

乡村旅游是一种方兴未艾的新形态,我们很难用传统的旅游资源观去识别其一项项具体的旅游资源。就岜沙村来看,这里的每一个人、每一栋房、每一件活、每一个节、每一道菜都是旅游资源,草木、山峦、田野、溪流、阳光、空气都是旅游资源,人与自然和谐相融的古朴乡村风貌就是对这许许多多旅游资源的综合概括。

资料来源

1. 陆素洁. 如何开发乡村旅游. 中国旅游出版社,2007
2. 岜沙村基本情况. 从江县丙妹镇信息网. http://www.duliujiang.cn/show.aspx?id=117&cid=21,2007-03-20
3. 最后的枪手部落岜沙. 黔东南原生态旅游网. http://www.ystlyw.com/ystwh/ShowArticle.asp?ArticleID=333,2007-06-29
4. 岜沙:中国最后一个枪手部落. 华夏经纬网. http://www.huaxia.com/wc/lytz/2006/00429579.html,2006-03-07
5. 岜沙村. 百度百科. http://www.baike.baidu.com/view/1501093.htm,2009-01-16
6. 岜沙村. 路书专题. http://www.special.chinaroadbook.com/?action=viewnews-itemid-55,2009-01-16
7. 大江的崛起——贫困从江走出的成功致富路. 贵州日报. http://www.county.aweb.com.cn/2005/9/23/8204123.htm,2005-09-23
8. 从江县:岜沙村苗寨的变化. 农村公路网. http://www.moc.gov.cn/06road/difangxx/guizhou/200712/t20071230_456224.html,2009-01-16

📖 案例思考

有人说：乡村旅游的发展道路最不拘一格，条条大道通罗马，乡村旅游的开发模式最灵活多样。你认为呢？请用事实依据分析论述。

（蓝力民）

11-2 江西婺源
——中国最美乡村的旅游成长之路

📖 案例介绍

近10年来，全国各地的乡村旅游蓬勃发展，特别是以"农家乐"为主要发展模式的乡村旅游更是遍地开花。但在市场一派兴旺的背后，乡村旅游产品和服务的低质化、同质化问题也已暴露出来并且日益突出。乡村旅游如果大同小异、简单重复、难以形成独特的旅游吸引力，最后必然陷入低价格和低水平比拼的恶性循环中。如何走出一条适合自身情况的乡村旅游道路并保持其长久的可持续发展势头？我国这方面的典范江西婺源县就提供了重要的参考借鉴。

婺源地处赣、浙、皖三省交界处，面积2 947平方公里，生态环境优美，文化底蕴深厚。自1999年以来，婺源将旅游业作为推动其经济发展的重要突破口，在各方的共同努力下，乡村旅游业取得了令人瞩目的成就。1999年，全县GDP为9.87亿元，三大产业所占比例分别为 35.7%、37% 和 27.3%，其中旅游业收入仅 504 万元，为全县 GDP 的 0.51%，占第三产业的 18.85%。然而，到 2007 年，全县 GDP 增加到了 31.8 亿元，而且产业结构发生了重大变化，三大产业所占比例分别为 16.4%、41.74% 和 41.86%，其中旅游业收入增加到了 6 亿元，8 年中年均递增达 81.56%，占全县 GDP 的比重迅速上升为 18.7%，占第三产业的比重迅速上升为 44.65%。乡村旅游业已成为婺源县 GDP 增长最重要的贡献因素，成为婺源县支柱产业。婺源先后被评为国家级生态旅游区、首批全国农业旅游示范县，被国家旅游局命名为首批"中国旅游强县"，并被誉为"中国最美的乡村"。

案例分析

1. 营造特色，凸显中国最美乡村

（1）围绕农业，以花装扮山水田园风光，描绘乡村

一直以来，婺源都以其五彩缤纷的田园风光、淳朴厚重的古村文化、诗情画意的山水风光为无数旅游者所称道。自 2000 年以来，该县围绕建设"中国最美乡村"的旅游发展战略目标，上下齐心协力，大做花的文章，花已成为婺源乡村旅游的最鲜明特色。每年春天，婺源 10 万亩油菜花漫山遍野竞相绽放，金色一片，粉墙黛瓦的徽派建筑点缀其中，构成了一幅幅绝美的山水画卷，吸引着四面八方的游客前来赏花踏青。主要公路沿线两侧 100 米可视范围内油菜种植覆盖率达 90% 以上，景区景点周边可视范围内油菜种植覆盖率达 98% 以上。政府还设立了 20 万元油菜种植奖励专项基金，用于鼓励全县油菜种植；县农业部门及时购进足量的优质高产油菜新品种——湘杂油 5 号，免费发放给全县各重点油菜种植户；各乡镇都建立了 3 个百亩高产油菜种植示范点，为农民提供高产油菜种植技术示范指导；江湾、李坑、晓起、汪口等村镇还与景区景点联动，对种植油菜的农户给予每亩 50 元到 120 元的资金补助。为进一步增

强乡村特色和美化旅游大环境,该县又以东、西、北3条主要公路沿线的132个村子为重点,发动百村万户在房前屋后、村口水口、茶园菜地广栽桃、李、梨等带花果木,要求一村以一种带花果木为主,打造一种主色调花景。并对此作出了具体部署:把江湾、晓起、汪口、庆源打造成梨花村,把李坑、思溪延村、理坑打造成桃花村,把灵岩洞、文公山、大鄣山打造成百花园,把彩虹桥打造成紫薇园,把严田古樟园打造成莲花池,把鸳鸯湖打造成梅花岛。此外,还在重点景区打造野趣花景和庭院花景。由旅游公司负责在景区游览步道沿线、绿化地、溪边等地套种紫薇、桂花、杜鹃、月季、菊花、鸡冠花、美人蕉等花木;由景区所在旅游公司建设小型花圃,聘请专人负责花木栽种、培育,以及为景点参观户庭院进行绿化和摆设景区花圃盆景等。三年来,该县总共调集了100多万株桃、李、梨、桂花树,无偿分发给农户用于村庄绿化,全县涌现出了一批"桃花村"、"梨花村"、"桂花村"等特色景观村,婺源县也已由以油菜花黄为主的"一色花海"美变成了"四季花海"。为搞好持续发展,政府还规定从2009年1月至2019年12月的10年内,停止办理和发放阔叶树采伐证,全面禁伐天然阔叶林。

(2) 把握文脉,挖掘乡土文化,彰显人文特色,展现乡情

婺源自古文风鼎盛,历史文化积淀深厚,素有"书乡"、"茶乡"之称。这里是鸿儒朱熹的故里,自宋至清,出进士552人,历朝仕宦2 665人,文人著述3 100多部,其中172部入选《四库全书》。婺源博物馆有馆藏文物万余件,有"中国县级第一馆"之誉。历代名人遗迹和明清徽派古建筑遍布乡野。这是"中国最美乡村"的人文层面因素,婺源十分重视发掘、整理当地的文化,并以之彰显淳朴厚重的文化古村特色。他们成立了婺源文化研究会,负责对全县文化进行整理,下设朱子文化、茶文化、民俗文化等九个分会,启动了"婺源千村"的文化调查与素材整理工作。他们还成立了徽剧团,

编排节目，使徽剧、傩舞、抬阁等诸多民间艺术在乡村迸发出活力。婺源还集中财力物力对有代表性的历史人文景观进行全面性开发利用，他们开发了12个中国民俗文化村、3个中国历史文化名村和10个江西省历史文化名村，全景式分类展示婺源乡村文化，通过"景区式"、"博物馆式"、"分区保护式"、"原始生态式"和"原生态景区式"等模式，全方位展现乡情和保护乡村文化。

2．注重体验，感受中国最美乡村

在做强做足特色的同时，婺源还在产品与服务上狠下工夫，拓展旅游产品和服务的深度与内涵，注重构建体验式的现代乡村旅游模式。以全县旅游总体规划为统帅促进乡村旅游资源的合理开发，精心部署，使每个村庄形成一个模式，一乡一镇就是一个大旅游产品，全县就是一个大的国家级4A景区。走进婺源各大景区，处处感觉"农"味十足，游客们赏田园景，看农家屋，住农家院，吃农家饭，玩"农家乐"，远道而来的城里人无比惬意、乐不思蜀。婺源甲路严田古樟园的榨油坊、纸伞坊、鱼塘人家等景点都是参与性强、农家味足的理想景区，游客在小溪流中乘竹筏，在古老的油榨坊边帮师傅打锤，在长寿泉品茗，踏水车，还有的在圆钓池抛竿，或观村姑做甲路纸伞，或到豆腐坊尝试磨豆腐……据该景区负责人施景福介绍，自从景区开发农家乐参与项目以来，生意一直火暴，每逢黄金周期间，景区内所有住房都会早早订满。不少想与农民"亲密接触"以获得更深感受与体验的游客，经过他介绍，更是直接住进了附近的农民家中。在已经形成的东线"伟人故里古村游"、西线"山水奇观生态游"和北线"古洞古建古风游"等三条旅游精品热门线路上，其产品的主角就有活跃其中的250多家"农家乐"。还值得一提的是，有了感受最美乡村的依托，目前婺源的严田古樟园、鸳鸯湖、彩虹桥等景区都陆续推出了"拍婚纱，送旅游"的活动项目，婺源又日渐成为继摄影基地、写生基地、影视基地之后的新兴旅游婚纱摄影基地。除了一般性的传统旅游季节和线路以外，婺源还针对不同时段的特别体验推出了一系列的重大主题旅游活动——在清明前后推出"寻根问祖到婺源"，4月前后推出"春在婺源油菜花"，暑期推出"古驿道走出的清凉"，9月至10月推出"婺源的老屋在晒秋"，11月推出"婺源的枫叶红了"，年底推出"婺源的农家大餐登场了"以及"到中国最美乡村过大年"，等等。正是这种乡村最原本、真实的感受和体验的铸造，使得婺源已从单一旺季向全年淡旺季均衡转变、从过境游向目的地和集散地转变、从短期观光游向休闲度假游和深度体验游转变。到最美乡村江西婺源的深山去寻找最淳朴的乡土人情、最幽静的山村美景，已越来越成为全国众多游客和户外运动组织的向往。婺源有很多经典的徒步穿越山村线路越来越为广大游客津津乐道。随着交通条件的完善，婺源已开始成为长三角、珠三角地区自驾车旅游爱好者的心仪线路。

3. 展示形象，传播中国最美乡村

婺源是深山闺秀，藏在深山人未知，围绕"中国最美乡村"的主题，大力进行形象宣传和营销十分重要。为此，他们坚持每年举办茶文化节、乡村文化旅游节两大节庆活动，诚邀全国各大媒体参加，全方位多角度宣传婺源，以不断提升婺源的知名度、美誉度。特别是借助央视无与伦比的宣传平台，打响了婺源品牌。他们筹集资金策划、拍摄婺源旅游形象广告在央视频道播出，播出时间长达四个月。2、3月份在CCTV-1、CCTV新闻频道早间直播栏目《朝闻天下》播出，3、4月份在CCTV-4《中国新闻》栏目播出。整个广告片长10秒，通过一个小女孩甜美而又有穿透力的声音展现了"梦里家乡，美丽婺源"的良好形象。此外，还在CCTV-7连续播放《请您欣赏——江西婺源风光》，总时长450分钟。

婺源以其淳朴真实、表里如一的美好乡村形象获得了人们的认可，在全国乡村文化观光休闲旅游热中成为了最大的亮点，赢得了多项荣誉——"2005–2008 年度最具人气"旅游景点、"人一生要去的十个地方"之一、"中国十大踏青好去处"、"人一生要去的 50 个地方"之一、《中国国家地理》杂志及全国知名媒体评选为"中国最美的地方"之"中国最美的乡村古镇",等等。中国最美的乡村婺源因此得以声名远扬、深入人心。

案例启示

乡村旅游不离土不离乡,要紧贴居民的生产与生活,紧贴地方乡土历史文化。立足自身资源条件做足做强乡村特色,同时拓展旅游产品内涵、提高服务质量,关注游客的参与性和体验感,以及运用恰当的手段搞好形象建设与宣传,从情感上获取游客的认同和共鸣,是婺源乡村旅游发展的成功之道。

资料来源

江西政府网. http://www.jiangxi.gov.cn

案例思考

乡村旅游开发往往在大城市周边才能获得最有利的条件,但距离大、中城市比较远的婺源也能成为乡村旅游中的佼佼者,它主要依靠什么竞争?

(卢遥)

11–3 广州市增城白水寨
——都市之郊的乡村旅游区

案例介绍

增城白水寨景区（以下简称"白水寨景区"）位于增城市北部山区的派潭镇，距广州市中心城区1.5小时车程。白水寨景区规划总面积约200平方公里，区内山高林密，空气清新，充沛的降雨量造就了中国大陆落差最大的瀑布——白水仙瀑。景区瀑布景观罕见独特，奇峰怪石与自然生态多姿多彩，"田塘村林"特色明显，温泉天池湖泊与优美环境相依，广府文化与客家文化和谐交织，被誉为"北回归线上的瑰丽翡翠"。

白水寨景区在2005年前为林场，自1998年封山育林后一直艰难运营，员工收入微薄，难以为继。增城市政府认识到发展旅游业是振兴地方经济的出路，决意"变砍树为看树，变林业资源为旅游资源"，提出建设"南国乡村大公园"的思路，即以北部山区的派潭、正果、小楼三镇为主，着力打造以白水寨为重点的现代生态健康与休闲度假区，大力发展乡村旅游。为此，地方政府组织有关部门力量，投资3 000多万完成了9 999级登山步级（天南第一梯）、进山公路停车场以及餐饮等相关配套设施建设。

由于受到资金缺口和管理瓶颈等因素的限制，增城市政府于2006年1月将白水寨景区12年的经营权转让给广之旅国际旅行社（以下简称"广之旅"），并确立了增城市政府与广之旅国际旅行社共同开发管理的模式，争取用三年时间把白水寨风景名胜区打造成为国家4A级景区。

此后，广之旅和当地政府共同努力对白水寨景区逐步进行精品化开发、建设。广之旅将白水寨景区作为该公司重点项目，搞好景区建设，已建成了海船木亲水栈道、"天南第一梯"登山步道、环山观光车道、专用自行车道等经典游览线路，原生态山水乐园、儿童山水乐园、风味餐厅等配套接待项目、接待设施日臻完善。同时还加强市场推广，通过各种渠道和方式大力推介景区，使景区知名度迅速提高。地方政府积极拨付资金修建公路，引导周边乡村积极搞好旅游景点建设和农副产品开发，在配合景区开发的同时促进了地方经济的发展。

经过几年不断地开发建设，白水寨景区配套不断改善，档次逐渐提升，已初步建成了乡村旅游的"大观园"，成为了广东的"山水名片"，以她迷人的风姿吸引着越来越多的游客。

案例分析

跟广州周边其他同类风景名胜区相比，白水寨景区能在短短三年内异军突起，经营业绩令人瞩目，主要有如下几方面的原因：

1. 市场定位准确

白水寨景区与广州、深圳、珠海、佛山、东莞、中山、惠州等珠江三角洲经济发达城市的距离都不到200公里，而且有密集的高速公路网连通，车程最长者3小时左右，最短者只要1小时。在3小时车程范围内约有3 000万居民，成为白水寨景区稳定的客源。

白水寨景区将客源市场的重点放在周边大中城市，还特别提出"广州后花园"的概念，专门开辟广州市区至白水寨的一日游、二日游。随着近年来珠三角地区自驾游、家庭游的兴起，白水寨景区受到热捧，每到节假日，山脚偌大的停车场总停得满满当当，前来休闲登山者更是摩肩接踵，而周边酒店早就被预订一空。

2006年，白水寨景区接待游客32万人次；2007年接待游客约60万人次，实现营业收入2 800多万，接待人次与收入同比增长额均超过80%；而2008年在景区遭受"风神"超强台风破坏停业3个月的情况下，接待游客量仍然接近60万人次。

2. 产品开发得当

实际上，珠三角地区与白水寨景区资源性质类似、条件也非常优越的景区比比皆是，开发历史较长的也不在少数，为什么白水寨在短短几年内就能脱颖而出呢？其重要原因在于产品开发得当：产品设计精巧、组合合理、契合需求。

白水仙瀑原本水量不大，没有如今的气势。原因在于山顶林场的七星墩水库。最初，考察者偶然发现水库泄水时造就的雄伟景象，后来开发时就提出了晚上蓄水、白天放水的办法，才使得瀑布每天都能飞流而下，气势磅礴，蔚为壮观，这是白水寨的妙处之一。另外，景区内用防腐性强的海船木修筑而成的精致亲水栈道蜿蜒在山涧之旁、林荫之中，本身就成了一道亮丽的风景。该栈道从山脚的登山主入口广场一直延伸到山顶的七星墩水库，全长5 338米共9 999级，共分寻仙梯、怡景梯、知难梯、揽胜梯、勇士梯、登峰梯六段，被称为"天南第一梯"。这对于向来有登高传统的广东人来说，如果不满足于其他地方的高度，完全可以在这里接受挑战，即使对于体力较差、无力登顶的游客，也可以凭己之力选择适合自己的等级，不失为老少强弱咸宜的登高所在。如此设计还可引导人们不断超越自我，有许多游客乐此不疲地前来就是希望能比以前登得更高的，有的游客一年内甚至会来8次。这成为景区长年保持客源稳定的重要原因。

白水寨景区经营者根据自身资源条件搞好景区开发，而地方政府也盘活周边资源引导配套项目建设。比如，利用当地丰富独特的温泉资源引资建设高档次酒店,已建成金叶子等几座高档温泉酒店;开发大封门景区的漂流项目;对当地特色食品如派潭豆腐、粉葛、芋头、红薯、烧鸡、高脚菜心及水果进行策划包装等。这使得当地形成了休闲、疗养、探险、美食、购物等多种项目组合的综合性乡村旅游目的地,成为吸引旅游者的重要因素。

白水寨景区在开发之初就有针对性地定位于"生态健康与休闲度假"景区,加之周边项目多样、配套齐全、特色独具、优势互补,能满足城市旅游群体回归自然、放松身心、追求健康、体验刺激等多方面的需求,因而一经推出就得到旅游者普遍认可。这一定位也契合了广东省政府着力推行的"国民旅游计划",以及广州市旅游局特别提出的大力发展近郊的乡村旅游的方针。

3. 经营权转让

在受到资金掣肘和遭遇管理困难的情况下,地方政府当机立断将景区 12 年的经营权以 580 万元的价格转让给广之旅。经营权转让合同规定,在经营权转让期内,广之旅除了负责受让景区景点的建设、宣传外,还要负责景区维护。为此,广之旅严格遵循"总体规划、重点保护、科学开发、有效利用"的原则进行开发,对于景区内的重点景点则投入资金进行重点保护。

广之旅接手经营后,充分发挥自身资金充足、销售网络健全、经营管理经验丰富的优势,鉴于珠江三角洲缺乏综合性乡村旅游目的地的现实,结合政府发展旅游业的计划,紧扣"乡村旅游"的主题进行旅游景区的设计、开发,注意与其他景区特色错位,逐步将白水寨景区建成了综合性乡村旅游目的地。如今,白水寨及周边景点景区已成为珠三角城市居民欣赏乡村风光、体验农村生活、购买农业特产、进行生态疗养的好去处。

4. 市场推介渠道多样化

获得经营权后,广之旅充分发挥其旅游开发和营销的优势,通过各种渠道和方式大力推介景区,如开展"景点命名大赛";参加"广东最美乡村"评选活动;启动"2006广东乡村游";举办"全国攀岩锦标赛",策划"客家山歌文化节"、"荔枝文化旅游节"等。为推动"国民旅游计划"的实施,白水寨景区还推出了多项惠民措施,每周一至周五(黄金周除外)对不同类别游客采取优惠措施,并成为国内首家对身高1.4米以下(含1.4米)儿童免票的旅游景区。每年春节期间,景区还适时推出花样翻新的群众性娱乐活动。这些活动吸引了珠三角地区游客的广泛关注和积极参与,白水寨景区因此取得了良好的经营业绩。

案例启示

白水寨景区的成功首先在于其结合自身资源特点、周边资源组合状况以及市场需求进行了准确的产品定位。这使得景区一面世就大受追捧,因而保证了稳定的客源和丰厚的收益,增强了经营者和地方政府后续、配套开发的信心。白水寨景区经营者与地方政府放手开发,精心组合产品、项目,为景区走向市场赢得了先机。

巨大的客源市场是白水寨持续、稳定经营的不可或缺的外在因素。白水寨地处广州增城北部山区,周边被珠三角城市环围,特别是与广州、佛山、东莞、珠海、深圳城市群在2小时车程范围内。这一带经济发达、人口众多、人们旅游休闲意识强烈,为白水寨这样一个"离城市很近"的乡村旅游地带来了源源不断的客流。

白水寨景区的经营权转让解决了政府在旅游开发中资金短缺问题。转让价格看似偏低,但因转让细则还包含收益累进分享条款,因而实际转让价格高于580万。这种分享机制的好处在于促使经营者注重经济效益的同时,也给了地方政府足够的激励去搞好配套建设和配合宣传。实践证明:转让经营权充分发挥了旅游经营者的优势,能提高其经营管理的积极性,也能让地方政府有效行使指导监督权,对于盘活景区资源,拉动地方经济发展起到关键作用。

现实中,许多乡村旅游地在开发过程中都遭遇一些困惑:自以为精心设计的产品、项目不受旅游者欢迎。究其原因在于,这些经营者属半路出家,虽有好的资源,但缺乏旅游行业经营的经验,对旅游者需求缺乏准确把握。广之旅凭着在旅游行业驰骋多年的经营经验,有充足的经济实力,有健全的分销网络,充分了解周边客源市场对乡村旅游目的地的期望,知道什么样的项目才会受欢迎并具有长久的生命力。广之旅通过输入先进的经营管理经验和技术,提高了风景名胜资源的配置效率,使其经济价值得到充分实现,以此又成为景区快速发展的重要"法宝"。增城市政府通过景区的经营权转让得到的收益,可部分用于景区开发、保护以及相关配套项目建设,促进景区的良性发展;同时,白水寨景区的快速发展,增加了当地居民的就业机会与经济收入,并使当地生活环境氛围和生活质量也得到了相应的提高。

这一切成为了当地乡村旅游发展的强大动力,使旅游业迅速成为增城市具有比较优势的经济增长点,为增城市经济的发展开辟了一条新的道路。

但是,由于地方政府当初对于"经营权转让"过度谨慎,受让期限偏短,许多权责难以分明,使得在实际经营过程中,地方政府承担"责任"较多,一定程度上增加了矛盾和负担。这一问题也是值得关注和思考的。

资料来源

1. 阎友兵,成红波. 旅游景区经营权的转让. 湘潭大学学报(哲学社会科学版). 2004(5):131-135
2. 增城白水寨风景名胜区总体规划初稿出台. http://www.gz.gov.cn/vfs/content/content.jsp?contentId=247425,2005-09-09

3. 白水寨风景名胜区开发建设大事记. http://www.hakkaonline.com/forum/thread-51284-1-1.html，2003.6～2006.12

4. 增城奔腾 300 米瀑布奇观. http://www.nanfangdaily.com.cn/osouthnews/ly/dlzz/200402180182.asp

案例思考

1. 白水寨景区的开发对发展乡村旅游业有哪些重要启示？

2. 经营权转让期限长短对于明确政府和经营者权责可能有哪些影响？

（杨铭德）

修订后记

正当我苦寻旅游景区景点案例教材而又无所获、准备构思一本旅游景区景点案例解析教材时,接到了旅游教育出版社赖春梅同志的邀请,我们虽未谋面,但她曾给我和胡丽芳合著的《旅游景区景点营销》提出过不少有益的意见。关于案例一书的构思,我们可以说不谋而合,于是欣然领命。为了不负旅游教育出版社对我的厚爱,我和书中部分作者,在远赴世界旅游业发达的法国、西班牙、德国、意大利等留学考察期间,格外留意于国外景区景点经营管理方面的发展动态及国外同行的研究动向,与法国昂热大学、巴利阿里群岛大学等旅游学者进行深入交流,并亲历这些国家的部分景区或旅游目的地,书中部分成果得到了他们的有益启迪。

本书案例选择国内外结合,以国内案例为主,案例介绍反映客观现实,案例分析注重理论联系实际,案例启示力图揭示某些规律。本书力求突出五大特色:(1)案例的全面性、典型性。(2)广度和深度同时突破,案例解析以分析探讨,指出借鉴性和规律性,使读者获得启迪为宗旨,明显区别于手册式、资料性的案例书籍。(3)正反案例结合,从成功的正面案例中剖析出经验与启示的同时,还要从失败的反面案例中总结出教训与警示。（4）专业性与大众化兼顾，做到既供专业人士使用，又不失为旅游经营者、旅游爱好者的良师益友。（5）学习性和研究性并存，在提供学习内容、知识素材的同时，还引发和留出源于案例的相关研究与思考的余地，抛砖引玉，激发读者多向性智慧。

全书共分11章，总共54个案例。禹贡教授拟订大纲并负责全书统稿，蓝力民副教授参与部分统稿工作。本书作者既有来自高等院校的研究学者，也有企业界的行家、研究单位的专家，书中的大部分案例是作者亲自参与或主持完成的，或作者经长期研究积累整合而成的，有的"案例介绍"部分的资料来自景区经营者提供，有的来自报纸杂志和著名网站，并在每个案例中都有注明。交稿之际，我要特别感谢参与本书写作的作者，他们大多三或四易其稿，不厌其烦，最终才使本书得以完成。

值得欣慰的是，《旅游景区景点经营案例解析》出版两年多来，不仅得到了旅游专业师生的厚爱，也深受旅游企业界的欢迎。此次修订，我们更新了部分内容，并依据国内外特色旅游发展的现状与趋势增加了乡村旅游和红色旅游等新的案例。

由于水平有限，时间仓促，书中肯定存在不足，还望读者不吝指正，以便我们进一步修改。

禹贡（赵克禹）

2009年8月于广州大学中法旅游学院

ykz210@163.com